続 農家に学び、地域とともに

農文協出版史で綴る 農家力・地域力

2010–2019

農文協【編】

農文協

〈まえがき〉

１９４０年に設立された農文協（一般社団法人 農山漁村文化協会）は、２０２０年3月25日をもって80周年を迎えた。本書は、これを機会に、70周年のおりに発行した出版史『農家に学び、地域とともに』（『70年史』）の続編として、２０１０～19年度の10年間における農文協の出版活動の歩みをとりまとめたものである。

◇

農家と地域におけるこの10年間は、ＴＰＰ（環太平洋経済連携協定）と東日本大震災・原発事故をもって始まる、比類のない激動と困難の時代として後世に記録されるだろう。

農産物をはじめ、国民生活の広範な領域にわたる徹底した市場開放と規制緩和を求める、グローバリズムの極致というべきＴＰＰは、２０１０年10月に政府が突如交渉参加を表明、国民的な反対運動にもかかわらず、18年12月発効に至った。これと軌を一にして、種子法廃止や農協法改正等々、農と食を支える基本的なしくみを破壊し、地域を分断する政治が強力に押し進められた。

また、11年3月11日に発生した東日本大震災と東京電力福島第一原発事故は、筆舌に尽くしがたい惨禍をもたらした。この間、復興に向けた懸命の努力が続けられてきたが、被災地にはいまだ大きな爪痕が残り、原発事故も収束とはほど遠い状況にある。さらにこれ以降も、台風や豪雨水害等、多くの人命を奪い、地域農業や暮らしに大打撃をもたらす自然災害が、毎年のように襲いかかった。

農家・農村そのものの様相もこの10年間で一変した。14年以降、戦後の農業・農村を支えてきた昭和一ケタ世代が全員80歳以上となり、農家は大世代交代期に入ったのである。また、高齢などで耕作できなくなった農地の貸借等が増え、いわゆる担い手の経営面積は急増し、大規模農家と小規模・自給的農家への二極化が一気に進んだ。

こうした激動のなか、農家は、自然や作物と向き合いながら技術を進化させ、後継者を育てながらむらを維持するたゆまぬ営為を続けてきた。身近な地域資源から資材を自給する工夫や、作物の力を引き出す独創的な栽培技術等の発展はとどまるところを知らず、田畑に、畜舎に、直売所に、農家の創意工夫があふれた。

また農村では、過疎・高齢化の危機をバネとして、集落営農や地域運営組織など、地域の困りごとを自分たちで解決するための新しい組織、新しい活動が活発に展開した。危機と困難の時代にあって、農村が長く培ってきた自治・共同の力が発揮されてきたのである。

さらに、こうした自給・自治の原理に基づく農家・農村のありように魅せられる都会の人や若者も増加。「田園回帰」と呼ばれる潮流が力強く起こり、新規就農・Iターン・地域おこし協力隊等が、農業・農村を支える大きな力としてめざましい活躍を見せている。

◇

この間の農文協の出版活動は、常にこうした農家や地域の人々のリアルな動き、工夫や知恵に学ぶことによって行なわれてきた。その土台は、1949年から続く、農家への雑誌等の直接普及（営業）方式である。バイクで一軒一軒の農家を訪問し、直接普及しながら農家の悩みや欲求をつかみ、編集に反映させていく。こうしてできてくるのが、『現代農業』をはじめとする雑誌や書籍等の作品（農文協では文化財と呼んでいる）である。

その歩みは、次の三つのテーマを三位一体として追求するものであった。すなわち、（一）自給を基本とする農家の技術の発展と、大世代交代期におけるその継承、（二）自治・共同の力の最大発揮による地域コミュニティの再生、（三）食を中心とする暮らしの文化の継承と創造である。

◇

本書はI～Vの5部から構成される。うちI～Ⅲ部は、前述の3テーマに対応している。各テーマを追求した代表的な文化財の編集に関わった職員が、出版にあたっての問題意識、文化財の意義や特徴、世に与えた影響等についてまとめ、普及職員がその意気込みや苦労、顕著な普及の事例等を紹介している。

そのなかでも特に基底的な役割を担う文化財が、『現代農業』『季刊地域』『うかたま』の3定期雑誌である。

これら雑誌は、農と地域、食の最新の課題や動きをつかみ、掘り下げ、伝えるとともに、定期的に届くことによって常に読者との相互的な関係を結びつづける、農文協の出版活動の生命線をなす。そこで、各部冒頭の1章では、各雑誌の10年史を現編集長が振り返り、時代を特徴づけた特集や連載などを紹介している。以下、いくつかの小テーマごとの章が続く。

続くⅣ部では、この間に農家や各種団体での利用を飛躍的に拡大し、利用者との不断の対話交流のなかで機能を進化させてきた電子データベース「ルーラル電子図書館」の展開を詳述している。

最後にⅤ部では、普及活動を最前線で担う全国各支部の現支部長が、この間の特徴的な活動とその成果をまとめている。前述の農家一軒一軒への直接普及に加え、直売所や図書館での講習会など多彩な活動を展開し、読者との新たな結びつきを築いてきたことも、この10年の動きとして特筆に値する。

◇

『70年史』の〈まえがき〉でも述べたことだが、本書が描いた農文協の出版の歩みは、激動の時代における農家・地域の歩みそのものではないかと思う。とすれば、その歩みを振り返ることで、これから先、農家と地域が歩んでいく道筋も、明るく照らされてくるにちがいない。

この10年間も農文協は、農家をはじめとする無数の方々に支えられて、出版の歩みを続けることができた。心よりお礼を申し上げるとともに、今後とも、農家に学び、地域とともに、歩み続けていこうと、気持ちを新たにしている。

2020年3月

一般社団法人　農山漁村文化協会（農文協）

〈もくじ〉

Ⅱ 地域とともに

Ⅲ　食と暮らしの文化を引き継ぐ

Ⅳ 電子の展開

Ⅴ 地域に根ざして

Ⅰ 農家とともに

昭和一ケタ世代が全員80歳以上となった、農家の大世代交代期。作物・自然の力を活かす農家の技術はいっそう多彩に進化し、受け継がれてきている。そんな農家の元気を源泉に『現代農業』、さらにDVDや大事典などの文化財をつくり、農家に届けた。

1章

大世代交代期をともに歩んだ
――『現代農業』と農家の10年

『現代農業』のコンセプトは「農家がつくる農家の雑誌」だ。農文協が80周年を迎えようと、いや90周年、100周年を迎えようとも、このコンセプトは変わらない。日々、自然や作物とつきあうなかで技術を磨き、むらのなかで暮らしをつくる農家。その農家がつくった雑誌だから、10年間の『現代農業』の記事を振り返ると、農家がどのようにこの10年を歩んできたのかが見えてくる。

1　農家とむら
――大世代交代期、農家二極化のなかで

2010年からの10年は、昭和一ケタ世代が引退するなか、団塊の世代が屋台骨となってむらを引き継ぎ始めた大世代交代期だったといえる。この間、農家戸数は減り、耕

13年6月号

2011年4月号

作できない農地を人に預ける高齢農家も増えた。担い手の経営面積は急増し、20年前に10ha規模といえば大規模農家だったが、今では30、40haが当たり前。大きい農家と小さい農家の二極化が一気に進んだ10年といえる。

そんななか、担い手とされる集落営農や専業農家は農地を荒らすまいと踏ん張った。後継者不足という悩みを抱えつつ、集落営農では世代交代や後継者育成に知恵を絞り、専業農家は農業志望の若者を本気で育て始めた。『現代農業』でも、こうした動きを積極的に記事にしていった。

■農家が本気で後継者育成

静岡県伊豆の国市でミニトマトをつくる鈴木幸雄さんは、新規就農者を積極的に受け入れて、「家族4人で所得500万円、豊かに暮らせる農業経営」を徹底指導。鬼のような指導スタイルで技術も経営も厳しく教えるが、若者たちからは「親方」と呼ばれ信頼される存在で、地域に40人以上のミニトマト専業農家を誕生させた（13年4月号ほか）。

京都府綾部市で果樹園を1人で守ってきた田中ふき子さんは、「歳も歳だから、もう農園は畳もうかしら」と思っていたときに、農業をしたいという若者が現われた。87歳にして「私の仕事は、男を一人前にすることだった」と奮起し、歳の差57歳の若者に果樹栽培をイチから教え込んだ（連載**「年の差57歳　二人で歩む果樹栽培の珍道中」**15年7月号～16年12月号）。

19年1月号

17年8月号

16年9月号

連載「年の差 57 歳　二人で歩む果樹栽培の珍道中」（2015 年 7 月号）より。写真は田中ふき子さんと新米農家の鈴木真行君

北海道でマイペース酪農を広めてきた三友盛行さんは、仲間とともに「酪農の第三者継承」を支援する会を立ち上げた。引退する酪農家から新規就農希望者へ、2~3年の研修を経たうえで農場や牛をまるごと引き継ぐ仕組み。酪農の開業にはふつう多額の資金（借金）が必要だが、この会の方法ならハードルがグンと下がり、引退する酪農家から技術や経験もそのまま受け継ぐことができる。三友さん自身がその第1号となって新規就農者に経営移譲したほか、各地で若い牛飼いが育ち始めている（連載**「無理なくできる酪農の農場継承」**17年1月号~7月号）。

そんな各地の農家の動きと思いを受けて、『現代農業』では16年新年号の巻頭特集を、**「新規就農者を育てるノウハウ」**とした。ちょうど4年連続（14~17年）で、49歳以下の新規就農者が2万人を超えるなかでの特集だった。

■集落営農の世代交代

世代交代の波は個々の農家だけでなく、むらにも押し寄せてきた。小さな農家がむらを守るために協力してつくる集落営農は、07年に始まった担い手絞り込み政策の「品目横断的経営安定対策」をきっかけに誕生した法人が多い。設立から10年が経ち、中心メンバーは70~80代となった。多くの法人で「世代交代が一番の悩み」という声が聞かれるなか、組まれた小特集が**「集落営農の世代交代をうまくやる」**（15年8月号、16年11月号）である。

島根県奥出雲町の(農)三森原は、オール兼業の16戸ほどのむらにできた集落営農だが、ここでは世代交代を見据えて、組合員を「一戸複数参加制」にした。ふつう農事組合法人といえば世帯主だけが組合員資格を持つものだが、三森原では農協法上問題ないことを確認し、勤めに出ている息子世代7人も一挙に組合員に迎え入れたのだ。そのほうが彼らも集落のことにも関心が持てるし、父親がポックリ逝ったときに急に組合員になれと言われるよりは世代交代もスムーズにいくと考えたからだ。面積割りの出資金は、父親名義から息子名義に半分を譲渡。草刈りなどの作業に出た時間に応じて支払う従事分量配当（労賃）も、それまでは組合員である父親の口座に振り込まれていたものが、息子の口座に入るようになった。おかげでモチベーションも上がる。この方式は、島根県内全体に広がった。

そのほか、役員を定年制にして若者をスムーズに迎え入れたり、リーダーの突然の死のなかで、みんなで集落ビジョンをつくって危機を打開する取り組みなども紹介された。また、18年1月号**「集落営農の広域連携」**の小特集では、人を雇うには小さすぎる集落営農どうしがネットワークを組み、若者の仕事を生み出すねらいについても報告された。

集落営農のありようは各地いろいろであり、それぞれの実情に合わせた引き継ぎ方が編み出されている。みな、それぞれ必死で知恵を絞っている。なぜなら集落営農の世代交代は、むらを継承・存続させることと同義だからだ。

■小さい農業、直売所

二極化が進み、田んぼを担い手に預けた母ちゃん農家や高齢農家が意気消沈しているかというと、そんなことはまったくない。むしろ、彼ら「小さい農家」こそが、この10年の『現代農業』の誌面を盛り上げ、リードしてきた。元気の素は直売所だ。

直売所は、自分の裁量で創意工夫して栽培したものを、お客さんに直接届ける場。まさに農家の自己表現の場なのだ。だから次々と各地からネタが寄せられ、誌面には常に野菜の栽培や加工品の売り方などで、直売所を意識した記事が並ぶ（6章）。

また、農村に直売所や直売コーナーが当たり前にある時代になったことで、かつてないほどに農家と地域の消費者との距離が近くなった。地産地消が進み、日本の食卓が豊かにバラエティに富むようになったのも確かである。

直売所出荷で経営を成り立たせる専業農家も増えてきた（再小農化）。石川県の西田栄喜さんの**「就農を目指す人に小さい農業のすゝめ」**の連載（13年5月号〜15年1月号）は、単行本『小さい農業で稼ぐコツ』（16年）となって大ヒット。これに続く『小さい林業で稼ぐコツ』『小さい畜産で稼ぐコツ』（ともに17年）などの単行本も、『現代農業』の連載が元になっている（7章）。

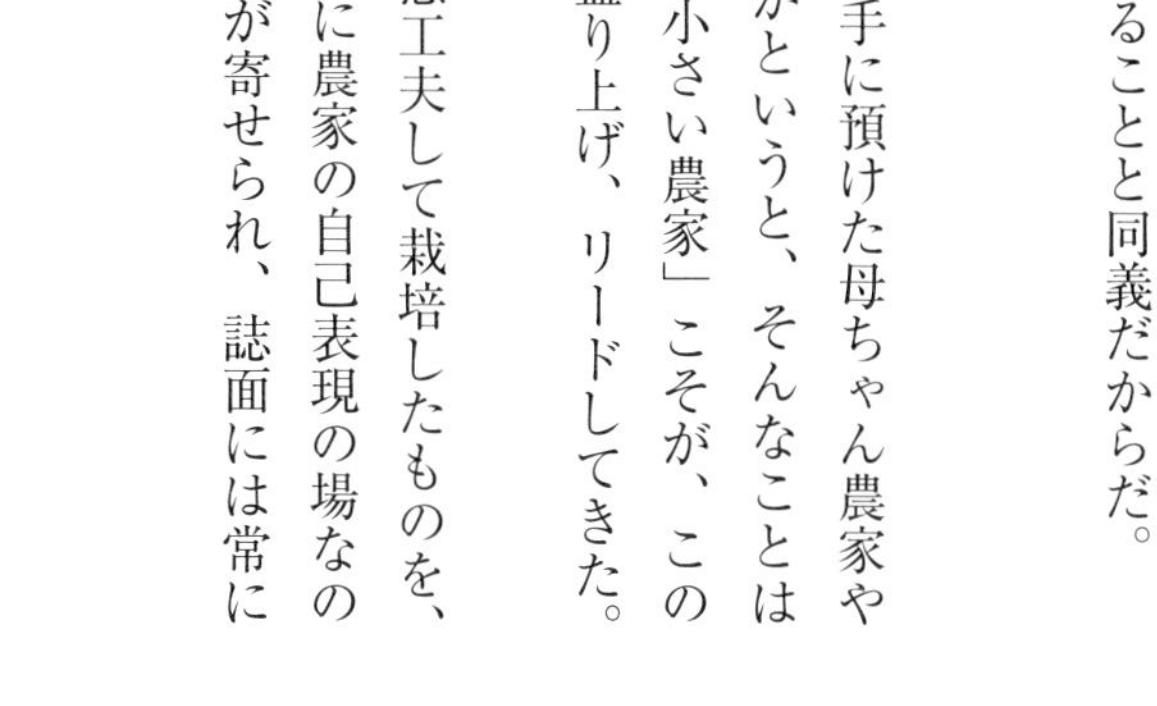

直売所は農家と地域の元気の素。
2019年8月号特集「増客・増収 夏の直売所」より

2

技術面——主に巻頭特集テーマから

好評だった巻頭特集テーマから、技術面での農家の関心が高かったものをいくつか挙げてみたい。各テーマは他の章で掘り下げているものも多いので、詳しくはそちらを参照。

■「今さら聞けない」シリーズ

代替わり時代に開花したのが「今さら聞けない」シリーズであった（**「今さら聞けない　土と肥料の話」**17年10月号、**「今さら聞けない　タネと品種の話」**18年2月号、**「今さら聞けない　農薬の話」**18年6月号）。新規就農者はもちろん、ベテラン農家も知りたいと思う基礎的な情報を、Q＆Aスタイルでわかりやすく表現する手法が受けた。

19年は、これに引き続き**「もしかして間違ってる!?」**シリーズも展開。3月号の**「タネの播き方」**は好評であった。

■耕耘・代かき・トラクタ

サトちゃん（福島の農家、佐藤次幸さん）の「低燃費・高速耕耘法」も時代を象徴する技術だろう。10㎝の浅起こしにして、エンジンをふかさず、静かに高速で作業でき、かつ爪も長持ちする（2章1）。若手農家コタローくんとの軽妙なやりとりなど代替わり時代の記事化手法も磨かれ、15年5月号**「トラクタでトクする百科」**の編集時には、この「低燃費・高速耕耘法」を自分のものにした農家が続々と現われて驚いた。『現代農業』とサトちゃん登場のDVDが、日本の農家と農業技術を変えたのだと実感できる出来事だった。

その後も、新顔作業機としてむらに増えてきたパワーハローやスタブルカルチなどの特集（**「耕耘新時代」**18年3月号）、ワラが浮かない代かき法として打ち出した**「浅水**

Ｑ＆Ａと図解でわかりやすい「今さら聞けない」シリーズ

さっくりスピード代かき法」（19年5月号）も、好評だった。

■草刈りの特集は売れる

いつの時代も草刈りは大変な仕事だが、高齢化でますます課題になっているのだろうか。シーズンとなる7月号で草刈りの巻頭特集を組むと、毎回とても評判がよかった。

刈り払い機の疲れない扱い方や、アゼ草に斑点米カメムシが棲みつかなくなる「高刈り」などを紹介した**「ラクラク度急上昇　草刈り・草取り」**（12年7月号）は、書店実売部数4万4000部超。『現代農業』史上最高の売り上げを記録した。そして6年後の**「草刈りが意外と楽しくなる工夫集」**（18年7月号）も、この年ではトップの売り上げとなった。

「高刈り」を紹介した2012年7月号特集「ラクラク度急上昇 草刈り・草取り」

■えひめＡＩがリードした手作り菌液

この10年で農家の微生物活用をリードしたのは、台所にあるもので簡単に作れるパワー菌液「えひめＡＩ」である。作物の育ちをよくしたり、病害虫を抑えたり、牛の下痢や病気がなくなったり、台所の汚れを落としたりと、驚きの報告が相次いだ（**「えひめＡＩ　列島増殖中」**13年1月号、3章も参照）。

納豆菌を愛用する農家も多く、スーパーで買ってきた納豆を水に入れて作る「納豆菌液」は灰色かび病やうどんこ病などを抑えるという。イネの根腐れを起こす硫化水素や悪臭のもとになるメタンなどを抑えて、作物の生育を助けるアミノ酸や核酸を産み出す光合成細菌も人気で、自家培養して田畑の菌力アップに使う農家も増えた。

そして19年1月号のリニューアル記念号の巻頭特集は**「農家は菌と仲良しだ」**。近くの雑木林でハンペンと呼ばれる土着菌を採取・培養する技術を紹介したほか、ドブロクや堆肥・ボカシを含め、農家と微生物の切っても切れない関係を表現した号となった。

■やっぱり農家はモミガラが好き

田んぼが米だけをつくる装置から、ムギもダイズも野菜もつくる装置へと変わる時代のなかで、排水対策が一番の課題となった。そんな面からも、農家がもっとも注目したのがモミガラである。**「いざ、畑をモミガラ天国に」**（16年

10月号）、**「モミガラくん炭最前線」**（18年1月号）、**「農家のモミガラ大活用」**（18年11月号）と、連続的に特集を組めるほど各地で次々に新しい実践が生み出された。

　記事では、「モミガラを入れると畑が冷える」「チッソ飢餓が起こる」といった農家の漠然とした不安解消にも注力し、炭素率の高い「カタイ有機物」の投入が圃場の菌力アップにはむしろ必要とされていることと、その団粒形成効果にも迫った。

　農家は身のまわりのものを有効に使う達人であり、モミガラはその代表的資源――そのことは、この10年も変わらなかった。ちなみに米ヌカや竹パウダーも従来から同様の存在で、農家にとっての不動の横綱有機物たちである。

■田んぼでつくる野菜

　野菜単品に注目して巻頭特集を組んだことも多かったが、共通するのは、田んぼでの栽培が広まっている有力な転作作物だということ。**「限界突破のトウモロコシ」**（13年7月号）、**「タマネギに感涙」**（14年5月号）、**「キャベツの底力」**（14年9月号）、**「今ひそかにネギがブーム」**（15年11月号）、**「エダマメに乾杯！」**（17年7月号）。水田フル活用が本格化した10年だと実感する。

■直売所農法の進化

　母ちゃん農家や高齢農家、直売所専業農家は、直売所農法や小さく稼ぐワザに磨きをかけた（**「発芽名人になる！」**10年3月号・13年3月号、**「技あり！植え方でガラリッ」**12年4月号、**「遅出しで当てる」**12年8月号、**「直売所名人になる」**16年9月号、**「密播・密植に動きあり」**18年4月号、**「増客増収！　夏の直売所」**19年8月号）。

　ハクサイを結球させずにわき芽を長期どりするつぼみ菜栽培や、種イモ1個から何株ものジャガイモの苗がつくれるジャガ芽挿しなど、出荷する姿も栽培方法もガラリと変わるワザが続々生まれた。福井市の三上貞子さんが考案した「ジャガイモの超浅植え」は、種イモがかろうじて埋まる程度に浅く植え付けて黒マルチをかけるだけ。追肥も土寄せもなしで、収穫は拾うだけ。超小力栽培なのに、これでジャガイモがゴロゴロとれる。同じく土寄せいらずの「サトイモの逆さ植え」「ネギの穴底植え」なども全国で大流行技術となった。（6章1）

大流行した「ジャガイモの超浅植え栽培」。2013年3月号より

■**環境制御とスマート農業**

この10年で大激変した技術のランキング1位は、野菜や花のハウスでの環境制御技術であろう（関連記事90件）。温湿度管理や炭酸ガスの日中ちょっと焚き、積極かん水（**「積極かん水のためのノウハウ」**14年7月号）などによるトマト、キュウリ、イチゴ、キクなどの大幅増収事例が紹介された。これまでの常識を覆し、限界突破する作物の姿に、農家のワクワク感が伝わってくる（5章1）。

18年頃からは「スマート農業」という言葉も流行り始めた。ドローンやリモコン式草刈り機、無人トラクタなど最先端の機械を、農家が本当に必要な道具として使いこなせるものになるのか、今後注視したいところだ。

■**ＴＰＰとの闘い**

２０１０年10月に政府が突如「ＴＰＰ交渉への参加検討」を表明して以来、ＴＰＰと闘い続けた10年だったともいえる（ＴＰＰ反対記事は１１５件）。安倍農政が掲げる「強い農業」論に対抗するため、編集部は「本当に強い農業・農村とは？」の姿を描く記事にチャレンジ。「地域の中でお金やモノがまわり、たくさんの小農が助け合って暮らすむら」を図解して、格差や分断を増大助長させる「ＴＰＰ的世界＝アベノミクス」のもとでは農村が成りたたくなることを、農家とともに誌面で主張し続けた。むずかしく感じる政治や経済の問題を、誰にもわかりやすく伝えること

3　社会面——さまざまな困難、でも負けない

この10年は、ＴＰＰに始まり、東日本大震災と福島原発事故、企業的「強い農業」重視、異常気象と自然災害の頻発……。農家農村にはとんでもない困難が次々押し寄せて来た時代だったが、『現代農業』誌面には、困難に直面しても、さらにパワーアップして前へ進む農家の姿が随所に見られた。

「田舎の父から都会の息子へ　TPP 礼賛報道に踊らされるなよ！」2011 年３月号より

が何より大事だと考え、**「反TPP　田舎の父から都会の息子へ」**シリーズ（全6回）もイラストで表現した。

しかし残念なことに、18年12月にTPP11、19年2月に日欧EPA、20年1月に日米FTAと、次々に自由貿易協定が発効し、いよいよ総自由化時代に突入という現在の局面である。今後の影響を注視していく。

■原発事故と自給への関心の高まり

11年3月11日の東日本大震災以降は、これまでのライフスタイル・価値観、そして国の進むべき道が、全国民的に問われる事態となった。そのなかで、急速に高まったのが自給への関心である。農村ですでに始まっていた小水力発電や廃油を燃料に変えるバイオディーゼル（BDF）、わずかな薪で強力な火力を生みだすロケットストーブなどが大きく注目され、次々と記事が生まれた（**「痛快！農家の水&エネルギー自給」**11年7月号）。農家は食べものだけでなく、エネルギーも生産できる存在だとの認識が広まった。

ただ、福島県を中心に大きな傷痕を残す放射能問題はいまだ深刻。農産物だけでなく、山の落ち葉や薪、積んである堆肥など、田畑を含む自然生態系すべてが汚染された事態は、身近にあるものを工夫して使ってきた農家の「農家力そのもの」（自給する知恵）の無力化に等しかった。

だからこそ、原発への怒りを農家は忘れてはならない。再稼働は、決して許してはならないのだ。

■異常気象、自然災害に翻弄されつつも

気象変動が激しさを増した10年でもあった。2010年の「冷春・激夏」から始まり、その後も春先の雨不足、局所的な集中豪雨、夏の異常高温、大型台風の襲来と、毎年の異常気象が当たり前になった。**「冷春・激夏で見えた品種力」**（11年2月号）、強風や大雪からハウスを守る工夫を集めた**「無敵のマイハウス」**（12年11月号）、天気を読む農家の自然観察眼に着目した**「天気を読む　暦を活かす」**（15年4月号）、異常気象対策を正面から取り上げた**「台風・豪雨、猛暑に立ち向かう」**（18年8月号）などの特集はどれも、農家現場の被害情報から、やむにやまれぬ気持ちで企画したものだ。

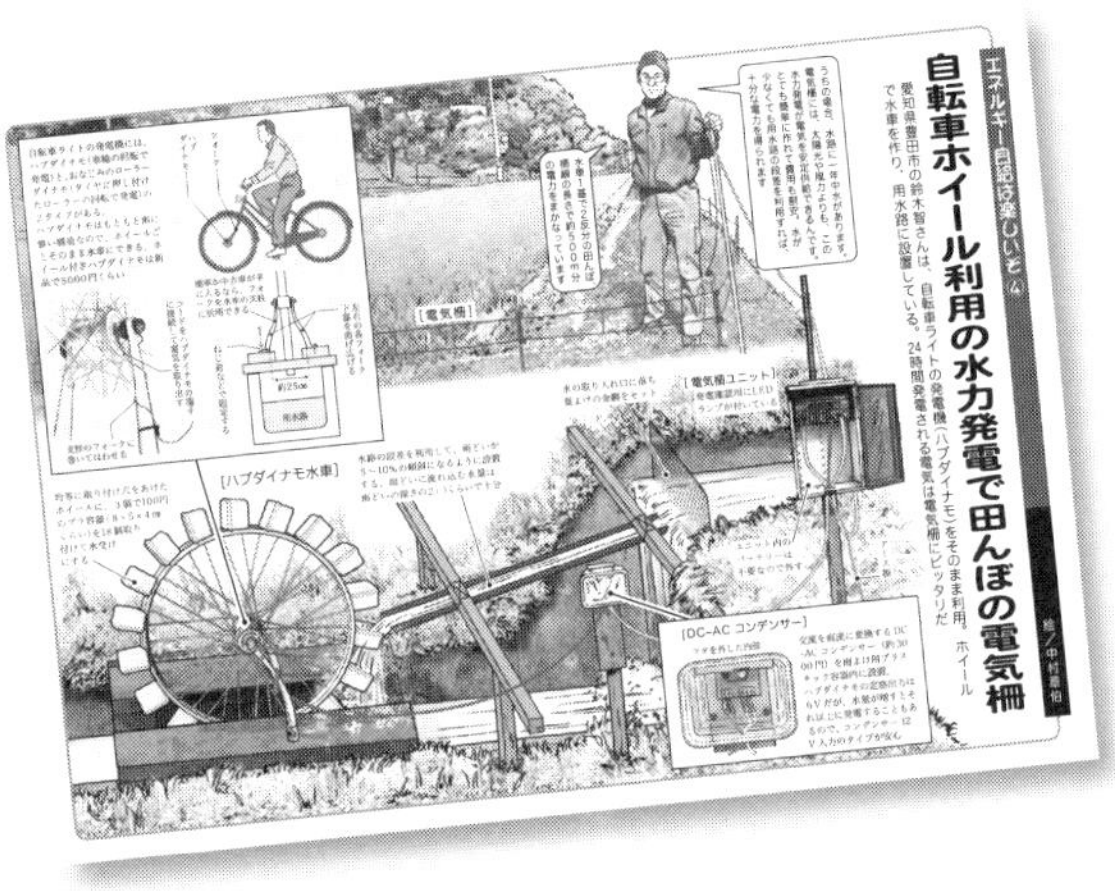

連載「エネルギー自給は楽しいぞ」（2012年1～12月号）第4回より

異常気象、自然災害に立ち向かう
特集の数々

17年7月の九州北部豪雨による土砂災害で家も畑も甚大な被害を受け、自身もヘリで救出されて一命を取り留めたカキ農家の小ノ上喜三さんには、1年後、営農再開への心境を執筆いただいた。

「『人間、希望があれば生きられる』と聞いたことがありますが、私は『人間、希望がなければ生きられない』と思います。私にとって希望とは、畑にいて植物の生長を感じられる瞬間です。農業のおもしろさは、生育のプロセスを見守ること、収穫のよろこびを感じること、ワクワクして畑に行けることです。私は生まれた時から農業をやるようになっていたと思います。農業以外には考えられませんでした。農業は儲からないけどおもしろい」（18年8月号）

19年秋も相次ぐ大型台風が襲来し、多くの河川が氾濫して各地に甚大な被害をもたらした。台風15号の直後に千葉県を歩いた取材記事（19年12月号）には、倒壊した鉄骨ハウスや屋根が吹き飛ばされた機械倉庫、幹がパックリと割れたリンゴの樹などの写真も載ったが、そこに登場する農家はあきらめていなかった。「同じ失敗は繰り返さない」と、次の台風に備えてハウスの補強を研究し、停電対策に知恵を絞る不屈の姿――。

◇

なにがあっても農家は農家。自然や作物と向き合いながら技術を進化させ、後継者を育てながらむらを維持する。これからの10年も、『現代農業』はこの変わらない「農家力」とともに、力強く歩みたい。

また、２０１９年1月号からは紙を一新して誌面リニューアル。写真も文字もくっきり鮮やかに見えるようになったことも、この10年のうちの出来事として特筆しておく。

（石川啓道）

むらに住むすべての人に『現代農業』を

バイクで農家一軒一軒を訪ねる『現代農業』普及。この10年は、「一つのむらの中にどれだけ普及対象を見つけ、どれだけむらに定着するか」に挑戦し続けた。

牛農家普及の発展

2012年、九州沖縄支部・吉野班は九州随一の畜産地帯・宮崎県都城市に入村していた。『現代農業』は牛の記事が少ない」という断り文句を受け、班員は苦戦していた。そんななか、当時の班員・柳島かなたは、「牛農家は牛を飼うだけでなく、飼料も自給するし、大きな機械にも乗るし、自家用野菜もつくる。そんな何でもこなす牛農家にこそ『現代農業』が必要だ」と、果敢に牛農家に足を運んだ。そして当時の『現代農業』の畜産コーナー担当・松久章子と交流し、「牛の知識メモ」を作成・発信。各支部に牛農家普及の波が広がった。また、13年には東北支部の境弘己が、福島県家畜市場のセリ市にて書籍を紹介するという画期的な普及を行なった。これら普及者の挑戦、16年に始まった「脱・化粧肉」の連載、そして「いい牛を育てて経営を安定させたい」という農家の欲求……。そのすべてが重なり、全国に牛農家の読者が増えていった。

川柳チラシで魅せる

「使えます　モグラ退治に　チューインガム」「あのスギナ　じつは役立つ　ウドンコに」

これは、『現代農業』の記事をコンパクトに川柳にしたもので、15年の新人養成講習で開発された。このユニークな川柳を紹介することで、『現代農業』は「自給の雑誌」であり、家庭菜園にも使える話が載った本だと伝わる。また作業で忙しい農家に短時間で『現代農業』のイメージを伝えられ、何より農家に楽しんでもらうことができる。当時旅館をとっていた千葉県大網白里市には、後部ボックスの3面に川柳を貼ったスーパーカブが何台も現われた。この川柳は、不在時の置き手紙に、直売所の出荷時にブースを構えての「朝駆け」普及にと、現在も効果を発揮し続けている。

3視点で広がる普及の幅

むらには専業農家から自給的農家まで、さまざまな農家がいる。それを改めて整理し、むらに存在する多様なグループや個々の農家を「暮らし」「経営」「地域」の3視点で捉え始めたのが16年だった。

農家は作目だけに向き合っているわけではなく、家族がいて、地域との関わりがある。一人の農家の多様な側面を知ることによって、多様な話が聞けて、そこから多様な普及対象が広がる。その広がりの幅だけ、普及者は一つの地域に滞留し、いっそう地域に入り込んでいける。この手法は全普及者に定着し、地域の在村農家数（152頁注）以上の定期購読を獲得するケースも出てきた。この年、『現代農業』は5年ぶりに増部に転じた。

総農家普及元年

そして19年。1日に回る範囲の基準を、従来の在村農家30戸分よりはるかに小さい15戸分とする「総農家普及」が長野県南信地域において始まった。『季刊地域』普及の本格化と相まって、むらの役職層や林家への普及が強化され、自治振興センターや公民館を拠点とする流れも生まれた。また、1旧村に2人で入村するという新しい手法も中国四国支部で体系化され、全支部へ広がっている。

むらに住むすべての人に『現代農業』を届けるために、普及対象を広げ、かつ、むらに定着する挑戦は、これからも続いていく。

（横山宗和）

2章 イネと田んぼを元気の源泉に

1 機械作業を通して、農家と田んぼの関わり方に迫った

■雑誌と映像の連携で機械作業の改善が進む

機械化貧乏という言葉があるが、それと裏腹に農家は機械が大好きである。

『現代農業』では、2000年代後半から稲作作業を中心に、農業機械の使いこなし術に注目した特集を次々と組んでいく。06年5月号の**「耕耘・代かき名人になる！」**が書店売り上げ3万4194部と当時の最高部数を記録したのを皮切りに、田植え（07年5月号）、管理機（11年5月号）、草刈り（12年7月号）、防除機（13年6月号）をテーマとした号がどれもヒットし、機械作業術は巻頭特集の定番となった。

そのなかで大活躍したのが福島県北会津の農家、サトちゃん（佐藤次幸《つぐゆき》さん）だ。作物の生育に合わせたムダのない作業、運転手も作業補助の母ちゃんもラクになり、機械も長持ちする操作法やメンテナンス法。現場で見せる軽快な語り、作業スピード、みごとな仕上がり具合が記事に臨場感と説得力を与え、定年帰農者や新規就農者を中心に大好評を博した。

しかし一方で、「確かに理屈はそうだけど、うちの田んぼとは土質が違うから通用しない」と捉えるベテラン農家もまた多い。そこで、熊本、三重、滋賀の読者のもとにサトちゃんが出張し、長年にわたって現地の農家が手をこまねいてきた問題に挑む企画を立てた。変形田やぬかるみの多い田んぼの対処法、激しく高低差がついて一部植え付けを諦めていた田んぼの高低直し……。これらの難問をサトちゃんが次々と解決していく様子は**「耕耘・代かき もっと名人になる」**（10年5月号）で特集され、さらに大きな反響を呼んだ。

このときのロケでは、雑誌記者やカメラマンとともに、

『現代農業』2010年5月号「耕耘・代かき もっと名人になる」

DVD『イナ作作業名人になる！』第3巻「耕耘・代かき 現場の悩み解決編」

映像グループの撮影班も同行し、静止画と動画が同時に撮影された。その後、映像グループは新潟の大規模集落営農法人にもサトちゃんとともに出張ロケを重ね、映像作品DVD『イナ作作業名人になる！』第3巻**「耕耘・代かき現場の悩み解決編」**（11年）が発行される。

雑誌で幅広い層の読者に情報が届けられ、映像作品で機械の動作・スピードをじっくり見せる。紙媒体と映像媒体の連携はこのときのロケをモデルに、その後も展開され、相乗効果を生んでいく。DVDを購入した地域リーダーが各地で上映会を開催したことも、機械作業の改善が農村現場に浸透する一助となっていった。

■サトちゃんの「弟子」「孫弟子」が自然発生

数あるサトちゃんのワザを代表するのが、「低燃費高速耕耘法」だ。これはトラクタのエンジン回転数を最高出力が出る定格回転数（2500回転程度）よりも2〜3割落とし、それでも余る力を車速アップに回すことで、低燃費と高速耕耘を同時に実現する方法である。フルスロットルで轟音を響かせながら低速走行していたトラクタが、静かでスピーディーに田んぼを駆け抜ける。燃料代も以前の半分！

雑誌や映像作品で学び、その効果を実感した農家が各地に現われると、今度は地元の後輩や新規就農者などにこれを教え始めるようになった。15年5月号の**「トラクタでトクする百科」**は、読者の中から自然発生的に現われたサトちゃんの「弟子」が「孫弟子」に教えたり、自分なりのアレンジを加えたワザを紹介する巻頭特集となった。この特集でサトちゃんが新たに登場した記事はわずか1本。機械大好きな「中学生農家」に作業機のセッティングの極意を教える記事のみだった。いったん農家に受け入れられた技術は一人歩きするのである。

また、この特集でのロケ取材も動画撮影され、過去の関連記事とともにまとめた**DVDブック『トラクタ名人になる！』**（16年）は大ヒット・ロングセラー作品となっている。

■むらにスピード作業機がやってきた

ロータリ作業をベースとした耕耘法が改善される一方で、11年頃から北海道などの大規模農家の間でスタブルカルチと呼ばれる作業機が急速に広まった。当時の農文協の普及職員の営業日報にも連日のように、農家の軒先で見慣れない作業機を見たという報告がされた。これは「爪もの」「引きもの」とも呼ばれ、トラクタの動力を使わず、ノミのような爪を地面に刺して牽引することで粗く、深く、高速に耕起する作業機である。

２０００年代後半から農家の世代交代が急ピッチで進み、本州、四国、九州各地でも数十ha規模の大面積を請け負う法人が続々と現われるなかで、スタブルカルチをはじめ、パワーハロー、レーザーレベラーなど欧米で普及している作業機の導入も急速に進んできたのだ。

『現代農業』18年3月号巻頭では「**耕耘新時代**」と銘打って、昭和の時代に普及したロータリに対して新しくむらに入ってきた「スピード作業機」の特徴や普及の背景に迫り、その使いこなし方を特集した。ロータリは土の攪拌、残渣処理、砕土、整地、なんでもできる万能選手。狭い圃場が何枚も飛び飛びにある日本で進化したガラパゴス技術の結晶といえる。一方の「スピード作業機」は反転、耕耘、均平、砕土・整地など、それぞれが得意分野をもったエキスパート作業機であり、箱根駅伝の学生ランナーがバトンをつなぐように、役割を分担しながら高速で圃場を駆け抜ける。

これらをうまく使うことで、大規模圃場での作業効率を上げるだけでなく、土の乾きをよくして作物の適期播種を実現したり、イネの無代かきや乾田直播、田畑輪換技術など新たな栽培体系への挑戦が可能な時代に入っている。

『現代農業』2018年３月号巻頭特集「耕耘新時代」より。
スピード作業機は駅伝ランナーのように役割分担しながら高速で圃場を駆け抜ける

収穫後の技術を徹底解説したDVD『イナ作作業名人になる!』第4巻「乾燥・調製・精米 現場の悩み解決編」

■農家の感覚と機械性能の向上、意識と実態のズレ

スピード作業機だけでなく、従来のロータリや代かきハロー（ドライブハロー）でも、その性能は大幅に進化している。19年5月号の巻頭特集では「代かき」をテーマとしたが、このとき課題となったのが、農家の感覚と機械性能の向上、意識と実態のズレだ。

牛馬に牽《ひ》かせた犁《すき》や耕耘機（テーラー）を使って代かきしていた時代は、重労働にもかかわらず、いくら丁寧に作業してもゴロゴロした土塊が残ったものだ。しかし、現代は冷暖房完備のキャビン付きトラクタに乗り、攪拌能力の高いロータリやドライブハローで荒起こし・代かきをする時代。作業者の想像以上に土が練られ、酸素不足による初期生育の悪化やガスわきによる根腐れが起こりがちとなる。

これを解決する手段として、**「浅水さっくりスピード代かき法」**を特集した。練りすぎ問題の回避だけでなく、ワラや残渣のすき込みもうまくいくため、長年の悩みが解決したと喜ぶベテラン農家も多い。時代とともに基本技術の組み直しも必要とされているのだ。ここでも雑誌と映像の撮影班が連携してのコンテンツ製作がなされ、20年春には**DVDブック『代かき名人になる！』**が発行された。

18年12月号巻頭の**「農機の才能　完全発揮　メンテと使い方」**特集も映像グループとの連携により実現した。収穫後の米を乾燥・調製する機械の使い方とメンテナンス法。サトちゃんが乾燥機の内部に潜入したり、モミ摺り機を解体してその構造・仕組みを徹底解説したりする内容で、**DVD『イナ作作業名人になる！』**第4巻**「乾燥・調製・精米 現場の悩み解決編」**（19年）として映像作品も発行されている。

2 田んぼはどんどん多彩になった、可能性無限大

■飼料米・飼料イネで耕畜連携の動きが広がる

減反政策の開始から40年となる2010年、民主党政権はマニフェスト（政権公約）の目玉であった戸別所得補償政策を開始する。飼料用、米粉用、バイオエタノール用、輸入用など、国内の主食用米の需給に影響を及ぼさない米

は「新規需要米」と位置づけられ、イネの作付けによる転作が推進される。なかでも、飼料米・飼料イネは10ａ当たり８万円と助成金の交付単価が最高額となった。

飼料米・飼料イネが大きく注目されるようになったきっかけは、08年に始まる国際的な穀物価格の高騰だ。飼料価格も上昇し畜産農家に大きな打撃を与えたのを機に、飼料米・飼料イネが自給率向上のための戦略作物として位置づけられるようになったのだ。

14年からは自民党政権下で数量払いが導入され、助成単価は最高10万５０００円／10ａ（最低で５万５０００円）となる。これで農家の増収意欲に火がついた。『現代農業』では、14年３月号から連載「**飼料米多収に腕が鳴る**」をスタート。第１回は生産者グループで収量を競い合いながらニワトリ（肉用）に食べさせる飼料米をつくる山口市の「秋川牧園飼料米生産者の会」の取り組みだった。かつて食料増産の時代に多収に燃えたベテラン農家たちが、北陸１９３号（専用多収品種）による米の１ｔどりを目標に、本気のイネつくりに挑戦する。その姿に若手も刺激を受けつつ、みんなで年２回の圃場巡回を繰り返す。その模様を伝えたのである。

また、秋川牧園からは１ｔ／10ａの鶏糞が無料で届けられる。同様の取り組みは全国で広まり、牛農家との間では

飼料米 1t どりをめざす秋川牧園飼料米生産者の会の皆さん（『現代農業』2014 年 12 月号、連載「飼料米多収に腕が鳴る」最終回）

DVD『つくるぞ 使うぞ　飼料米・飼料イネ』全２巻と別冊現代農業『とことんつくる 使う 飼料米・飼料イネ』

『解題増補「新みずほの国」構想』

堆肥とワラが積極的に交換されるようになった。エサとなる収穫物もモミのままであったり、玄米を粉砕・圧ぺんしたり、粉砕後に発酵させてモミ米サイレージにするなど、新しい給与方法が次々に開発されていく。こうして、かつては同じ地域にあっても交わる機会がなかった畜産農家と耕種農家が水田という場を通してつながっていった。

この流れを一気に加速すべく農文協では、15年1～3月にDVD『**つくるぞ 使うぞ　飼料米・飼料イネ**』全2巻と別冊現代農業『**とことんつくる 使う　飼料米・飼料イネ**』（1年後に『**飼料米・飼料イネ 活用ガイドブック**』として単行本化）を同時発売した。流し込み追肥、鉄コーティング直播などの低コストで手間をかけない栽培法や、飼料米・飼料イネを積極的に給与してエサ代を減らしている畜種別の事例などを解説した。

また、単行本では15年に『**「新みずほの国」構想　日欧米　緑のトリオをつくる**』（角田重三郎著）を改題増補版として復刊。日本を成熟社会に導く鍵は、飼料米・飼料イネで稲作と畜産を結びつける新たな水田農業だとした名著である（初版は1991年発刊）。アジア・モンスーン地帯ではじめての「安定した近代社会」のモデルは新たな水田農業によって実現可能であり、これがアジアの民衆の幸せ、日欧米の安定化の基礎となると構想する。飼料米・飼料イネの推進を転作による米価維持の手段に留めず、歴史的・世界的視野をもった壮大な構想のなかで捉え直すための復刊である。

『現代農業』2016年11月号
「米の力！ 無限大」

■米粉、米ゲル、生ペースト……、米の力は無限大

加工用米や米粉用米による転作を積極的に進めたのは、長年減反政策に反対してきた秋田県大潟村の農家だ。干拓地で地下水位が高く畑作には不向きな土地柄だけに、主食用米以外の米を作付ける新しい政策を歓迎したのである。

㈱大潟村あきたこまち生産者協会を中心に、従来のおこわ、もち、米酢などに加え、米パンや米菓子、米麺などの商品開発に積極的に乗り出した結果、転作が一気に進み、２０１６年には村全体で転作率１０２・９％を達成。過剰作付けのペナルティを課され続けてきた村が加工用米・米粉用米の一大産地に生まれ変わった。

『現代農業』では10年４月号より連載**「新規需要米　こうつくる　こう売る」**をスタートさせ、大潟村を含む各地の米粉利用の動きを紹介していく。高性能製粉機を導入して地域の菓子メーカーと共同で商品を開発する、地元のスーパーや直売所での販売、学校給食への提供など、米粉パンや米麺による農工商連携の事例を追った。それらの実践は別冊現代農業**『農家が教える　米粉　とことん活用読本』**（11年）にまとめられ、農家はもちろん、都会の消費者にも米粉活用の裾野を広げた。

『現代農業』16年11月号の巻頭特集**「米の力！　無限大」**では、さらに柔軟な発想から生まれた米の一次加工法も紹介される。おかゆ状に炊いた米を業務用フードプロセッサーで切り刻む「米ゲル」。残りご飯を牛乳や水と混ぜて家庭用ミキサーで攪拌する「マイピュレ」。１時間水に浸しただけの米粒を家庭用ミキサーにかけた「生ペースト」。米粉にせずとも、パンや菓子、麺、ソース、マヨネーズなどの加工品が手軽にできてしまう。「米の力」は無限大に引き出すことが可能なことを教えてくれる特集となった。

■百花繚乱、多彩な品種を組み合わせた稲作経営

米の品種に目を向けると、コシヒカリ全盛の時代は終わり、ブランド米の戦国時代に突入したといえる。「ゆめぴりか」（北海道）、「晴天の霹靂」（青森）、「つや姫」（山形）、「新之助」（新潟）、「いちほまれ」（福井）……。これら東日本の米どころだけでなく、「みずかがみ」（滋賀）、「星空舞」（鳥取）、「ひめの凛」（愛媛）、「さがびより」（佐賀）、「くまさんの輝き」（熊本）と、西日本でも良食味米が次々と発表され、各県が新品種のブランド化にしのぎを削る。

とくに中山間地域では生き残りをかけたブランド米戦略が展開される一方、平場の大規模圃場では低コスト多収の業務用米生産が盛んになった。ブランド米と比べると単価は低いが、14年の米価下落を機に価格差が縮まり、複数年契約による栽培も増加している。多収すれば10ａ当たりの収益はブランド米を超えるほどだ。

農研機構が開発した「あきだわら」「やまだわら」「萌えみのり」「ちほみのり」「つきあかり」などは良食味と多収を両立した品種であり、早晩性による作期分散、直播による省力化など、栽培の選択肢も広げてくれる。商社が売り込む「みつひかり」「しきゆたか」などの超多収Ｆ１ハイブリット品種もじわじわと現場に入ってきている。

また、カレーやチャーハンに向く「華麗舞」、すしに向

農文協80周年を記念して出版した『イネ大事典』全3巻

く「笑みの絆」などの専用品種、米粉や米ゲル加工への適性があり、血糖値を上げにくい高アミロース米も注目される。さらに、前述の飼料米・飼料イネ品種、もち米・酒米品種、古代米や地元で再発見される昔品種など、イネの品種はまさに百花繚乱。農家は気候風土や経営面積・経営目標、お客さんの要望などに照らし、多彩な品種を組み合わせながら水田をまわしつくる、やりがいとおもしろみに溢れる時代となった。

なお、現場の流れに呼応するようにして、18年、長年続いた生産調整から国が手を引いた。米は需要に合わせて地域ごとに多様な計画を立てて生産する形となった。

こうした変化のなか農文協では、20年1月に『**イネ大事典**』を発行した。上巻、下巻、別巻の3冊セットで全2178頁の大型文化財であり、別巻では200頁にわたって最新の品種情報が掲載されている。上下巻ではイネの生理・生態から篤農家技術、最新の技術課題までを網羅しており、新規就農者から担い手・大規模法人、稲作名人まで、イネつくりに関わるすべての人にとってのバイブルとなる本が完成した。

■ムギ・ダイズ本作化時代の多収技術

転作作物としては新規需要米だけでなく、ムギやダイズなどの畑作物も大いに奨励されている。2014年から畑作物にも数量払いが導入され、ダイズなどは収量次第で10a当たりの収入が主食用米よりも有利な状況だ。さらに、裏作ムギを組み合わせれば、収益をさらに伸ばすことができる。「捨てづくり」がなくなって、ムギ・ダイズ本作化の時代が到来したといえる。

ダイズでは、省力化と湿害回避を両立した播種方法や栽培方法が各地に生まれている。北陸から全国に普及しつつあるアップカットロータリによる耕耘同時施肥播種。東北で開発されたイネの代かきハローを使った「小ウネ立て播種」、九州で開発されたロータリの一部をカルチ爪に替えた「部分浅耕播種」など、国や県の指導機関が連携しつつ独自の播種法が実践されている。

小麦では品種の世代交代が一気に進んだ。本州以南で長らく続いた「農林61号」が姿を消し、「さとのそら」(関東)、

「きぬあかり」（愛知）、「チクゴイズミ」（九州）、「ちくしW2号（商標名：ラー麦）」（福岡）など、耐倒伏性や収量性に優れ、収穫期が梅雨にあわないように早生化された新品種が出揃った。

パン用品種でも、北海道で超強力小麦「ゆめちから」が開発され、国産小麦パンの選択肢が大きく広がった。うどん用品種とブレンドすることでグルテン力を高め、パン・中華麺に自在に利用できる画期的な品種だ。これら新品種の特徴や加工適性と栽培のカンドコロは単行本**『麦の高品質多収技術　品種・加工適正と栽培』**（渡邊好昭ほか編著、13年）にまとめられた。

『麦の高品質多収技術』

『小麦１トンどり』

なかでも、栽培技術を大きく進化させた小麦新品種が北海道の「きたほなみ」である。多収だが癖のあるこの品種をつくりこなそうと、研究者と農家が一緒になって「小麦1トンどりプロジェクト」が展開された。半世紀で飛躍的に収量を伸ばしたヨーロッパの小麦生産に負けまいと、収量構成要素をもとに播種量や播種深度、施肥管理を見直し、上位4葉の光合成能力を最大限に引き出すための栽培法が開発された。その技術は単行本**『小麦1トンどり　薄まき・しっかり出芽　太茎でくず麦をなくす』**（髙橋義雄編著、17年）にまとめられ、『現代農業』誌上でも最新の研究成果が随時報告されている。また、北海道での成果に刺激を受け、多収には不利とされる九州でも研究者と農家による取り組みが進行中で、連載**「暖地で小麦多収に挑戦」**（18～19年）にて紹介された。

ムギ・ダイズ以外の作物でも、地域の気候風土を生かした転作は多彩に展開されている。輸入トウモロコシの代替に真正面から挑戦する子実トウモロコシや、健康需要の高まりとともに外国産から国産へ切り替えが進むハトムギ・もち麦、さらにエダマメ、ネギ、タマネギ、キャベツなど、機械作業体系を組みやすい畑作物によって、水田転作が各地で賑やかに展開されている。

（伊藤伸介）

とことん農家の「個」にせまる
―『イネ大事典』普及の実践から

稲作専業地帯にどっぷり

80周年を迎える農文協が満を持して発行した『イネ大事典』は、2019年6月から予約取りを開始し、各地でさまざまな普及が繰り広げられた。

私は19年7～8月、北海道雨竜《うりゅう》郡沼田町と秋田県大潟村の普及プロジェクトに関わった。いずれも1枚1ha以上の田んぼが広がる稲作専業地帯だ。

専業地帯での普及には、個々の農家の技術と経営を把握することが欠かせない。「栽培技術を聞き、なぜそうしているかを掘り下げることで、その農家がどういう人かがハッキリわかる。関心や今後進もうとしている方向も見える」と先輩から教わり、実践するなかで徐々に、専業農家を相手にしても怖がらずに話せるようになった。

大規模農家の思いにせまった

大潟村では、農家から米やネギ、タマネギを集め外食・加工用等に卸売りする㈱ベジタブルスタイルへの普及が印象に残っている。稲作中心の大潟村で、約20年前からいち早く耕作放棄地や育苗ハウスを活用して果菜類をつくっていた2人（現在40代）が組んで設立した法人だ。

ここに米や野菜を出荷する農家は、各自で生産・経営を行なっており、代表の信太惇吉《しだじゅんきち》さん自身も両親・奥さんと15haの田んぼでめんこいな、あきたこまちなどをつくっている。あくまで家族農業が基本で、法人は、自分がやりたいことを実現するためという位置づけだ。

同社に出入りする業者や取材者等は、皆こぞって「これからどのくらい規模拡大するつもりですか？」と聞いてくる。しかし、「それは農家が減ることを意味する。なぜ規模拡大する必要があるのか？」と信太さんは言う。どうしたら村の農家が少しでも長く続けられるか、常に考えているのだ。この考えから、最近、作業受託専門の法人も立ち上げた。ゆるがぬ意志を持つ代表である。

同社は18年にも『タマネギ大事典』を購入してくれており、今回は『イネ大事典』に加え稲作のDVD4シリーズ計10本も購入してくれた。従業員に教えたいという思いもあったようだ。これほど多くの文化財が一度に決まったことはなかった。とことん個にせまり、相手の思いを感じ、さまざまな話題で話を深めた結果だと思う。

大潟村は開拓50年の歴史を持つが、農家は入植直後から減反を強いられ、「こんなつもりじゃなかった」と米の販路を自ら開拓してきた歴史を持つ。今は2～3代目に世代交代がされているが、表面に見えないところで、農家がこれほどさまざまな思いを持っている地域は他にないと感じる。

どんな稲作農家とも話せる

これまでに、他にも、無農薬で70ａの田んぼをつくる女性や、自家の飯米をこだわってつくる方、永年の『現代農業』読者、後継者に勉強させたい方、他作目を伸ばすために省力の米づくりを追求する方など、さまざまな対象に『イネ大事典』を届けることができた。『イネ大事典』のおかげで、どんな米農家にも会いに行ける。この文化財によって私たちは普及の幅を大きく広げることができた。

『イネ大事典』を通して米農家に近づく。すべての農村普及に共通する根幹だと思う。内容の濃い普及を今後も展開したい。

（渡邊紗恵子）

３章　施肥・土づくり——農家の自給力は天井知らず

■異常気象時代に注目されるヤマカワプログラム

「耕盤の土を鍋で煮てヨー、その液を散布したら耕盤が消えたのヨ」。農家から『現代農業』編集部にこんな電話が入ったことがきっかけで同誌２０１２年10月号の記事にしたヤマカワプログラム。その後も農家の心をとらえて離さない。

この方法は、ゲリラ豪雨や長雨が頻発し、畑に湿害が発生しやすくなった北海道で生まれた。耕盤の土を煮出した液「土のスープ」・酵母エキス・光合成細菌の3点セットを畑に散布するだけで、「耕盤が抜ける」という。考案者の山川良一さんによれば、排水性がよくなるのは耕盤が「壊れる」というよりは、微生物によって何らかの変化を起こすため。硬く締まった耕盤層にも微生物はおり、3点セットがその微生物を活発に活動させるトリガー（引き金）になるという。

サブソイラなどで耕盤を破砕するのと違い、畑にもともといる土着菌に硬い耕盤層を軟らかくしてもらうこの方

広がるヤマカワプログラム
ヤマカワプログラムには、全国から問い合わせが多数あった。
実際にやってみた畑の変化に驚く農家の声も続々と届いている。
服部吉弘さんと、無肥料のダイズ
自然栽培の畑
七割の耕盤が抜けた
北海道ニセコ町・服部吉弘
現代農業 2013.10
（191）
ヤマカワプログラム
全国の畑に響き渡る!
光合成細菌と酵母エキス、
そして耕盤層の土を煮た
「土のスープ」の3点セットの散布
で耕盤が抜ける（耕盤はあるが、
根や水を通すようになる）という
ヤマカワプログラム（2012年10
月・12月号）。微生物の力で耕盤
を抜くという発想は農家魂に火を
つけ、その輪は瞬く間に
広がっている。
ソウカ病激発圃場でキレイなジャガイモがとれた
（199ページから）。左からＪＡ幕別町の西村孝志
さん、十勝農業改良普及センターの船戸知樹さん、
山川良一さん、幕別町の村田辰徳さん

爆発的に普及したヤマカワプログラムを紹介した
『現代農業』2013年10月号

法、全国の現場では確かに結果が出ている。外からスーパー微生物を持ち込むのではなく、自分の畑にもともといる土着菌の活動を活発にすることで畑を軟らかくできる。自給力を持ち前とする農家はそこに心躍らされた。

■水田フル活用時代にますます注目されるモミガラ

畑の排水性改善は、近年の米価下落によっても喫緊の課題となってきた。水田は米以外に、ムギもダイズも野菜もつくる場面がますます増え、「田んぼの土」を「畑の土」にする必要性が高まっている。そんななか、農家がもっとも注目したのが自給資材の代表格、モミガラである。

『現代農業』では巻頭特集でモミガラをくり返し取り上げ、新たな魅力と使い方が見えてきた。たとえば、**「いざ、畑をモミガラ天国に」**（16年10月号）では、モミガラの有機物は難分解性のリグニンやセルロースがほとんどなので、土に大量投入しても微生物が一気に増殖することはなく、チッソ飢餓の危険がないことがわかった。**「モミガラくん炭最前線」**（18年1月号）では、最新の研究で、くん炭を好む微生物が抗菌物質をつくって病害抑制効果をもたらすこともわかった。**「農家のモミガラ大活用」**（18年11月号）では、発酵させれば少量でも土壌改良効果があることと、それはカタイ有機物を分解するのが得意な糸状菌が持続的に働いて団粒を形成するからであることを明らかにした。

担い手農家の経営面積が大きくなって、使い切れずにもてあましている場合も多いモミガラ。農家の使い方の進化はまだまだ止まりそうにない。

■新ジャンル、DVDブック登場

『現代農業』編集部では、農家の自給力の動きを全面展開するため、動画付きの単行本「**DVDブック**」という新しいジャンルを映像チームと一体となって企画した。文字情報だけではなかなか伝わらない農家の体の動かし方や現場の空気感までも伝えたいと考えた。その第一弾がモミガラだった。11年の『**モミガラを使いこなす**』である。なかでも動画付きで紹介した「保米缶やき」は、風に強く、サラサラできれいなくん炭が効率よくできることから全国に普及が拡大した。単行本は9刷、1万6000部を超える売り上げを示している。

つづいてのDVDブックが『**えひめAIの作り方・使い方**』（11年）。えひめAIとは当時愛媛県工業技術センターの職員だった曽我部義明先生が、川や海の浄化のために開発した発酵液である。材料は納豆、ヨーグルト、イースト、砂糖、水とすべて身近な食品で、作り方も公開。このことが「なんでも手づくりする」農家の心をくすぐった。

えひめAIを使った農家からは、作物の育ちをよくした、病害虫を抑えた、牛のエサに混ぜると乳量アップしたり下痢や病気がなくなった……と、効果の報告が相次いだ。効果の秘密は「納豆菌の脂肪・タンパク分解力」や「乳酸菌のアンモニア中和力」「酵母菌が合成するアミノ酸や酵素」など、それぞれの菌の力もあるが、たくさん増殖した菌の死骸が植物の病害抵抗性を誘導したり、散布された先にもともといた土着菌を元気にしたりする効果も大きいと考えられた。

えひめＡＩと土着菌の関係について、曽我部先生は本の中でこう書いている。

「水をきれいにするのは、よそから持ち込んだ市販の微生物ではなく、その土地にもともといる土着微生物であることがわかっていました。そこで河川や海の土着微生物を回復させるために、それら微生物のえさとなる栄養ドリンクを開発しようとなったのです」

手づくりした発酵液で田畑や作物を元気にできるのはヤマカワプログラムと同じ。農家は競うように、えひめＡＩの作り方と使い方を進化させていった。単行本は8年間で10刷2万3100部の実売に達している。

翌２０１２年には『**炭をやく　炭を使う**』『**竹　徹底活用術**』といった「地域資源活用本」が企画され、それぞれ５０００部、１万部超えの売り上げとなった。

えひめ AI は、身近な食品で手づくりできるパワー菌液
（『現代農業』2013 年 1 月号）

「DVD ブック」シリーズ『モミガラ』『えひめ AI』。他にも『薪＆ロケットストーブ』『トラクタ名人になる！』など多数

■納豆、えひめAI、米のとぎ汁
――農家の自給力全開

農家の自給力は『別冊現代農業』としても企画化された。なかでも、のちに単行本化され、1万部を超す実売を示しているのが『**農家が教える　微生物パワー　とことん活用読本**』（13年）である。

この本の章立ては次のようになっている。

PART1　納豆菌、乳酸菌、酵母で作物が元気になる

PART2　自然界の微生物の発酵力を活かす

PART3　微生物資材を上手に使う

PART1の冒頭を飾る記事はなんと納豆そのもの。納豆と水をミキサーにかけて濾した「納豆水」を散布して、キクの難病である白さび病を抑える。ほかにも、農薬で止まらなかったカーネーションの斑点病が納豆水で止まったという記事や、納豆にトレハロース（糖）と温水を混ぜた「納豆液」でブドウを無農薬栽培している記事もある。もちろん、えひめAIの記事も多い。納豆多めのえひめAIでアスパラガスの灰色かび病に手ごたえを感じている記事や、えひめAIを仕込んだあとに容器の底にたまるオリを株元かん水したり、ボカシ肥料づくりの水代わりに使ったりする記事もある。まさに、農家の自給力全開といえる。

PART2では、米のとぎ汁や米ぬかの利用が多い。PART3では購入した微生物資材の使いこなし方が並ぶ。

■農家の自給力発揮を支える基礎本

農家が自給力を発揮するときに役立つのが、土の働きや養分の働きなどの基本を知ることだ。

『**土は土である**』（13年）は、その副題「作物にとってよい土とは何か」のとおり、よい土の見方をわかりやすく科学的に解説した。著者の松中照夫さんはまえがきでこの本のタイトルについてこう述べている。

「土は土であって、他のなにものでもない、自然を構成する大気、水、岩石、動植物などと同じ自然物なのだというのが私の思いである。それが私たちの役目なのだろう。その土を作物の栽培に適した土にすること、それが私たちの役目なのだろう。では、どのようにすればその役目をはたせるのか、その役目をはたせないと、どんな仕返しが私たちにくるのか、そのことを私はこの本で述べたかった」

たとえば、本書の3章の見出しは以下のように並ぶ。「よい土とは（その2）―排水がよく、水持ちもよい土」「排

『土は土である』

水のよい土の断面と悪い土の断面」「土が水を保つしくみ」「土の粒の大きさの見分け方と改善」「作物が利用できる水、利用できない水」「排水も水持ちもよい土とは」。土を過大にも過小にも評価しない科学的な論考が評価され、順調に版を重ねている。

『まんがでわかる　土と肥料』（18年）は当時、国の研究者だった村上敏文さんが『現代農業』に15年から連載した図解ページをベースにまとめられた。イラストも著者自身で描いた異色の書。まえがきも著者が根っこになりきって書かれている。

「はじめまして。根っこのルートです。土と肥料の話は、ほんとにわかりにくくて困ってしまいますね。（中略）この本は、そんな方むけに、化学概念をベースに土の中で起こるさまざまな現象を、私ら根っこの目線で、一コマ漫画風にして、わかりやすく解説しようとしたものです」

このねらいは見事に当たった。農村ではこの10年、農業をリードしてきた昭和一桁世代が全員80代に入り、大世代交代期が始まったといわれる。その農家をとりまく指導者や研究者にも、農家と接点のない世代が増えつつある。そんな世代にも本書は「これならわかりやすい」と評判である。2年で6刷と順調に版を重ねている。（西尾祐一）

『まんがでわかる　土と肥料』

4章

進化する病害虫・雑草防除

1 減農薬・自給的防除へのうねり

■天敵が防除の主役に

近年、日本各地で天敵が害虫防除の中核を担うようになってきている。ナス、ピーマン、シシトウ、イチゴ、キュウリ、オクラなどを中心に、施設でも露地でも天敵利用が進んでいる。関東など東日本でも、熱心に取り組む地域が増えた。施設の果菜類では主要産地の天敵普及率が7～9割超に達している。この背景には、主要害虫の薬剤抵抗性が発達し、農薬が効かなくなっていること、農薬による防除作業と防除費が農家の大きな負担になっていることがある。たしかに、天敵がうまく使えれば、薬剤抵抗性害虫にも有効であり、農薬散布回数も農薬代も減らすことができる。問題は、そのための技術の安定性と信頼性だ。

従来、天敵利用のネックとなっていたのが、利用技術の確立した天敵の種類が限られること、農薬を使うと天敵に影響が出ること、畑に安定した天敵のエサがないことだった。近年、こうした難題を克服する技術の進展があった。優れた天敵資材と、土着天敵活用技術の開発である。そのポイントは五つある。

①カブリダニ類、テントウムシ類、寄生蜂など、有効な天敵が次々と資材化され、天敵のレパートリー、対象害虫が大きく広がった。

②害虫にだけ作用する「選択性農薬」の開発が進み、農薬で害虫を抑えながら天敵を維持することが可能になった（＝天敵の保護）。

③天敵のエサとなる花粉や花蜜などを供給する「天敵温存植物」が研究され、畑に天敵を呼び込み、定着させ、パフォーマンスも高められるようになった（＝天敵の強化）。

④選択性農薬と天敵温存植物を組み合わせて、農家が自

ら天敵を増やし、活用できるようになった（＝天敵の保護と強化による防除体系）。

⑤さまざまな天敵の食性や活動に適した条件、農薬の影響などが調べられ、それぞれの欠点を補う天敵の組み合わせや、天敵と農薬を適材適所で使う方法がわかってきた。

　こうした技術の進展を受けて発刊されたのが**『天敵活用大事典』**（２０１６年）である。旧版『天敵大事典』（04年）と加除式出版物『農業総覧　病害虫防除・資材編』の天敵関連記事をベースにしつつ、内容を全面的に改め、膨大な新知見を盛り込んで体系的に再編集した。昆虫、ダニ、クモを中心に農業害虫の天敵２８０余種を網羅し（旧版は１９０種）、生態と活用法、11品目20地域の天敵活用事例を第一線の天敵研究者約１２０名が詳述。カラー口絵では１０００点以上の写真を掲載し、各種の卵から成虫に至るまでの姿、類似種、近縁種などを大判（Ｂ５判）で一覧できるようにした。

　天敵資材では、ハダニの天敵として歴史のあるチリカブリダニから、アザミウマ・コナジラミの天敵として実績を重ねるスワルスキーカブリダニ、比較的低温に強い新たな注目株のリモニカスカブリダニまで31種を収録。

　土着天敵では、効果と活用法の違いを踏まえて、天敵を「保護のみで高い効果」「保護と強化で高い効果」「保護により一定の効果」「生物多様性の保全対象」の４グループに分け、「野菜・畑作物」の「保護と強化で高い効果」では、ヒメハナカメムシ類、タバコカスミカメ、クロヒョウタン

『天敵活用大事典』の口絵
「天敵温存植物」より

カスミカメなど、選択性農薬と天敵温存植物を駆使することで大きな効果が得られる土着天敵18種を収録した。

天敵ごとの解説とは別に、共通のコーナーとして「天敵の保護・強化法」を設け、「天敵温存植物」「天敵温存ハウス」「バンカー法」など、重要な天敵活用技術を紹介した。土着天敵の活用に不可欠な「天敵温存植物」では、第一人者である大野和朗さん（宮崎大学教授）が、バジル、バーベナ、アリッサム、ゴマ、クレオメなど、効果の高い14種について、それぞれの特性と使い方を詳しく解説している。

『現代農業』16年6月号は、本事典の発刊に合わせて小特集「**天敵活用最前線**」を組み、トップの記事「タバコカスミカメ新段階　福岡のナス部会で一気に広まった」で、全国有数のナス産地、福岡県ＪＡみなみ筑後瀬高ナス部会の事例を紹介した。本事典に収録した天敵活用事例の一つであり、部会員２１４戸、ハウスナスの面積は50 haほどで、アザミウマ・コナジラミ対策に、土着天敵のタバコカスミカメと購入天敵のスワルスキーカブリダニを利用している。タバコカスミカメはクレオメやゴマを育てて畑に呼び込んでいる。これによりアザミウマの防除がほぼいらなくなり、農薬散布回数も農薬代も半減した。収穫に追われるなか、合羽を着て汗だくになって行なう農薬散布が減ったという。天敵を利用する人は、12年にはわずか数人だったが、14年には１８０人以上と、部会員の９割近くになった。

『天敵活用大事典』は、本体２万３０００円ながら、農家、現場指導者、研究者、図書館から高く評価され、３刷２１００部を発行した。単行本では『**天敵利用の基礎と実際**』（根本久・和田哲夫編著、16年）が施設の天敵資材と露地の土着天敵のアプローチの違いを整理し、映像ではＤＶＤ『**病害虫防除の基本技術と実際**』全４巻（14年）が天敵活用の実際をわかりやすく動画で示した。

■雑草診断は芽生えから

田畑には、さまざまな雑草が発生し、外来雑草も多い。素人が種を判別することは容易ではない。芽生え（幼植物）ともなればなおさら難しく、日常的に雑草をよく見ている人でも確信を持ちにくい。しかし、種を判定できなければ、適切な防除法も知ることができない。防除法以前に、田畑の管理の仕方に問題があって雑草が増えているのかもしれないが、そういったことも種を判定できて初めて改善が可能になる。

日本には多くの雑草図鑑があるが、幼植物から種を判定でき、対策まで調べられるものはなかった。そこで、加除式出版物『農業総覧　原色病害虫診断防除編』第９巻（雑草）の内容を抜本的に改訂・再編集して、『**原色 雑草診断・防除事典**』（森田弘彦・浅井元朗編著、14年）を刊行した。田畑の雑草１８９種の幼植物や生育各段階、類似種の写真９９１点を掲載し、種の判定や防除のポイントを解説している。

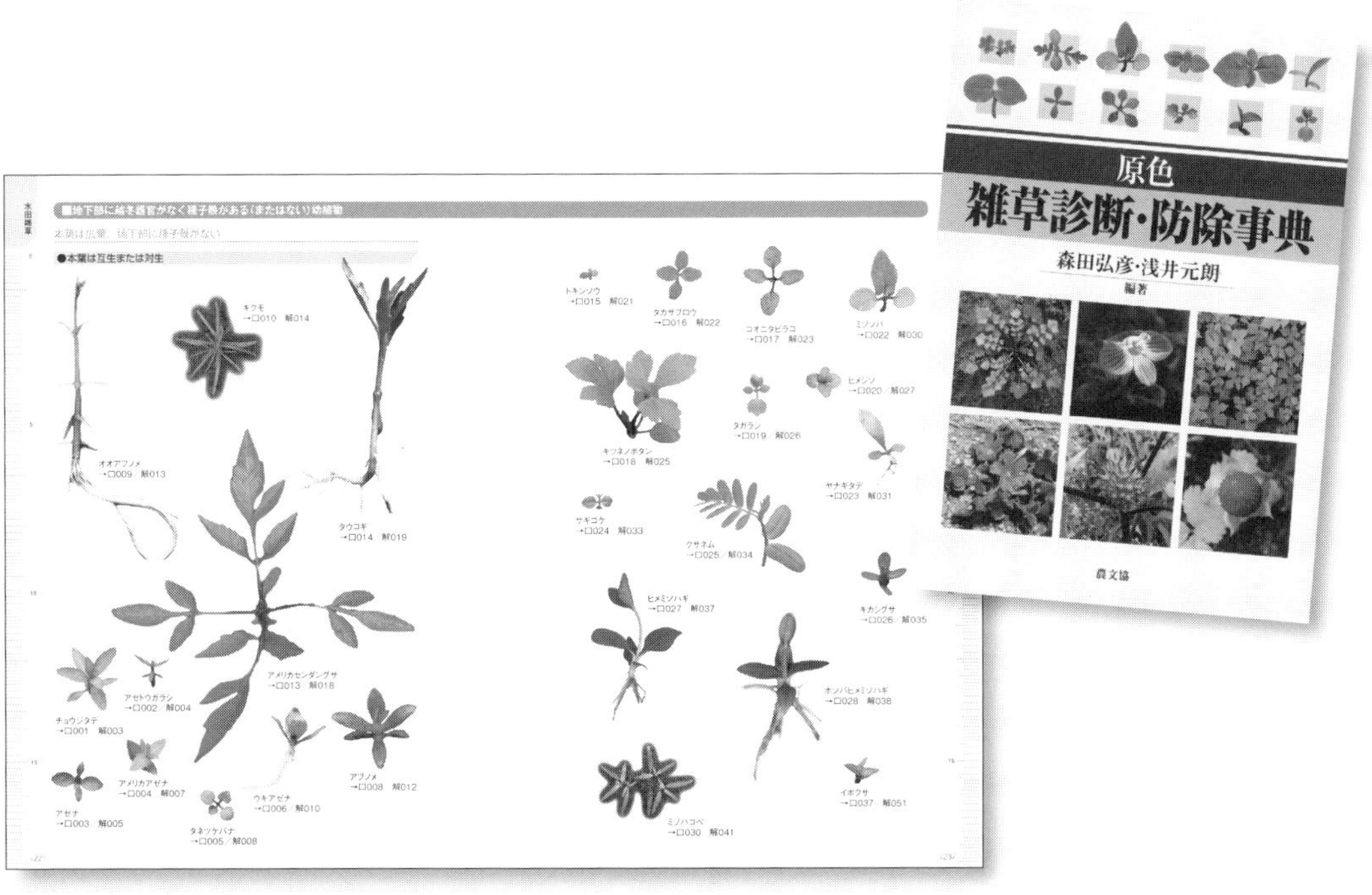

『原色 雑草診断・防除事典』の「幼植物検索表」

編著者の森田弘彦さん（秋田県立大学教授）は水田雑草について、浅井元朗さん（農研機構）は畑地雑草について、生態と防除法を研究するなかで、幼植物の特徴を整理し、特徴をたどれば種を判定できる2分岐式の検索表を作成した。これを原寸大の幼植物写真で表現したのが、本事典の幼植物検索表であり、誰でも雑草を幼植物の段階から迅速に判定し、早期に対策を講じられるようになった。この点が農家から好評で、発刊以来、毎年増刷しており、農文協の事典類では最多の４９００部を発行している。

『現代農業』の記事を単行本化した*『**農家が教える　ラクラク草刈り・草取り術**』（13年）は８刷１万５１００部、「**ラクラク度急上昇　草刈り・草取り**」を特集した『現代農業』12年７月号は書店実売数４万４０６８部（過去最高）、「**草刈りが意外と楽しくなる工夫集２０１８**」を特集した同18年７月号は同年の本誌書店実売数で最多の２万８６６４部と、雑草対策への関心は高い。映像では、本事典の内容も生かしたＤＶＤ『**雑草管理の基本技術と実際**』全４巻（15年）がある。

■石灰、微生物の力で

この10年間を振り返って、農文協の防除ジャンルの単行本で飛び抜けて元気なのは、いずれも『現代農業』で話題になった記事をもとに編集された本だった。

身近な資材である石灰を病害虫対策に生かす「石灰防除」

*いずれも『現代農業』の別冊として再編集の後に単行本化。発行年・冊数・部数は単行本のもの。次頁も。

『農家が教える　石灰で防ぐ病気と害虫』

の技を集大成した『農家が教える　石灰で防ぐ病気と害虫』*（11年）は、『現代農業』07年6月号「安くてよく効く石灰防除」、07年10月号「病気に強くなる肥料　石灰」、08年6月号「石灰防除　１００人の声」などの特集記事を中心に集めたものだが、20刷6万3０００部の大ヒットとなった。石灰には、作物の細胞壁を丈夫にし、生理的にも病害抵抗性を高め、病原菌の活動を静める効果があり、石灰をふるとさまざまな病害が防げるというものだが、まず初めに全国のたくさんの農家の実践があり、『現代農業』がその実践を集め、裏付けと最新の研究成果も示しながら、新たな実践を励ます特集を打ち出し、大いに盛り上がった。そのうねりの中で本書は誕生し、さらに大きなうねりをつくり出した。

DVDブック『えひめAIの作り方・使い方』*（11年）については前章で説明したとおりだが、納豆・ヨーグルト・イースト、砂糖で誰でも簡単に手づくりできる発酵液「えひめAI」は、ニオイ消し、洗剤、入浴剤のほか、野菜の病害虫を減らす資材としても注目されている。**『農家が教える　微生物パワー　とことん活用読本』***（13年）も、えひめAIをはじめ、納豆菌、乳酸菌、酵母など身近な微生物と未利用資源でつくる微生物資材を使って、作物を元気にする工夫や科学的知見を収録し、７刷１万１６００部を発行した。

（馬場裕一）

2　RACコードでローテーション防除、農薬メーカーも動き出した

■『現代農業』が農薬ラベルを変えた⁉

資材屋さんに並ぶ農薬のボトルや袋。そのラベルに「RACコード」が記載されるようになったのは、『現代農業』の功績といっていいかもしれない――。

RACコードとは、左上写真のような記号で、農薬を作用機構ごとに分類したもの。たとえば殺虫剤なら有機リン系は1B、ネオニコチノイド系は4Aなど、すべての農薬にIRACコード、同様に、殺菌剤にはFRACコード、

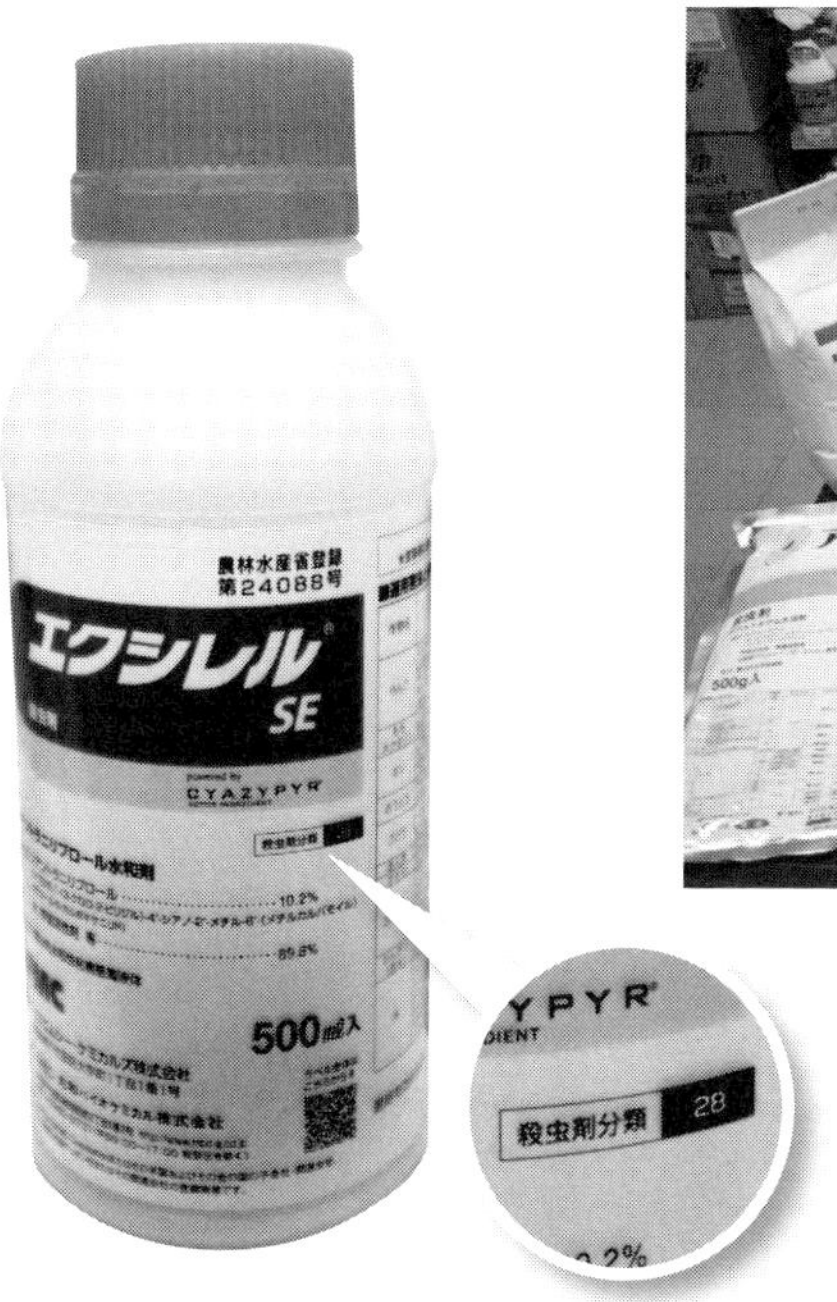

農薬ラベルに表示されるようになったRACコード

農薬名も成分も違うが、すべて同じネオニコチノイド系の殺虫剤

除草剤にはＨＲＡＣコードがある。同じ農薬を繰り返し使うと害虫や病原菌に抵抗性がついてしまうが、違うコードの農薬を交互に使えばその心配が減らせる。いわゆる「系統」なのだが、ＲＡＣコードは、より厳密に分類された国際基準だ。

従来の農薬ラベルには、その系統すら書いてなかった。「薬剤抵抗性をつけないように、違う農薬でローテーション防除しましょう」というスローガンは昔からあるが、農家にとっては、どれが同じでどれが違う農薬なのか、ラベルを見てもわからなかったのだ。おかげで、農薬が効かなくなった抵抗性害虫や薬剤耐性病原菌は各地で増えてきた。

以上のような問題意識は、一部の指導者や農家には以前からあった。そこで活用が始まったのがＲＡＣコードである。数字とアルファベットの組み合わせなので、系統の違いが一目瞭然。ローテーション防除にこれ以上わかりやすいものはない。国内では２０１０年に岩手県や三重県が防除指針にＲＡＣコードを掲載。その後、指導機関では少しずつ活用が広がるものの、いかんせん、肝心の農薬ラベルに記載がない。唯一、デュポン社（当時）が一部の農薬ラベルに掲載するのみだった。

■農水省が、農薬工業会が動いた！

そこで『現代農業』が15年6月号に組んだのが「**農薬のラベルに『系統』の表示が必要だ**」という巻頭特集。以来、

RACコードを周知すべく、毎年6月号（減農薬特集）でしつこく関連記事を掲載し、同時に「ルーラル電子図書館」や『農業総覧 病害虫防除・資材編』でも、従来の系統表記に加えてRACコードの記載を開始。農家の活用を後押ししてきた。

その反響は大きく、RACコードを自分で調べて農薬ラベルや防除暦に書き入れるなど、工夫する農家が各地に出てきた。農家の声に押されたのか、農水省は16年に各農政局に対して「農薬名には作用機構分類（RACコード）を併記してローテーション散布を指導すべし」という通達を出した。そして翌年には、農薬工業会も各メーカーに対して「RACコードをラベルに記載しましょう」とガイドラインを出した。

『現代農業』編集部の調べでは、19年時点でRACコードを「病害虫防除指針」に掲載するなど活用し始めたのは44都府県。農薬メーカーも18年に一部がラベルに記載を始め、19年の主要メーカー（23社）へのアンケートでは、じつに3分の2が記載済み、そして残るメーカーもごく一部を除けば今後の記載に前向きだった。

「『現代農業』の特集を読んだ農家さんから、ラベルになぜRACコードを載せないんだとお叱りをうけることも増えた」。そう明かしてくれたメーカー担当者もいる。農文協総出のキャンペーンが実を結んだと考えてもよさそうだ。

19年6月には別冊現代農業『**今さら聞けない農薬の話きほんのき**』も刊行（同12月に単行本化）。『現代農業』18年6月号を中心に編集した別冊で、農薬の成分から選び方、予防剤や治療剤の違い、混ぜ方までQ&A方式でよくわかる防除必携の書である。RACコードによって生まれた、『新版 ピシャッと効かせる農薬選び便利帳』（岩崎力夫著、1995年）の現代版ともいえる。（山下快）

RACコードによる農薬分類一覧

今月号の記事では、表の「サブグループ」（殺菌剤では「グループ名」）を「系統」と呼んでいる。記事中の各系統名には、左端のRACコードを色分けして付記した。この一覧を「農文協のホームページ（http://www.ruralnet.or.jp）」で無料公開中です。

殺虫剤の系統マーク は農薬ボトルのフタ、殺菌剤の系統マーク は農薬の袋をイメージして作ってみた。

（IRACのコード分類より編集部まとめ）殺虫剤・殺ダニ剤

IRACコード	サブグループ	作用機構	主な農薬
1A	カーバメート系	アセチルコリンエステラーゼ阻害剤→神経作用	アドバンテージ、オリオン、オンコルガゼット、デナポン、バイデートL、バッサ、ラービン、ランネート
1B	有機リン系		EPN、アクテリック、エルサン、エンセダン、オルトラン、ガードホープ、カルホス、カルモック、サイアノックス、ジェイエース、ジェネレート、ジメトエート、スプラサイド、スミチオン、スミフェート、ダーズバン、ダイアジノン、トクチオン、ネキリエースK、ネマキック、ネマトリン、バイジット、マラソン、ラグビー
2A	環状ジエン有機塩素系	GABA作動性塩化物イオンチャネルブロッカー→神経作用	ベンタック
2B	フェニルピラゾール系（フィプロール系）		キラップ、プリンス
3A	ピレスロイド系 ピレトリン系（合ピレ）	ナトリウムチャネルモジュレーター→神経作用	MR.ジョーカー、アーデント、アグロスリン、アディオン、ゲットアウト、サイハロン、シクロサール、除虫菊、スカウト、テルスター、トレボン、ネキリベイト、バイスロイド、フォース、ベイオフ、マブリック、ロディー、ロビンフッド

（202）　現代農業2018.6

RACコードでローテーション防除

IRACコード	サブグループ	作用機構	主な農薬
4A	ネオニコチノイド系	ニコチン性アセチルコリン受容体競合的モジュレーター→神経作用	アクタラ、アドマイヤー、アルバリン、ガウチョ、クルーザー、スタークル、ダントツ、バリアード、ベストガード、モスピラン、ワンリード
4C	スルホキシミン系		エクシード、トランスフォーム
5	スピノシン系（マクロライド系）	ニコチン性アセチルコリン受容体アロステリックモジュレーター→神経作用	スピノエース、ダブルシューター、ディアナ
6	アベルメクチン系 ミルベマイシン系（マクロライド系）	グルタミン酸作動性塩化物イオンチャネルアロステリックモジュレーター→神経および筋肉作用	アグリメック、アニキ、アファーム、コロマイト、ミルベノック
7C	ピリプロキシフェン（IGR）	幼若ホルモン類似剤→成長調節	プルート、ラノー
9B	ピリジン アゾメチン誘導体	弦音器官TRPVチャネルモジュレーター→神経作用	チェス、コルト
10A	クロフェンテジン ヘキシチアゾクス ジフロビダジン（IGR）	ダニ類成長阻害剤→成長調節	カーラ、ニッソラン
10B	エトキサゾール（IGR）		バロック、ダニメツ
11A	Bacillus thuringiensisと殺虫タンパク質生産物（BT剤）	微生物由来昆虫中腸内膜破壊剤→成長調節	エコマスター、クオーク、サブリナ、ジャックポット、ゼンターリ、チューリサイド、チューレックス、チューンアップ、デルフィン、トアロー、バイオマックス、バシレックス、ファイブスター、フローバック
12A	ジアフェンチウロン	ミトコンドリアATP合成酵素阻害剤（呼吸阻害）→エネルギー代謝	ガンバ
12C	プロパルギット		オマイト
12D	テトラジホン		テデオン
13	ピロール	酸化的リン酸化脱共役剤→エネルギー代謝	コテツ
14	ネライストキシン類縁体（ネライストキシン系）	ニコチン性アセチルコリン受容体チャネルブロッカー→神経作用	エビセクト、スクミハンター、パダン、ルーバン、リーフガード

現代農業2018.6　（203）

RACコードによる農薬分類（『現代農業』2018年6月号）。
「ルーラル電子図書館」（Ⅳ部）の「登録農薬検索コーナー」にも実装されている

５章
作物・家畜の生理生態に密着、主業農家の関心に応える

施設園芸、果樹、畜産などの専門的な技術も、大きく進化した。『現代農業』誌面には、作物・家畜の生理生態に迫り、増収や品質アップにつながる記事が多数登場。また、『農業技術大系』をもとに、新技術を反映させた「大事典」シリーズが続々刊行された。普及はこれらを手に産地に入り、農家と積極的に対話交流。専作型産地や主業農家にも多くの読者を得た。

1　野菜・花
――環境制御で革命が起きた

■オランダからやってきた現代の黒船

今では施設園芸農家の大きな関心ごとである「環境制御」を『現代農業』で大きく取り上げたのは、２０１１年11月号**「『飽差』で湿度管理」**が最初である。その記事には次のように書かれている。「今から四年前、日ばら（日本ばら切り花協会）の仲間がオランダで、『植物には温度によって、気孔が開く適正な湿度があるらしい』という話を聞いてきた」。10年前後、日本の先進的施設園芸農家は、環境制御という現代の黒船がオランダからやってくることに大きな期待を感じ始めていたのである。

『現代農業』では13年11月号から**「オランダ農業に学ぶ」**を３回に分けて連載。著者は、オランダ農業の伝道師と呼ばれていた㈱誠和の斉藤章さん。12月号の**「ハウスが乾きすぎている　『飽差』管理で気孔が開く」**は大反響を呼んだ。斉藤さんの連載は**「オランダ農業の伝道師　環境制御Ｑ＆Ａ」**と名前を変えて15年１月号から16年12月号まで続いた。

環境制御の考え方は、従来の日本の温度・湿度管理をガラリと変えるものだった。それまでの「省エネ・病害虫防除優先」から「多収優先」となり、温度管理は「午前の高温管理」から「早朝の段階的加温」へ、「午後の低めの温

度管理」から「午後の高温管理」などへ、湿度管理は「乾燥ぎみ管理」から「高湿度管理」へ変えることで、光合成とその同化養分の転流が促進され、多収に結び付くというものである。

実際、多収を実現する農家は多く、「新しい環境制御に取り組むようになって2年ほどで、トマトの収量は約5tアップと飛躍的に増収しました」（三重・糸見健さん）などという喜びの声が編集部に届いた。

■**環境制御技術の本質は光合成**

そんな『現代農業』の連載をベースにまとめた単行本が『ハウスの環境制御ガイドブック』（斉藤章著、15年）である。

著者の斉藤さんは本のまえがきで、施設園芸の先進国オランダで受けた衝撃と、その技術の本質を以下のように述べている。

「私は2002年に初めて、施設園芸先進国のオランダに訪問した。（略）翌年、再びオランダに訪問する機会があり、トマト生産者から詳しく聞く時間がとれた。多くの驚きがあったが、そのひとつが生産者から言われた〝栽培の基礎は光合成だ〟であった。光合成？　もちろんその意味は知っていたが、自身がハウス内で栽培管理をしているときや農家を訪問して植物を見たときには考えたことのない観点だった。炭酸ガス、水、そして光の重要性の説明を受けた。頭を金づちで殴られたような衝撃であった」

そう、環境制御というと、ハイテクで高価な施設や機器ばかりに目を奪われるが、その本質は作物生産を光合成ベースで考えるということである。作物を取り囲む自然エネルギーである光、炭酸ガスや水から栽培を考えること。なかでも、たっぷりある太陽光を最大限に生かす観点から栽培を考えることである（その研究が最も進んでいるのはイネであり、そもそも環境制御は日本のイネ研究の成果がオランダに渡り、日本に逆輸入されたもの）。

そんな「あたりまえだけれども大事なこと」に気づかされたことが環境制御の最大の収穫であった。本書は4年間で8刷1万部の実売を実現した。

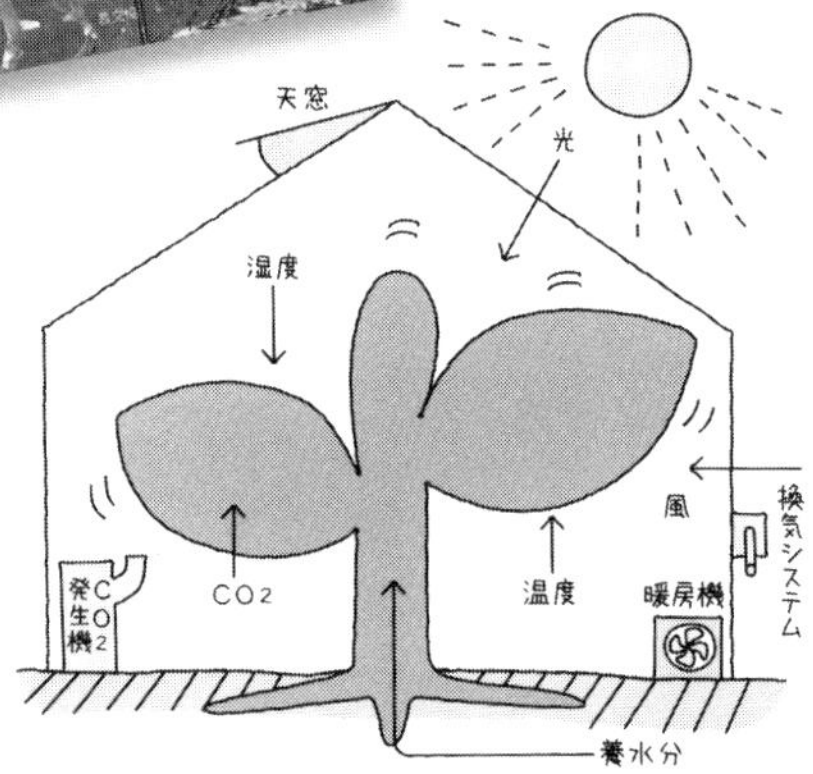

作物の光合成を最大限に高めれば、収量と品質を飛躍的に高めることができる!!（『ハウスの環境制御ガイドブック』より）

■**続々生まれた環境制御技術本**

環境制御は園芸農家のハートをがっちりとつかんだ。『**トマト　オランダの多収技術と理論　１００トンどりの秘密**』（エペ・フゥーヴェリンク著、12年）は３５４頁、本体３０００円の翻訳書だが、80歳を超えるトマト農家にも受け入れられ、６刷に達している。

『**トマトの長期多段どり栽培　生育診断と温度・環境制御**』（吉田剛著、16年）は、トマトの環境制御の先進地である栃木県のノウハウをまとめたもので、３刷と順調な売れ行きを示している。

『**オランダ最新研究　環境制御のための植物生理**』（エペ・フゥーヴェリンク著、17年）は、前述の斉藤さんと農研機構の中野明正さんからの強い企画提案から生まれた本。５０００円ほどの翻訳書だが、こちらも2年間で3刷と好評である。

■**はじまりは『トマト大事典』**

これらの環境制御本が生まれ、この後も生まれていく起点となったのが14年、『農業技術大系野菜編』トマト巻の追録企画であった。ねらいは翌15年発行予定の『トマト大事典』のために、ベースとなる『野菜編』の内容を充実させること。その目玉が「環境制御」コーナーの新設だった。

コーナー新設にあたって企画の相談をしたのが、農研機構の東出忠桐《ただひさ》さんと前述の斉藤さんである。このときに斉藤さんから環境制御にかかわる執筆陣を紹介してもらった。そのほとんどが従来つきあいのあまりなかった面々だ。この執筆陣との出会いが、その後の『最新農業技術野菜vol.7』の異例の増刷、『トマト大事典』発売前の増刷、『イチゴ大事典』の増刷、という快進撃へとつながっていく。

『**最新農業技術野菜vol.７**』は、環境制御コーナーを新設したトマト巻を含む『野菜編』の追録を単行本化したもの。斉藤さん、東出さんに加え、農研機構の岩崎泰永さん、岡山大学の安場健一郎さんの４名に執筆していただいた内容は、環境制御から見たトマトの生理から栽培研究、管理の実際、資材まで網羅され、特集タイトルを「もっと知りたい環境制御技術」とした。環境制御のまとまった情報が求められていた時期と重なり、本体６０００円の専門書だったが初刷１２００部を5カ月で売り切り、本シリーズとしては異例の増刷となった。

『最新農業技術野菜 vol.7』

■大事典も環境制御が話題に

15年、『野菜編』トマト巻の環境制御コーナー収録で満を持して発行したのが『**トマト大事典**』である。ここには斉藤さんに紹介していただいた熊本県の専門技術員・深田正博さん執筆による生産者事例を収録した。当時は環境制御が普及し始めた頃であり、成果が目に見えている農家事例は貴重だった。しかも西日本一の促成トマト産地・八代の事例とあって注目を集めた。農家のあいだでは「トマト大事典、もう買った?」という会話が飛び交うほど話題となり、2万円の高価な本が発売を待たずに増刷となった。5年間で8刷4000部を超える実売を示している。

16年に発行した『**イチゴ大事典**』でも同様に、『野菜編』の追録を経て環境制御の技術をいくつか収録した。その農家事例の執筆者、JA静岡経済連の渥美忠行さんも斉藤さんの紹介だ。JAの営農指導員を経て経済連の技術コンサルタントとしてイチゴの環境制御を指導していた渥美さんにはその後、『現代農業』にも登場していただいた。

『イチゴ大事典』では環境制御のほかに、減収の大きな要因である「中休み」「成り疲れ」も技術テーマとした。『現代農業』もこれに連動し、「**シリーズ 脱 イチゴの中休み、成り疲れ**」を連載した。こうしたなかで、「中休み」と「成り疲れ」という言葉が現場で混同して使われていることが判明。これが技術改善の障害の一つだと考えられた。そこで、1番果房と2番果房の収穫に谷間ができてしまう「中休み」と、2番果房以降に生育が停滞し、続けてとれなくなる「成り疲れ」を言葉として定義付けた。今後の技術追究のための共通土台ができた。『イチゴ大事典』も、6刷と版を重ね、3000部近い売り上げに達している。

『トマト大事典』

17年には『農業技術大系花卉編』のキク巻を単行本化した『**キク大事典**』を発行した。輪ギクやスプレーギクのほかに、「露地電照による物日出荷」で動きのあった小ギクにも焦点を当てて広い層にアピール。2刷に達している。

19年には『農業技術大系野菜編』のネギとタマネギの巻をベースに『**ネギ大事典**』『**タマネギ大事典**』を発行した。トマト、イチゴの次に野菜の大事典としてネギとタマネギを選んだのは、水田転作品目として人気が高かったからである。ネギは関東に白ネギ、関西に葉ネギの産地が古くからあったが、業務需要が増えたことで周年需要が高まり、東北や北陸などの水田地帯に産地が拡大していた。タマネギも東北や北陸などの水田地帯向けに春播きの新作型が開発され、産地が拡大していた。何よりネギもタマネギも機械化体系がほぼ確立され、誰でも新規に導入しやすい状況にあった。

当初の企画段階では「ネギやタマネギの農家は高額本を買わない」という否定的な意見もあったが、いざフタを開けてみると、1月発売後、3月には2冊合計で３０００部という協会の売り上げ目標を達成した。今後も増えると思われる水田転作野菜での大事典の成功は、農文協にとって大きな成果といえる。

（西尾祐一）

地べたに座ったまま収穫できる晩柑の超低樹高仕立て（『現代農業』2013 年 1 月号より）

2　果樹――果樹農家の進化に密着

■夢のような仕立て、せん定

樹種転換や品種更新に応じ、新・改植する農家にとって、その果樹をどう仕立てるかは大きな判断となる。樹種によって自ずと決まる樹形もあれば、まったく自由な選択もできる。労力不足、高齢化といった現実、台木とか品種、気象条件、地域による栽培との相性といった事情もそこには絡む。農家のそうした思いに応えるような企画として『現代農業』果樹コーナーで始まったのが、「夢のような仕立て集まれ」特集である。

初回の２００９年1月号で、「実際やらなくても、見てるだけでわくわくしてくる、夢ごこちになれる、そんな仕立てをちょっと集めてみました」とリードをつけ、取り上げた樹形は四つ。徒長枝を長果枝に活かすスモモ「平棚仕立て」、２本主枝を左右に地上80cmと低く這わせ、そこから側枝を取り出すナシの「むかで整枝」、一番高い主枝でも2mまで届かないリンゴの「超低樹高仕立て」、そしていまやメジャーな仕立てともなったナシの「ジョイント仕立て」まで、いずれも「わかりやすい、身体がラク、早成り」がポイントのユニークな樹形を紹介した。

この特集は翌10年1月号で「第2弾」が、1年おいた12年からは毎年組まれ、18年（同年のタイトルは「果樹の仕立て、今どきの主幹形VS開心形」）までに取り上げられた仕立てや整枝法の数は、つごう54種。なかでも、「これぞまさしく『夢のような仕立て』！」と驚かせたのが、13年1月号「地べたに座ったまま収穫できる晩柑の超低樹高仕立て」である。

熊本県天草市・鳴川亀重さん（当時85歳）が考案したこの樹形は、樹の高さがすべて鳴川さんの背丈と同じくらいか、それ以下に抑えられ「座っとって収穫できる」低さ。もともとは3ｍを超える大樹だったのを、70歳過ぎて農業に本腰を入れ始めたときにこのままでは続けられないと、幹を50cm～1ｍで思い切ってカットバック、出てくる新梢を横へ横へと広げつくりあげた。そうして低樹高にしたうえ、さらに1本おきに間伐までしたところ、収量はかえって増え、12ａで4ｔから6ｔ、調子のいいときは9ｔもいくようになった。

農家が自身の個性に基づきつくった樹形やアレンジはその農家の省力につながり、多収穫、連年結果も可能にする。本特集はそんな可能性を種々の樹形バリエーションで示し、人気のロングラン企画となった。

■オウトウ一本棒三年枝栽培、カキ徒長枝利用栽培

そうした農家発の樹形のなかでも、群を抜く収量性と高品質生産で注目されたのが、オウトウの「一本棒三年枝栽培」とカキの「徒長枝利用栽培」である。前者は山形県上山市・黒田実さん、後者は福岡県杷木町（現朝倉市）・小ノ上喜三さんの開発になるもので、どちらも『現代農業』でくり返し紹介されている。

「三年枝栽培法」と名付けられたその技術、黒田さんによれば、「オウトウは三年枝までの若い勢いのある枝に多く充実した大きい実を自然とつける」（1995年8月号）。であればそれに則して、同じことを再現すればいいとして、「結果枝は三年枝までにとどめ、古くなった枝は切って次々と新しい枝に成らせていく。（略）すると、樹のほうで勝手に実を太らせるので、摘蕾も摘果もいらなくなる」（同）というもの。この技術は、その後の特集や2007年3月号からの連載でさらに詳しく紹介され、それらを元に09年には『大玉・高糖度のサクランボつくり』として書籍化もされ、サクランボ農家の関心を引きつけた。

小ノ上さんの樹形、技術も独特といえる。特徴は、何といっても通常あまり使わない徒長枝（立ち枝）を活かすことで、小ノ上さんは「徒長枝を切らないで4年も育てると枝の伸びはずっと落ち着いてくる。（そうすると）徒長枝の発生を抑えながら果実もとれる」と述べ（『農業技術大系果樹編』カキ精農家事例）、これの積極活用で10ａ安定3ｔどりを実現している。

一方で、立ち枝を使うぶん高くなる樹高も、小ノ上さんによれば「樹が高いので果実の重みで地面についてしまう枝は少なくなり」、必要な支柱立てがうんと減る。また作業道を幹際までつけるなど整備し高所作業車の取り回しをよくすることで、作業性はかえってアップ。徒長枝を使い、樹を高くしてむしろ小力*（42頁注）の園地もできたという。

多収穫を支える独自のせん定や機械活用、冷蔵カキの産直による販売など、小ノ上さんの技術と経営のノウハウものちに『**カキの多収栽培　安定3トンどりの技術と経営**』としてまとめられ、10年9月に刊行、こちらも多くの支持を得ることになった。

『大玉・高糖度のサクランボつくり』

『カキの多収栽培』

その他、ブルーベリー本来の樹の強さを引き出す手法をまとめた実際家本『**ブルーベリーをつくりこなす**』（江澤貞雄著、14年）や、新しいわい化栽培の可能性を追求した『**リンゴの高密植栽培　イタリア・南チロルの多収技術と実際**』（小池洋男著、17年）など、樹形と栽培をめぐって現場から発信する技術書がこの後も続いた。

■技術継承をつなぐ基礎本シリーズ、大事典

後継者がいない高齢農家の園地を「居抜き」で引き受ける第三者継承や、既存の園地を基盤整備、集約化し、集落で経営を引き継ぐモデル（『現代農業』13年1月号）など、今までにない担い手づくりの取り組みも胎動するなか、新たな課題として指摘されるのが技術の習得、継承の仕方である。果樹の場合、整枝せん定や新梢管理、摘蕾摘花・摘果など、とくに習得に時間がかかる技術が多いからだ。

基礎本シリーズ

この課題に応えるべくシリーズ化が図られているのが『**基礎からわかる　おいしいモモ栽培**』（18年）他のラインナップで、これまでに『**ブドウ**』『**カキ**』の3点が刊行されている。

これから新しく果樹を始めようという人、始めて間もない人の技術レベルを高いところに引き上げる「基礎本」をコンセプトに、本シリーズでは栽培の実際管理を月ごと・作業ステージ別に丁寧に解説し、初心者はもちろん、栽培の実際管理を伝えたいベテラン農家・指導者にも役立つ1冊となっている。シリーズでは引き続き『オウトウ』の刊行が予定されるなど、実務に就きながら学べる新たな入門書として期待されている。

一方で、同シリーズでいう果樹技術の「基礎」は、今日それぞれの樹種で新しく上書きされてもいる。大きく変わったのはブドウであろう。「大粒、種なし、皮ごと」という新しい消費スタイルをつくったとされる品種シャインマスカットが牽引する格好で、ブドウの栽培は、それまでの結実確保重視から房づくりや摘粒など着果管理重視のつくりへ、またタネなし・大玉化の植調剤活用、強めの樹勢が維持でき作業導線が優れる短梢栽培の採用などが、新しいスタンダードになりつつある。

そんな今日の新しい基礎を、生理生態から網羅的に学べる『**ブドウ大事典**』が17年12月に出版され、本体2万2000円と高額ながら2年間で5刷、計4400部を発行（19年11月現在）。作物別の大事典シリーズでは『トマト』と並ぶ売り上げをつくる作品となった。『モモ』『カンキツ』など、『ブドウ』に続く大事典の発行も待たれる。

（後藤啓二郎）

『ブドウ大事典』

＊小力……『現代農業』では、あえて「省力」でなくこう書くことが多い。自然力を借り、人は小さい力しか使わずにすむ技術をいう。水の保温力でかん水などをラクにするイネの「プール育苗」、微生物の力で土を耕す「土ごと発酵」、土着天敵の力を借りて農薬散布を減らす「バンカープランツ」など。作業がラク、作物が丈夫に、味がよくなる、地域自然が豊かになるなど、末広がりの効果が生まれる（『現代農業』2013年6月号「800号記念『現代農業』用語集」より）。

事典普及じゃないよ ブドウ農家普及だよ！

ブドウ農家はますます元気！

２０１７年９月、「ブドウ農家プロジェクト１０００」がスタートした。「１０００」の心は、全国約３万２０００人のブドウ農家のうち、１０００人以上の新規『現代農業』読者をつくること（当初の読者は１７００人）と、その普及のなかで『ブドウ大事典』１０００セットの協会予算を達成することにあった。『ブドウ大事典』単品の普及ではなく、あくまでも「ブドウ農家」という存在を強く意識した普及プロジェクトがスタートした。結果はどうか。

19年10月現在、ブドウ農家の『現代農業』読者は１９７４戸。『ブドウ大事典』は３９００冊（！）まで届けることができた。全国のブドウ農家の約１割に事典が届いていることになる。ありがたいことにブドウ農家はますます元気で、その学習意欲もとどまることを知らず、普及部数はまだまだ伸びている。

一石三鳥の講習会普及

農協や普及センターのせん定講習会、部会総会、反省会など農家の集まる場所におじゃましての普及も楽しかった。

（一財）長野県果樹研究会の「無核化対応による整枝せん定研究会」は、参加人数が70人を超える大盛況。試験場の先生と、新品種「真沙果《まさか》」を育成したブドウ農家・飯塚芳幸さん（長野県上田市）がマイクを握っていた。内容は、シャインマスカットを栽培する農家が増えるなか、樹の伸長に伴う樹冠面積の減少が生育に悪影響を与え、天候不順もあって小粒化が深刻な課題になっている点だ。

飯塚さんは、山梨県笛吹市の奴《ぬ》白《はく》和夫さんが考案し注目を集めた「ロケット式一文字整枝」を熱心かつ丁寧に説明していた。ブドウづくりの経験のない私ですら理解することができて嬉しかった。

実際に1～2年目の樹をせん定しながらの講習会は臨場感があり、目からウロコの内容だ。なかでも、返し枝以外の枝は必ずしも切らなくてよく、空間が空いているなど木の状態によっては、もう1年稼がせる枝として残すという話が印象深かった。ロケット式一文字整枝は作業の簡便化よりも品質向上という点で注目を集めているようだ。

せん定講習会は、農家の関心がつかめて、勉強になり、注文も取れる、一石三鳥のおもしろい実践であった。

『大事典』のウワサ拡散

ブドウ界では知らない人はいないビッグネームに会うことができたこともいい経験になった。たとえば前述の飯塚さん、奴白さん、それに「巻きづるの法則」（『現代農業』13年3月号）を発見した生涯現役の星、御年92歳の茂呂初太郎さん（茨城県坂東市）などである。

それぞれの農家が地域や世代を超えた全国的なネットワークを持ち、リアルタイムで情報交換をしている。農文協がバイクで現地を廻るよりも早く『ブドウ大事典』のウワサは拡散していたのだ。本当にありがたいことです！　ブドウ農家の進化は止まらない。

（酒井潮）

せん定講習会

3 畜産――牛農家との交流が深まる

■空前の子牛価格高騰に活気づく繁殖農家

宮崎県の口蹄疫（2010年）、東日本大震災、福島第一原発事故、安愚楽牧場破産（11年）と、10年代初頭は牛農家にとって大きな災害・事件が続いた。2000年代から高齢化や飼料高騰などにより畜産農家は減少していたが、これらの出来事が追い打ちをかけ、母牛の頭数は急減。供給不足で素牛価格は年々上昇し、黒毛和種の子牛価格は16年には1頭81万6000円（雌雄平均）にも達した。

セリ前の子牛を抱っこしてヨシヨシする福島の国馬ヨウ子さん（『現代農業』2011年7月号より）。同誌連載中に福島第一原発事故が起こるも、負けずに執筆を続けた。他にも元気な牛飼い母ちゃんの連載が続いた（写真＝田中康弘）

繁殖農家にとっては空前の好景気となり、活気が湧いた。後継者ができて規模拡大する農家が増え、酪農や集落営農などから和牛繁殖に参入する動きも出てきた（『現代農業』18年1月号「**集落営農で牛を飼う**」）。

もっといい子牛を育てて高く売りたい、という農家の意欲も増し、『現代農業』では肥育農家に喜ばれる子牛生産の技術を追究し、好評を得た。その代表例が、16〜17年にかけて掲載された一連の「**脱・化粧肉**」シリーズの記事である。この背景として、黒毛和種では増体・肉質（脂肪交雑）ともに改良が急速に進み、その能力を引き出すために子牛の栄養管理の改善（スターターの早期給与など）が求められていたことがある。母牛でも分娩前後の増し飼いなど、一年一産で元気な子牛を産ませる技術に注目が集まった（12年1〜9月号連載「**幸せな母牛でラクラク一年一産！**」）。

肉牛・乳牛ともに素牛価格が高くなって導入が難しくなったこともあり、母牛を健康に長く飼い、牛一頭一頭の力を最大限に発揮させる技術にも改めて注目が集まった（15年5月号〜16年5月号連載「**牛が喜ぶ護蹄管理**」、18年7月号〜19年12月号連載「**長命連産のための乳牛の体の見方**」）。

■牛農家の欲求に応える本格的文化財登場！

13年には、肉牛の飼育の基本から最新技術までを一冊にまとめた『**肉牛大事典**』を発行。畜産農家は専門性が高く、普及者にとって訪問しづらい対象だったが、牛農家の欲求に応える本格的文化財ができたことで、牛農家に対して積極的な働きかけが始まった。東北支部では、家畜市場（牛のセリ）での即売に挑戦して確かな手ごたえをつかみ、他の支部でも実践されるようになった。牛農家への訪問普及も活発に挑戦され、『現代農業』と『事典』をセットで薦める形が確立し、牛農家の『現代農業』購読数は大幅にアップ。『肉牛大事典』は異例の４刷を達成した。好況をチャンスにしたいという牛農家のやる気を、普及・文化財で支えることができたのではないだろうか。

　この間の普及・編集・牛農家の交流の成果を結集し、17年には『**名人が教える　和牛の飼い方　コツと裏ワザ**』を出版した。牛農家普及で好評だった記事を中心に、病気・ケガの治し方や、子牛・母牛の管理の最新技術など、農家の関心に沿った構成で農家の技術をまとめた。

　この年、東北支部では全国和牛能力共進会（宮城全共）に初めて出展し、本書を入り口に『肉牛大事典』、『現代農業』定期、単行本ともに大きな売り上げを上げた。九州支部では「和牛の飼い方コツと裏ワザ」をテーマに読者のつどいも開催した。

■飼料米、飼料イネで地域内の耕畜連携が進む

　輸入飼料は価格や供給が不安定なことから、水田の多面的活用の一環として、耕畜連携による自給飼料生産も広がった。10年度に始まった農業者戸別所得補償と経営所得安定対策をきっかけに、飼料米・イネＷＣＳ（ホールクロップサイレージ）の生産がさらに拡大。『現代農業』でも、

『肉牛大事典』

『和牛の飼い方　コツと裏ワザ』

飼料米を最大限に給与する挑戦に密着した（14年5月号「飼料米　牛にどこまで食わせられる？」）。

　耕種農家は飼料生産という新たな経営部門ができ、畜産農家は悩みのタネである糞尿を肥料として地元農地に供給する道が立ち、地元産の飼料を安定的に購入できるようになるなど、耕畜連携のメリットを多くの農家が感じるきっかけになった。水田での飼料生産で初めて地元の耕種農家とつながり、地域の中での畜産の役割を改めて実感し、やりがいを見出した畜産農家も多かった。

■耕作放棄地拡大で、放牧は新たな段階に

　耕作放棄地が拡大するなか、牛の放牧は新たな進化が始まった。従来の「夏山冬里方式」（夏は放牧地、冬は牛舎で飼う）とは違い、「周年親子放牧」を実践する農家が出てきたのだ。牛舎は簡易なもので済ませ、子牛も一緒に放牧するなど、放牧のメリットを最大限に生かして収益を高める方法だ（15年7月号「ラクラク周年親子放牧」）。今後の広がりに注目したい。

　地域の農地の守り手として、家畜と畜産農家の役割はますます大きくなってきた。日本ならではの地域に根付いた畜産が未来に続いていくために、これからも畜産農家に文化財を届け、農家の技術や思いをつなげていきたい。

（松久章子）

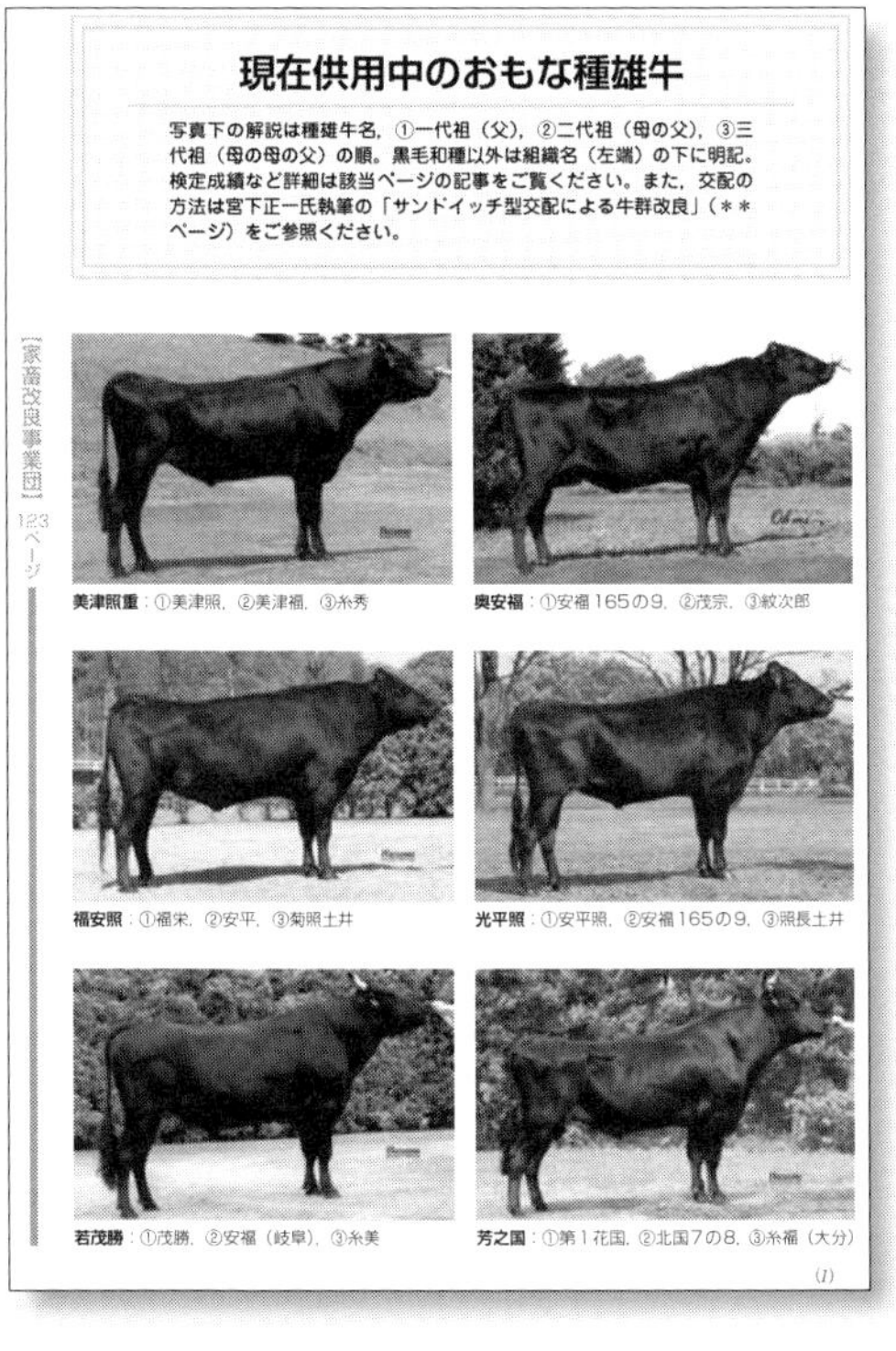

『肉牛大事典』より。家畜改良事業団と主産地20道県による最新の種雄牛情報を網羅

6章

花開く、自由自在の栽培と加工のワザ

爆発的に広がった直売所をおもな舞台に、常識破りの栽培法や荷姿の工夫で稼ぐ名人が続々登場。農産加工も農家経営を支える一大部門に成長した。『現代農業』誌面は毎号、そんな農法や加工のワザで賑わい、映像作品もたくさん生まれた。直売所講習会等も大いに盛り上がった。

一方、そうした自由で独創的な技術を法律で制限しようという動きも。これには一貫して異議を唱え続けた。

1　進化する直売所農法

■**安売り競争をかわす「直売所名人」「直売所農法」**

『現代農業』で直売所を大きく取り上げるようになったのは２００７年頃からである。当時は全国いたるところに直売所ができ、農家が野菜や果物、米などに自分で値段をつけることに喜びを感じていた時代。一方、直売所どうし、農家どうしの競合でものが売れなくなってきたともいわれていた。そんななか『現代農業』では安売り競争を軽やかに回避する人たちのことを「直売所名人」と呼び、07年9月号で「直売所名人になる！」、続いて08年1月号で「直売所名人になる！　2」と題した特集を組んだ。品目や品種、荷姿、ラベルなどで売り場を魅力的にし、農家の手取りも増やしていこうという企画だ。

直売所を盛り上げることで、農家は他にまかせっきりだった流通を自分の手に取り戻した。もっというと、まったく新しい流通の形ができあがったのだ。たとえば、従来の市場出荷では、形や大きさが揃って規格に合っていることがなにより大事にされてきた。しかし、直売所では見かけよりも味や日持ちが重視される。見た目が個性的な野菜や小ぶりな野菜など、「大きい流通」では買い叩かれたり捨てられたりしてきたものが、直売所という「小さい流通」のなかで正しく評価されるようになったのだ。また、長い期間切れ目なく売れるように努力したり、人が出さない時期をねらったりと、畑のほうでも常識にとらわれないワザが続々と登場。こうした農家の自在な栽培技術を『現代農業』では「直売所農法」と名付け、たびたび記事にしてきた。

09年8月号の巻頭特集「ザ・直売所農法　栽培技術も大変革」では、以下のような線を打ち出している。

・密植――小さいものをたくさんとる
・混植――多品目を上手に組み合わせる
・葉かき収穫&わき芽収穫――一度植えたら長～くとる
・ずらし――早出し・遅出し

■数々の巻頭特集が生まれた

これらの直売所農法を『現代農業』では特集や連載などで継続して追いかけ、発展させてきた。

たとえば、10年3月号の巻頭特集は「**発芽名人になる!**」。発芽率ほぼ100%だというトウモロコシの「とんがり下播き」などが話題になった。この号はとても好評で、以後13年3月号「**発芽名人になる!2**」、19年3月号「**もしかして間違ってる!?　タネの播き方**」につながった。

12年8月号では「遅出しで当てる」という特集を組んだ。秋に収穫するトウモロコシやエダマメ、カボチャなどに注目し、「ずらし」の面白さだけでなく、そのおいしさもアピール。遅い時期に栽培すると、低温でゆっくり登熟するので、抜群に味がよくなるのだ。早出しとは違い、暖房代などがかからず安上がりな点、生育が早い点なども魅力である。

それから、16年5月号の巻頭特集「**挿し芽&わき芽でまる儲け**」も忘れてはいけない。この号は、のちに大反響を呼ぶ「ジャガ芽挿し栽培」の初出。ジャガイモの種イモを土に埋めると、芽がたくさん出るので、それらを切り取り、苗にする。移植して育てると、なんとどの株からも大きさの揃ったきれいなイモができるのだ。種イモ代が浮くのはもちろん、土寄せがラクで、短期間で収穫できる。他にも、ハクサイのわき芽やつぼみを「はくさい菜」として売ったら大ヒットした話、大きなブロッコリーを収穫したあと小さなブロッコリーを連続してとる話、切り花から挿し穂をつくりどんどん殖やす話なども掲載。

この後、種苗法の改定が議論され、世の中がなんとなく

「ジャガ芽挿し」を紹介した
『現代農業』2016年5月号

「自家増殖はいけないことなのかな」といった雰囲気になるが、『現代農業』では一貫してわき芽挿しやタネ採りの自由を主張し続けた。

■トウモロコシ、タマネギ、エダマメ……人気品目に注目

直売所での人気を踏まえ、品目そのものに迫った特集も数多くある。13年7月号の「**限界突破のトウモロコシ**」では、実が一回りも二回りも太り、一粒一粒がプリップリでジューシーで、とびきり甘くなる追肥術やかん水術を紹介。14年5月号の「**タマネギに感涙**」では、貯蔵中に芽が出た玉を土に埋め戻し、地上部を再生させて葉タマネギとして売る驚きのアイデアを提案した。また、春にタネ播きしたあと、途中で小さな玉を掘り出し、夏に植え直す「セット球栽培」は、年内に新タマネギを収穫できるずらしのテクニックといえる。

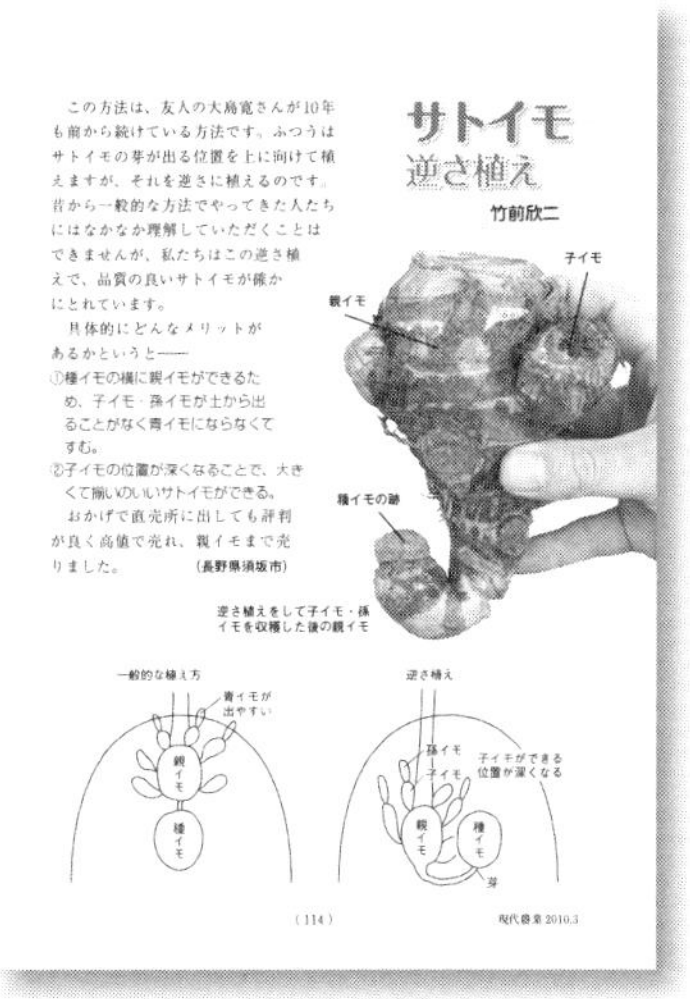
サトイモ
逆さ植え
竹前欣二

この方法は、友人の大島寛さんが10年も前から続けている方法です。ふつうはサトイモの芽が出る位置を上に向けて植えますが、それを逆さに植えるのです。昔から一般的な方法でやってきた人たちにはなかなか理解していただくことはできませんが、私たちはこの逆さ植えで、品質の良いサトイモが確かにとれています。

具体的にどんなメリットがあるかというと――

①種イモの横に親イモができるため、子イモ・孫イモが土から出ることがなく青イモにならなくてすむ。

②子イモの位置が深くなることで、大きくて揃いのいいサトイモができる。

おかげで直売所に出しても評判が良く高値で売れ、親イモまで売りました。　（長野県須坂市）

（114）　現代農業 2010.3

「サトイモ逆さ植え」を紹介した記事。芽が出る位置を下に向けて植えると、品質のいいイモがたくさんとれる（『現代農業』2010年3月号）

まだまだある。14年9月号の「**キャベツの底力**」では、切り株を畑に残し、ミニサイズを何度も収穫する「わき芽どり」、育苗中に水だけを与え続けて徒長させず、いつでも好きなときに定植する「スーパーセル苗」などを掲載。17年7月号の「**エダマメに乾杯！**」では、莢がビッシリとつき多収できる「ヒョロ苗の寝かせ植え」や「土中緑化・断根・摘心栽培」などに関心が集まった。

特集ではないが、「サトイモ逆さ植え」の反響はすごかった。編集部に寄せられる読者からの多数の問い合わせに動かされ、再三再四、追究記事をつくり、その都度「読者のへや」コーナーには「成功した」「大きなイモがたくさんとれた」「革命的だ」といった声が寄せられた。

この10年は、農家の畑でも『現代農業』の誌面でも、魅力的で痛快な直売所農法が花開いた時代といえる。

■直売所名人のDVDへと発展

さて、『現代農業』からは数々の直売所名人のスターが生まれ、映像作品にもなっている。14年に発売したDVD『**直売所名人が教える　畑の作業　コツと裏ワザ**』（全3巻）では、「自然の声を聞いてシンプル農業」を連載していた高知県の桐島正一さん、「直売所名人母ちゃんの畑だより」を連載していた岐阜県の佐藤ユキヱさん、「じぷしい農園の21世紀型野菜づくり」を連載していた福島県の東山広幸さんが登場。

この作品と前後して、ＤＶＤ『**直売所名人が教える　野菜づくりのコツと裏ワザ**』（全4巻）もある。まず13年1月に第1巻「**直売所農法コツのコツ編**」と第2巻「**人気野菜裏ワザ編**」ができ、単行本『青木流　野菜のシンプル栽培』（09年）の著者である三重県の青木恒男さんが、トマトの「寝かせ植え」で夏バテを防ぐ方法やミニハクサイとミニキャベツの「密植」で売り上げを5〜10倍に増やす方法などを紹介してくれた。他にも『現代農業』をきっかけに真似する人が続出したジャガイモの「超浅植え」やネギの「穴底植え」なども収録。これらのＤＶＤは各地で上映会が開かれ、視聴者に後押しされる形で、18年に第3巻「**挿し芽・わき芽でまる儲け編**」と第4巻「**ねらいめ品目　得する栽培編**」が立て続けに出ることになった。「挿し芽の

DVD『直売所名人が教える』シリーズ。『現代農業』で話題の直売所農法が映像になった

洋子」こと秋田県の草薙洋子さん、12aの畑で340万円稼ぐ島根県の峠《たお》田《だ》等さんなど、『現代農業』でお馴染みの顔ぶれが揃い、儲ける裏ワザを披露してくれている。

3〜4巻の発売とほぼ同時期に、ＤＶＤに収録された直売所農法を1冊にまとめた別冊現代農業『**農家が教える野菜づくりのコツと裏ワザ**』も刊行された（のちに単行本化）。

■栽培から販売まで、単行本で直売農家を応援

直売農家にとってのヒントが詰まった単行本もある。栽培面では、農業資材センターＪＡ糸島アグリの名物店長、古藤《ことう》俊二さんの『**ドクター古藤の家庭菜園診療所**』（17年）。実際に農家から寄せられた疑問や質問に答える形で、ボカシ肥や発酵液肥の作り方、農薬に頼らない防除方法などを紹介してくれている。販売面では、ＰＯＰ広告クリエイター、石川伊津《いつ》さんの『**稼げる！　農家の手書きＰＯＰ＆ラベルづくり**』（18年）。農家がＰＯＰやラベルで自分の商品をアピールするときの文字やイラストの書き方、キャッチコピーのつけ方など、具体的なアドバイスが載り、実践的な内容となっている。

直売所があると、野菜のつくり方も売り方もじつに多彩で独創的。大きい農家も小さい農家も、じいちゃん、ばあちゃん、母ちゃん農家も、畑や売り場で工夫を凝らし、生き生きと輝けるのだ。

（川﨑大地）

普及から

農家の顔がキラキラ、自分も楽しい直売所講習会

直売所農法に歓声あがる

私が初めて直売所の講習会に参加したのは2013年3月だった。次女の育児休暇が明けたばかりでどこかぼんやりしている私に、同じ九州沖縄支部員の横山宗和（当時）が「1月に出たDVD『直売所名人が教える』を使って普及しましょう」と提案してくれた。直売所にDMを送って「DVD上映会をしませんか?」と案内したところ、反応が返ってきたのが、福岡県宗像市にある「かのこの里」、そして佐賀県嬉野市の「吉田まんぞく館」だった。

2人で訪問してDVDを見せると、「ジャガイモの超浅植え法」の、収穫はマルチをめくって拾うだけ、という場面で、農家の「おー」という歓声があがった。『現代農業』の記事から、「モグラをチューインガムで退治」「魔法の黄色いバケツで害虫を捕獲」などの話を紹介すると、一生懸命にメモを取り、「いい話聞いたわ」と注文書を書いて持ってきてくれた。農家普及から遠ざかっていた私が、久しぶりにキラキラする農家の顔を見て普及の楽しさを感じられた瞬間だった。

季節の記事で心をつかむ

以降は、より多くの直売所で講習会を開催してもらえるように電話で説明したり、直接訪問して声をかけたりするようになり、現場の写真を貼り付けた「講習会通信」も作成して、実績を増やしていくことになった。

そのなかで私が変わってきたのは、自分が楽しむこと。いつも同じことばかりを話していると、自分が自分の話に飽きてしまうことに気づいたのだ。そこで、常に『現代農業』最新号を、「これは話したら喜んでくれる記事かもしれない」という視点で読むようになり、現場を回っている地域普及班のメンバーに、どんな記事を紹介すると定期購読が取れるのか教えてもらった。すると、春にはスギナ、梅の加工、秋には柿酢と、時期に合わせた記事紹介ができるようになった。

講習会の場で、定期購読してくれている農家から「そんな記事あったんだね。たまにはちゃんと読まないとね」と声をかけられることが増えてきたように感じる。新規の申し込みはもちろんうれしいが、「いつも届いている『現代農業』を開いてみよう。やっぱりおもしろい雑誌だよね」と再評価してもらえるきっかけが講習会で生まれている。

JAとの関係も深まる

また、JA別府日出の直売所講習会は、「JA版農業電子図書館」（Ⅳ部）の担当者から直売所担当課長を紹介してもらえたことで実現した。JA関連の直売所は多く、講習会が「JA版」の利用促進にもなる。該当する直売所では、JA版のトップページを必ず紹介し、「いつもお世話になっております。農薬のご相談はJAにお寄せください」と付け加えることで、関係を深めていく機会ととらえている。

直売所講習会は、支部で活動する女性職員の新しい普及形態になり、公共図書館、女性部の活動など多彩な講習会へと広がりをみせているが、その原点には『現代農業』で元気を届ける、バイク魂、長靴魂」があることをいつも忘れずにいきたい。

（佐藤圭）

2　農家の自家増殖「原則禁止」に異議あり

「種子法」（主要農作物種子法）が廃止されることが決まった2017年（Ⅱ－2章3）、偶然なのか、ほぼ時を同じくして「種苗法」にも動きがあった。3月、農水省が施行規則を一部改定、農家が自由に自家増殖できない品目（登録品種に限る）を一気に増やしたのだ（それまで82種だった禁止品目が289種に拡大）。これによって、たとえばトマトの登録品種では、わき芽挿しが認められなくなってしまった。

『現代農業』がこの問題を初めて取り上げたのは18年2月号（「**『農家の自家増殖、原則禁止』でいいか**」）。続く4月号、5月号では農水省や日本種苗協会（種苗メーカーや販売業者などの業界団体）を取材。これまで「原則自由」だった農家の自家増殖が「原則禁止」とする方向で検討されていることを明らかにした。

以来、『現代農業』や『季刊地域』では、自家増殖の重要性を訴える農家や研究者、種苗法の立法に関わった専門家らの声を繰り返し取り上げ、関連記事は農文協のホームページ上で公開した。自家増殖をめぐる問題はその後、農業新聞や一般のメディアでも取り上げられるようになったが、その口火を切ったのは農文協である。

『これならできる！
自家採種コツのコツ』

■自家採種やわき芽挿しは農家の技術

振り返れば『現代農業』では、自家増殖の「原則自由」が脅かされそうになった04年や08年にも関連の記事を掲載し、問題を提起。これまでも一貫して農家の自家増殖を応援してきた。

一方で、自家採種する農家が減っているのも事実。そこで単行本では09年に『コツのコツシリーズ　自家採種入門　生命力の強いタネを育てる』（中川原敏雄・石綿薫著）、16年に『**これならできる！　自家採種コツのコツ　失敗しないポイントと手順**』（（公財）自然農法国際研究開発センター編）を出版。自家増殖の具体的な技術に留まらず、農家育種の考え方や取り組み方まで詳述した書籍としては、他に類を見ない内容となっている。

近年の『現代農業』でいえば、16年5月号「**挿し芽&わき芽でまる儲け**」も、自家増殖の技術伝承という点において特筆すべき特集である。その内容は、前述のＤＶＤ『直売所名人が教える　野菜づくりのコツと裏ワザ』第3巻「挿し芽・わき芽でまる儲け編」および『農家が教える　野菜づくりのコツと裏ワザ』に収められている。いずれも、「自家増殖は農家の技術であり、なによりも面白い」。そう感じさせる作品である。

■「誌上タネ交換会」を開催

そして『現代農業』19年2月号（品種特集）では**「農家の自家増殖バンザイ！　タネの大交換会」**という特集を組み、「誌上タネ交換会」を初開催。福島県の薄井勝利さんやサトちゃん（佐藤次幸さん）、高知県の桐島正一さんや茨城県の魚住道郎さんらに自慢のタネを提供してもらったこともあり、全国から１０３通の応募、１６５種のタネが集まった。農家の自家増殖を応援し、読者に自ら参加してもらおうという企画は大成功。好評につき、翌20年に第2回を開催。今後も継続していきたい。

一方で、当企画は一部の種苗メーカーには不評であった。「自家増殖バンザイ！」というタイトルをして、育成者権軽視と捉える指摘もあった。

『伝統野菜をつくった人々』

■農家とタネ、育種家を紡ぐ

言わずもがな、農文協は育成者権を尊重する。それは自家増殖に取り組む農家も同じはず。新品種の登場には毎年ワクワクし、優れた品種や種苗メーカーに対しては敬意を持つ。それは、農家もまた品種を育てているからである。「長くタネを採り続けている品種は、どんどん自分の土地に合ってくる」というように、農家の自家増殖の延長線上には育種があり、両者は不可分の関係なのだ。

そして多くの種苗メーカーもまた、その源流は農家である。**『伝統野菜をつくった人々　「種子屋《たね》」の近代史』**（阿部希望著、15年）を読むと、現在の種苗メーカーの前身は、多数が江戸期から大正にかけて起業したタネ屋であり、本業は農家であったことがわかる。

農家の自家増殖「原則禁止」に異議あり！　それは、農家とタネ、そして種苗メーカーの関係を紡ぎ直す運動でもある。

（山下快）

3
地域食材を120％生かす、農産加工のワザと経営

■庭先果樹が輝きを増す！ 加工の楽しさ

農産物直売所が各地に開設され続けるなか、農産加工に取り組む農家も増えていく。

加工品を手づくりするのは楽しい。毎年6月になると、読者から梅の問い合わせが増える。『現代農業』2016年7月号の「150歳まで生きる⁉ 梅仙人の黒焼き梅」が話題になった。梅は日本人の生活に古くから溶け込んだ果実で、健康素材としても誌上で繰り返し取り上げてきた。これらの記事を集成したのが別冊現代農業**『農家が教える梅づくし』**（17年）。黒焼き梅や烏梅《うばい》、梅干し・カリカリ梅漬け、ジャム・ドレッシングなどの利用から栽培まで、全編まるごと梅の本。梅の季節に動く定番として単行本化された。

カキについても『現代農業』で柿酢、カキの葉茶、柿渋染め、柿の紅葉利用など取り上げてきた。16年8月号には、1～2年かかるとされた柿渋づくりが、圧力鍋を使うと2週間足らずで簡単にできるという記事を掲載。問い合わせが相次いだ。これらの記事を集成した**『柿づくし』**（濵崎貞弘著、16年）も順調に版を重ねている。

『梅づくし』『柿づくし』。旬の素材を使ったもちのびっくりアイデアを集めた『もち百珍』（17年）も好調

■獣肉加工で害獣を山の恵みに

シカやイノシシ、サルなど野生鳥獣による田畑等への被害が深刻化するなか、捕獲した獣の肉を食用に生かそうという動きもどんどん展開し、獣肉加工所が各地にできてきた。

獣肉加工のなかでは特にシカ肉が課題だった。ボタン鍋などの需要があるイノシシに比べ、シカ肉はまずいともいわれ、ほとんど販路がなかったのだ。しかし、狩猟法と捕獲後の十分な放血、火入れの仕方で見違える旨さになる。『現代農業』13年1月号～14年5月号では、エゾシカ専門の料理店「エゾシカフェ」を営む石崎英治さんが、**「シカ肉をおいしく食べる」**を連載。ドライエイジングなど、家庭でもできる方法で肉の味をワンランク上げるワザを紹介

した。また、これと前後して、『**うまいぞ！シカ肉**』（松井賢一・藤木徳彦ほか著、12年）、『**いけるね！シカ肉　おいしいレシピ60**』（松井賢一著、14年）、『**猟師が教える　シカ・イノシシ利用大全**』（田中康弘著、15年）と、獣肉加工の実用書を刊行。順調な売れ行きを示している。

獣肉加工所はその後も増加傾向にあり、16年時点で全国に563施設（農水省調べ）。18年には国産ジビエ認証制度がスタートするなど、獣の肉利用は国を挙げての大きな動きとなった。フランス語の「ジビエ」という言葉も、今やすっかり一般に流布している。

■新たな地域の食づくりを後押し「地域食材大百科」

農村女性の自給運動に源を発する農産加工は、直売所の大きなうねりとともに各地に広がり、高齢者のための弁当づくりや学校給食、農家レストラン、子どもの加工体験など、地域の食をつくる新しい取り組みへと展開していった。この動きを推し進め、「日本の食生活全集」（Ⅲ－2章）で描いた各地の伝統的な食の世界を現代に復活・創造すべく、農文協は1999年に加除式『地域資源活用　食品加工総覧』の刊行を開始した。

この蓄積を生かし、日本の食材を地産地消の一層豊かな展開へと広げるために、10年から14年にかけて刊行したのが「**地域食材大百科**」全15巻である。農家レストランなどの女性起業や地元食品企業の商品開発、行政・JAによる地域産業興しのサポート、大学での食材教育・研究にも役立つ実践的かつ本格的なシリーズとなった。百科・事典としては初めてのオールカラー本でもある。

最初に刊行した第1～5巻の「素材編」は、和食のもととなった日本各地の山川海、田畑で季節ごとに生み出される地域食材800余品目について、品種、栽培（飼養・養殖）、加工・調理のポイントをまとめている。注目度が高まっている健康機能性についての記述も充実させた。それぞれの巻末で、各地の地場・伝統食材、地方品種を多数紹介しているのも特徴である。

10年度の補正予算で「知の地域づくり」として図書館への予算が増額されたこともあり、公立図書館や学校図書館への普及が順調に推移し、版を重ねることができた。

これに力を得て刊行したのが第6～15巻の「加工品編」。素材編に収録の地域食材を使っ

「地域食材大百科」

た、1000種を超える各地の特徴的な一次加工品や食品について、製造上の工夫や知恵を勘どころとしてまとめている。なかには家庭で生かせるものも多い。さらに、全国津々浦々、原料にこだわる農産加工のつくり手に光をあて、地域概況から原料調達の仕方、つくり方と留意点までを記述した「各地のつくり手紹介」の実践的内容は、類書のほとんどないものだ。

■米パンの進化が止まらない

ここでは、もちなどの米加工品を収録した第6巻を見てみたい。注目点は「米粉」だ。和菓子に用いられる「伝統的米粉」に対し、米粉パンなど新たな用途のものを「新用途米粉」と別建てで詳述している。

水田・米の新たな活用法として2000年代に一大ブームになった米粉パンだが、膨らみにくい、生地ダレしやすいなどの難点があり、当初は特許製法による「微細粉米粉」でなければまともにつくれないと言われた。これに対し、普通の製粉機による米粉でもつくれる「シトギパン」を開発したのが世界的に有名なパンの巨匠・福盛《ふくもり》幸一さん（大阪府）だ。「一次発酵は40分のみ、ガス抜きも省く」という方法である（シトギとは、米を水に浸けたあと天日乾燥させて粉にする伝統的な米粉製法）。福盛さんはさらに、「一次発酵なし、生地をこねたらすぐに分割成形して二次発酵に入る」というもっと簡単な方式を開発した。『現代農業』で03年に紹介したこの技術には、「いよいよ地元のお米で米粉パンができる」と大反響があり、各地の農産加工の現場に米粉パンづくりが広がっていった。

本巻では福盛さんのパン製法をはじめ、各地のつくり手の技術を余さず紹介している。

その後も『現代農業』では、水に浸漬した米をそのままミキサーにかけ、焼いてパンにする米粉なしの米パンづくり（16年11月号）や、炊いた米をブレンダーでペーストにし、形成して焼く（17年6月号）などの記事が続き、米パンづくりへの根強い関心がうかがわれる。

■課題は経営、そして地域へ

農産加工がますます広がるなか、その役割も多様化してきた。立地条件を生かして、小池手造り農産加工所㈲（長野県）のように、農家から作物を預かり、加工して返す「受託加工」を行なう加工所が増えてきた。

また、集落営農の一部門に加工を取り入れる事例も多く、米穀に代わる収益部門とされている。このほかにも地域の女性や高齢者の雇用と活躍の場、地元農産物のフル活用など、農産加工にはさまざまな役割が期待されている。

さらに、農福連携の取り組みとして障害者の作業に農産加工を取り入れる福祉作業所も出てきた。

加工が経営の一端を担うようになると、素材を生かしておいしいものをつくるだけでなく、収支をどう黒字にするかも大きな課題となってきた。小池手造り農産加工所会長・小池芳子さんによる「小池芳子の手づくり食品加工コツのコツ」（全5冊、06～10年）は堅調に増刷を重ねたが、とりわけ第4巻『農産加工所の開設・経営・商品開発』が売れていることもその現われだろう。

特に、集落営農法人の農産加工部門のようにみんなでやる加工は、人件費がかさむなどで儲かりにくく、赤字で困っているという話も聞く。たとえば惣菜や弁当はつくりがいがあるが、手間のわりに儲けが出ないという。『季刊地域』17年秋号（31号）は「**農産加工 上手に稼ぐ、続けていく**」と題する特集で、経営としての加工を正面から取り上げた。原材料をペーストなどに一次加工し、真空包装や冷凍保存することで手間を省き、アイテムを増やすなどの工夫を多数紹介したほか、保存のための下処理についてユズ・アスパラ・タケノコなど素材ごとに紹介した。

経営が課題となるなか、『**小池芳子の　こうして稼ぐ農産加工**』（18年）は、40年にわたる小池さんの加工所経営の勘どころを伝えている。ポイントは「釜の空かないシステム」。高額投資をして導入した加工機器を休ませずに使うことだ。たとえば、羽釜はコンニャクを練るだけでなく、テンペの加熱剝皮やナスの塩もみにも使う、コンニャクは夜の間に余熱で煮ておくなど機器をフル稼働させている。このほか、味をよくしたいという要望にも応える、経験知が集成された一冊である。

（松原喜一）

一次加工と保存で効率アップするワザを紹介
（『季刊地域』17年秋31号）

「小さな加工」のワザを磨き合う
――「加工講座」、加工ねっと

高め合う加工の仲間

2泊3日の超濃密スケジュール、3万円超の参加費、それに農文協栂池センター（長野県小谷村）までの交通費と移動時間。「読者のつどい　加工講座」に参加することは、家族経営の農家や中小の加工所スタッフにとって決して軽い負担ではない。それを押してでも、「規格外の野菜をなんとか商品にしたい」「加工技術をもっと高め売り上げを伸ばしたい」「冬場の仕事に、加工を始めたい」……と、毎年約30人の受講者が集まる。

大手メーカーの画一的な商品に対し、農家による「小さな加工」を後押ししようと、小池芳子さん（前頁）を講師に2001年から続けてきた加工講座。なかでも目玉の恒例プログラムが「持ち寄り加工品品評会」だ。参加者の商品や試作品を一同に並べ、全員で試食。小池さんや他の参加者からたくさんのコメントやアドバイスをもらう。その内容も、単に味の良し悪しだけでなく、「離水していますね。煮込みが足りない」（トマトケチャップ）、「真空を強くかけすぎて、袋にシワが寄っています」「値段が安すぎる。再生産できる価格を考えないと」など、製造から販売まで全般に及ぶ。

厳しいコメントをもらい、元気をなくす人も。そんな参加者を、04年から参加している尾崎正利さん（福岡県）は、「私も最初の頃、『これでは商品にならん』と小池先生に言われ、一晩眠れませんでした。でも、へこたれないことです」と励ます。連年参加してアドバイスを吸収しつづけた尾崎さんは、14年に自前の加工所を開設。カンキツ農家などからジュース製造を受託しながら、各地に出向いて農産加工の指導も行なっている。今や、講座でも講師の一人として、不可欠の役割を担う。

受講者も農家を中心に、農福連携に取り組む福祉事業所のスタッフ、新しい特産品づくりを考える地域おこし協力隊員など、どんどん多彩になってきた。

加工を核に地域再生へ

この加工講座から、参加者どうしが技術的な知恵や加工機器の入手などの情報を交換する自主的な組織「加工ねっと」も生まれた。03年に設立し、19年末現在、会員は158人。

加工ねっとでは毎年春、会員やその近隣の加工所・直売所などを訪ねて互いの加工技術や取り組みを学ぶ「研修会」を開く。視察先や宿泊先の手配・交渉、移動の段取りまで、ホスト役の会員が自ら行なう、まさに手づくりの研修会だ。それも、物見遊山では絶対に終わらない。ここでも夜までみっちり「品評会」をやるのだ。

この間、悲しいこともあった。ワイナリーを営んでいた宮城県の加工ねっとメンバーが、東日本大震災で命を落としたのだ。17年の研修では、彼の仲間が、その遺志を継いで東北最大級の観光イチゴ農園とカフェ&ワイナリーを開き、地域復興に取り組んでいる現場を訪ねた。

また、18年の福岡での研修は、前年7月の九州北部豪雨による被害の後、いち早く地元農家の農産物を買い受け、加工品にすることで農家の支えになっている地元直売所の取り組みを学んだ。

加工は農家個人の経営を助けるだけでなく、地域を動かす要にもなる。加工ねっとは、そんな地域への思いも人一倍強い事業者たちが研鑽する場でもある。

（嶋川亮）

7章　「小さい農業」の経営・技術に学び続ける

■「小さい農業」というコトバ

2016年に発行した『小さい農業で稼ぐコツ』（西田《にしだ》栄喜《えいき》著）は発売直後から爆発的な売れ行きを見せ、3年間で16刷3万部を超えた。

勝因の一つは書名にある。副題は「加工・直売・幸せ家族農業で30a1200万円」。たった30aの面積で大きな売り上げを上げていることと、その稼ぐコツが書かれていることが明快で、インパクトを与えた。

じつはこの「小さい農業」というコトバ、一旦は企画会議で否決された。編集者は企画の発端となった『現代農業』の連載タイトル「小さい農業のすゝめ」や「小さい農業の始め方」などを推したが、「小さい農業」では賛同が得られず、経営書というより実用書らしい書名に修正する方向で保留となった。しかし、著者の西田さんはどうしても「小さい農業」「家族農業」「幸せ」を入れたいという。結局、「小さい農業」を使い、続けて「で稼ぐコツ」を入れることで、「やっと農文協らしい書名になった」と決定に至った。

■「小農」は自立をめざす農家の世界的動き

この本の中で西田さんは「小さい農業とは家族経営農業」だと定義している。「イメージとしては昔習ったマニュファクチャー（家内制手工業）」「お手本は百姓」であるとして、多品目の野菜をつくり、野菜セットや漬物などを直

大ブレイクの「小さい農業」シリーズ

売やネット通販で販売する。政府が打ち出している規模拡大や輸出戦略など「攻めの農業」「強い農業」とは、まったく逆の農業だ。

「元来農家は、家族単位で何世代にもわたり数百年続いてきたのが当たり前の世界。小さいからこそ、歴史の表舞台がどんなに荒波の時でも水面下でしたたかに生き抜いてきたのではないかと思います。（中略）こんな時こそ小回りのきく農業経営が生き残れる手段の一つかもしれないと思っています」と西田さん。

農家にはその考え方、やり方が現代の農家の生き残り策として読まれているのかもしれない。また、都市から農村への「田園回帰」の流れも強まるなか、関心を寄せる人々にとっては、大きな投資をしないで地方で幸せに暮らしていける新しいビジネスモデルとして読まれているのだろう。

こうした流れは世界共通でもある。オランダのJ・D・ファン・デル・プルフらの研究グループによると、1990年代末～2000年代、欧州農民の多くが「多角化」「高付加価値化」「地域資源の有効利用」という三つの要素のいずれかを実践していたという。プルフらは、EUの農業者が現代を生き抜くために採用しているこの戦略を「再小農化」と名づけた（Ⅱ‐1章3も参照）。西田さんも、野菜の栽培だけでなく加工も手掛け、セット商品にすることで単価を上げ、地元の安い米ヌカやモミガラなどをボカシ肥料の材料として使う。「小さい農業」「小農」は、グローバル化する市場から自立するための世界的な動きといえる。

■林業や畜産でも「小さい」がキーワード

西田さんの単行本の成功を受けて17年に企画したのが、『**小さい林業で稼ぐコツ**』（農文協編）と『**小さい畜産で稼ぐコツ**』（上垣康成著）である。

『小さい林業』は『季刊地域』の記事をベースに再編集した。伐採や搬出を森林組合などに任せないで自分でやれば意外に手元におカネが残る。その自伐型林業の稼げるしくみを絵目次で明らかにし、楽しさが伝わるように、これから自伐型林業に取り組むキャラクター〝チェン太郎〟を全編に配置するなど工夫した。単行本は山暮らしにあこがれる人々から農家林家まで幅広く支持され、1万部を超える売れ行きを示している。

『小さい畜産』は『現代農業』15年1～7月号の連載記事「わが家は牧場兼肉屋」をベースに大幅加筆したもので、兵庫県の繁殖和牛農家に生まれた著者が、「自分が食べるものは自分で生産したい」と決意し、牛と豚の肥育、アイガモの飼育なども取り入れ、その肉を自分でさばいて売る経営を惜しげもなく公開。発行後間もなく重版され、好評を博している。

いずれの単行本も、誰でも小さく始められる楽しさと、生計が立つ見通しの両方が見える編集に配慮した。

■直売で経営を成り立たせる「小農」の技術

西田さんを含め、直売で経営を成り立たせる「小農」の単行本も相次いで企画された。**『青木流　野菜のシンプル栽培』**（青木恒男著、09年）、**『農家が教える　桐島畑の絶品野菜づくり1・2』**（桐島正一著、13・14年）、**『有機野菜ビックリ教室』**（東山広幸著、15年）である。いずれも『現代農業』の連載を経て企画された。

青木恒男さんの経営は、イネ4haと、水田転換畑30a（うちハウス18a）で花と多品目野菜を直売する。収益を多く確保するための工夫を重ねた結果、どの経費も通常の2割から3割という、常識はずれの経営を実現している。多品目栽培のなかで確立したのは、「必要なものを、必要なとき、必要なだけ」供給する「後補充生産」の考え方を基本とする経営だった。それは、ものごとを単純・シンプルに考えることから始まると青木さんはいう。

「私は、人の手が加わった田畑が自然環境とはまったく違った工場のような存在である、とは思っていません。人は作物が自然界の片隅で育ちたいように育つ手伝いをしてやり、その一部をいただき、残りは土に返す。そこまで単純化してみた後に編み出した農法こそが理にかなった農業であり、私の農業経営に対する哲学でもあると思っているのです」

必要最小限の「手伝い」をするとき、耕し方は、不耕起、半不耕起になった。施肥は、イネはもちろん野菜も花も元肥ゼロ出発で、「必要なときに」「必要なだけ」の追肥という形になる（安い単肥が中心）。それも畑全面ではなくポイント施肥だ。この考え方とやり方が受け、各地の直売所などから講演依頼が相次いでいる。農文協各支部でも、青木さんを講師に「読者のつどい」を多数開催した。

桐島正一さんの経営は、1.5haの畑で80品目以上の野菜を直売する。「野菜に素直に寄り添い、自然が持っている力を引き出し、人間はほんの少し手助けしてやるだけ」という考えで、有機無農薬栽培。使う肥料は1袋（15kg）

直売で経営を成り立たせる「小農」の単行本

120円の安い鶏糞。大事にしているのが、追肥のタイミングにつながる野菜の見方。野菜の色や大きさだけでなく、畑の条件、天気、野菜の個性などを把握してつかんだ見方を種類ごとに明らかにした。

東山広幸さんの経営は水田約60a、畑約60aで水田の一部以外は無農薬・無化学肥料栽培。とれた米と野菜は宅配している。大面積の農業が当たり前の北海道の農家の生まれだが、家が離農し、本人は百姓がしたくて福島県で新規就農した。

「私には成算があった。百姓は個々の家庭で消費するものをつくるのだから、売り先さえ開拓すれば収入は確保できるはずだ。そのためには安全な無農薬栽培で、多品目の野菜をつくることである」

その無農薬有機栽培のしくみは明快だ。無農薬で失敗する原因は初期に雑草に負けること。だから「何でも育苗」で初期生育を草から守る。草を抑えるためには、植え付け時にマルチと米ヌカを使う。病害虫に負けない体質にするためには安定した肥効が重要であり、速効性魚粉（地元食品工場から廃棄される削り節の粉で格安）と遅効性の米ヌカ、そして徐々に地力を上げていくためのモミガラ堆肥を組み合わせて使う。

◇

この10年は、貿易自由化や規制緩和、農家減らしの圧力に抗うように、地域で生き残っていくための小農技術が開花した時期といえるだろう。一つの作物をつくりこなすかつての名人の技術を引き継ぎつつも、新しく発展させていく小農の技術に農文協はこれからも学び続けていく。

（西尾祐一）

Ⅱ 地域とともに

過疎化や高齢化が進んだ農村だからこそ、蓄積された自治・共同の力を最大限に発揮し、困りごとを自ら解決する新しい活動が次々生まれてきた。ここに「田園回帰」の潮流が加わり、Iターン者など新たな人々も活躍。農村こそ、次の時代をリードする最先端の場だ。

1章

ゆるがぬ暮らしを地域から——『季刊地域』の10年

『季刊地域』は、２０２０年１月の冬号で創刊40号を迎えた。年４冊の発行で40号ということはちょうど10年。農村から都市に「農のある暮らし」「自然な暮らし」を呼びかけてきた『増刊現代農業』（１９８７年創刊）が生まれ変わって『季刊地域』となったのが２０１０年のこと。戦後の農村・農業を支えた昭和一ケタ世代がすべて80代以上となり、農家の大世代交代期を経たこの10年が、そのまま『季刊地域』の歩んだ時間に重なる。

■「アベ政治」を逆バネに

この間の農村の暮らしに通奏低音のようについてまわったのが「アベ政治」である。２０１９年11月20日、安倍首相は憲政史上最長の在職日数を更新した。12年９月に始まった第２次安倍政権は、13年２月の施政方針演説に盛り込まれた「世界でいちばん企業が活躍しやすい国」というキャッチフレーズに象徴されているといっていいだろう。農業については「競争力強化」を建前に「農協改革」を進め、種子法を廃止、種苗法で認められた農家の自家増殖を

13年冬12号

2011年冬４号

制限し、卸売市場法の改定などを進めてきたが、これらも企業が活躍しやすくする地ならしといえなくもない。そして、18年末から19年初めにTPPと日欧EPAという大型経済連携協定を相次いで発効させ、20年1月には日米貿易協定も発効した。農村は総自由化時代に巻き込まれることになった。

もう一つ、2010年代のメルクマールとなった出来事が、11年3月に起きた東日本大震災・東電福島原発事故だ。未曾有の大災害を経験しながら、安倍政権は原発依存のエネルギー政策を変えようとしない。このことが日本全体に閉塞した気分をもたらしている。人の手に負えない、無害化に10万年もかかる放射性廃棄物を増やし続けて、未来に希望を持てるはずがない。

だが、こうしたアベ政治に振りまわされず、ゆるがぬ暮らしを農村地域から形づくってきたのがこの10年でもある。『季刊地域』創刊の言葉には次のようにある。

「いま、政治や経済がいかにゆるごうと、『ゆるがぬ暮らし』『ゆるがぬ地域』をつくり出そうとするさまざまな実践が各地で行なわれています。本誌は、そうした人びとや地域に学び、地域に生き、地域を担い、地域をつくろうとする人びとのための雑誌です」（10年春創刊号）

そして創刊から30号を迎えた17年夏号では、判型をそれまでのA4判からB5判に変えてのリニューアル記念企画として**「農村力発見事典――『季刊地域』の用語集」**を掲

19年秋39号

19年春37号

15年夏22号

載した。①地域資源にあふれている、②地エネを生み出す力もある、③農が基盤、農家が基盤、④自給力——何でもつくる、みんなでつくる、⑤自治力——愛するむらは、放っておけない、という五つに分類した59の用語で今の「地域」を表現したものだ。

以下では、この分類に沿って用語の一部を取り上げながら『季刊地域』の歩みをふり返ってみたい。

＊文中の**太字**は特集名・記事名および「農村力発見事典——『季刊地域』の用語集」に収録された用語。

1 地域資源にあふれている

■空き家に人を呼ぶ

創刊第2号の巻頭言に、**地元学**を提唱した結城登美雄さんの次のような言葉が引用されている。「性急に経済による解決を求める人間には、ここには何もないと見えてしまうだろうが、自然とともにわが地域を楽しく暮らそうとする地元の人びとの目には、資源は限りなく広がっている」(「シリーズ　地域の再生」第1巻『地元学からの出発』より)。地元学を簡単にいえば、「ないものねだり」ではなく「あるもの探し」による地域づくりのことだ。

その資源とはたとえば**空き家**である。少し古いデータになるが、13年の総務省調査によると空き家は全国に約820万戸あり、空き家率は13・5%にもなる。空き家が増えると防災・防犯上よくないし、古くなれば倒壊の危険もある。15年には危険な放置空き家を行政が強制的に取り壊せる「空き家対策特別措置法」も施行されて話題になった。

だが、マイナスイメージの空き家が見方を変えれば人を呼ぶ資源になる。『季刊地域』10年秋号(3号)の特集は「**空**

岡山県美作市梶並地区の「お試し住宅」
(写真＝大村嘉正)

き家を宝に　地域で引き継ぐ活用ガイド」。15年夏号（22号）の特集「にぎやかなむらに！　空き家徹底活用ガイド」になると、本格移住の前に1年住んでもらう「お試し住宅」や、地元と移住者のミスマッチを未然に防ぐ「地域の教科書」をつくるなど、空き家に人を呼ぶノウハウも盛りだくさんだ。

空き家の提供を呼びかけると「空き家はあるけど、貸し家はない」という問題も出てくる。家主は町場に出て、親はなくなったり施設に入居したりして誰も住まなくなっているが、いざ貸せといわれると、「仏壇や荷物が置いてある」「赤の他人に貸すのは不安だし面倒」と躊躇する気持ちが出てくるのだ。

岡山県美作《みまさか》市梶並《かじなみ》地区でつくる梶並地区活性化推進委員会では、増え続ける空き家を活用するため、そんな家主たちと交渉し、開かずの間をつくって、そこへ荷物をまとめて入れておくことを提案した。また移住希望者にも直接面談し、本当に地域に来てほしい人を選ぶことで家主の不安を解消。地元住民である委員が家主と移住希望者の間に立つことで、貸借がスムーズに進んだ（15年夏22号）。

最新の20年冬号（40号）には、農地の付いた空き家の提供で成果を上げている自治体の記事もある。移住希望者の、家庭菜園をつくれる畑が欲しいという声に応えたものだ。そうした移住者の中からは、畑の面積を増やして地域の農業の後継者になりそうな人も出てきた。

空き家と同じように活かせる地域のインフラには廃校や廃JA支所もある。

■耕作放棄地や獣害も資源

マイナスイメージがひっくり返る地域資源といえば耕作放棄地もそうだ。

農家の高齢化とともに使われなくなった農地というのは条件がよくないところが多く、営農再開は容易ではない。だが、近年「むらで新しくおもしろいことを始めたよ」という話を聞いていくと、たいがい耕作放棄地が舞台になっている。耕作放棄地があるから、定年帰農者や新規就農者を受け入れることができる、みんなで特産品に挑戦することもできる。地あぶらのためにナタネやヒマワリを栽培する。荒れ地でも育ち、栽培に手間のかからないカヤやキクイモを栽培する、といった事例を『季刊地域』では取り上げてきた。

耕作放棄地の増加とセットで問題になるのが獣害。これも皮・角・肉利用ができる資源だ。イノシシやシカの肉は、かつては「くさい、パサパサでまずい、硬い」といわれたが、今では処理のしかたや調理の腕が上がっている。

和歌山県田辺市上芳養《かみはや》地区では、若手カンキツ農家が中心となり㈱日向屋という捕獲チームを立ち上げた。ジビエ流通に乗り出した紀州ジビエ生産販売企業組合と組んで獣肉をおカネに換える道を拓いた。長崎市北部の琴海《きんかい》地区では、地域のためにひと肌脱ごうという60〜70代の有志7人が低コストな獣肉加工所を考案。やはり肉の販売を始めている（18年夏34号「**地域力がものを言う獣害対策**」）。

13年に東京の業者らが**皮なめし**の受託を始めたことで、捕獲した産地が自分たちで皮革製品を加工販売する動きもあちこちで始まっている（13年秋15号「**獣の恵み　皮・角・肉を利用する**」）。愛知県豊田市の竹尾博史さんの場合は自分で皮なめしもする。6年前に脱サラして獣活用事業を起業。獣肉加工所から仕入れた原料をもとに、シカやイノシシの角や牙、毛皮のアクセサリーなどを製作、販売する。19年の干支に合わせてイノシシのタテガミのお守りの販売も思いついた（18年夏34号）。

■山の魅力は無限大

『季刊地域』は山の記事に力を入れてきた。

戦後の拡大造林でスギやヒノキを植えた頃、「木を植えることは銀行に貯金するより価値がある」といわれたそうだ。ところが木材輸入の全面自由化（1964年）で価格が下がり始めて状況が一変する。バブルがはじけるとさらに急落し、以降、所有者の中には山を見て見ぬふりしてきた人が多かった。そんな山の見直しが進んだのもこの10年である。

国の森林政策は、2012年4月に本格始動した「森林・林業再生プラン」、そして19年4月に施行された森林経営管理法に基づく「新たな森林管理システム」へと進んでいる。そこで目指されているのは大規模集約林業、「林業の成長産業化」である。小規模な森林所有者は経営意欲がないと決めつけられ、伐採業者がにわかに担い手と位置づけられた。これにより短伐期皆伐方式が横行するおそれが指摘されている。

そうしたなかで『季刊地域』が注目してきたのは**自伐林家・自伐型林業**である。地域資源としての山に可能性を見出せる動きだ。

背景には、近年の**薪**ブームや**小さい木質バイオマス発電**の燃料需要が高まっている状況がある。不揃いの林地残材

岐阜県「高山市木の駅プロジェクト」の赤保木地区のメンバーは、水田1ha、山林2ha程度の定年農家林家が中心（写真＝曽田英介）

や間伐材を、自治体の補助を得て相場より少し高い価格で買い取り、地元商店だけで使える地域通貨で代金を支払う**「木の駅プロジェクト」**が各地で急増した。09年に岐阜県恵那市で始まったのを皮切りに、80カ所以上に広がっている。

14年に始まった岐阜県の「高山市木の駅プロジェクト」もその一つ。ここでは、市の補助で集材トラックの定期便を走らせたことで出荷者が急増した。活躍しているのは、勤めは定年退職しても体はまだまだ元気な農家林家などで、地域の山をきれいにしながら、それぞれの健康維持にも役立てている。出荷者の稼ぎが、地域通貨によって地元の商店に回っていくのもおもしろいところだ（18年冬32号**「山で稼ぐ！　小さい林業ここにあり」**）。

また、木材単価は昔に比べると安いが、人に頼まず少しずつ自分で切れば、経費がかからないぶんまるまる儲けになるのも事実。このへんが自伐林家・自伐型林業の醍醐味だ。

『季刊地域』は山について、**「山、見て見ぬふりをやめるとき」**（14年冬16号）**「『木は切ってもカネにならない』は本当か？」**（14年秋19号）と提案を重ね、19年秋号（39号）では**「広葉樹の山で稼ぐ」**と題して、植木や枝物販売で稼ぐ「里山林業」のおもしろさも伝えている。スギ・ヒノキだけでなく広葉樹の活用も加われば、山の魅力は無限大だ。

2　地エネを生み出す力もある

■再エネを地エネに

東電福島原発事故以降、再生可能エネルギーへの関心が高まったが、電力にしろ熱エネルギーにしろ自然の力を利用して生み出そうとする限り、その主な舞台は農山村となる。急峻な河川の水流を利用する水力発電をはじめ、風や太陽光、温泉熱や木質バイオマス、バイオガスなどでの発電や熱利用も、豊かな自然と地域資源、そして広大な土地がふんだんにある農山村ならではのエネルギー生産といえる。『季刊地域』では震災後すぐ**「いまこそ農村力発電」**（11年秋7号）と題してこれを特集した。

12年にＦＩＴ（電力の固定価格買取制度）が始まると、再エネ電力の高単価買い取りが保証されたことから、発電事業に参入する企業が続出。特に太陽光パネルを荒れ地一面に敷き詰めるメガソーラーは瞬く間に日本全国に広がった。だが、地元にはせいぜい土地の賃料が入るだけ。ＦＩＴで上げた高収益のほとんどが本社のある都会へと吸い上げられていく。

それに対して、農山村のポテンシャルを地元でこそ活かしていこうという動きが各地で起こっており、編集部ではこれを**地エネ**と名づけた。地エネとは、地元のエネルギー、地域分散型エネルギー、地産地消エネルギー、そして地に足のついたエネルギーの思いを込めた『季刊地域』の造語である（12年秋11号「**地エネ時代　農村力発電いよいよ**」）。もちろん発電だけではない。**薪ストーブ**を設置して利用する地元の薪も地エネだ。

小水力発電は個人の農家にも人気がある。庭先をチョロチョロ流れる小川、田んぼの用水路、山の雪解け水など、目の前の水流を電気に変えられたら……と夢見る人が非常に多い。発電量は小さいが、自転車ライトの発電機「ハブダイナモ」を利用すると手軽に始められる。これでもLEDライトや獣害防止電気柵の電気を自給するには十分だ。

ポテンシャルという点ではバイオガスにも期待できる。北海道の酪農地帯は、乳牛の糞尿を利用したバイオガス発電の先進地。また現在、家庭の生ごみは大部分が焼却処理されているが、これを地域資源に変えるバイオガス発電施設を導入する自治体が少しずつ増えている。ガス発生後に残る消化液が良質な液肥として利用できるのも魅力で、福岡県の大木町やみやま市は、バイオガス施設を中心とした循環のまちづくりで注目を集めている（19年春37号「**ごみ処理は地方が一歩先を行く**」）。

■防災にも役立てるには

農地に支柱を立て、田んぼや畑で作物を育てながらその上に太陽光パネルを設置する「ソーラーシェアリング」（営農型発電）もだいぶ広がった。個人で取り組む農家も増えているが、兵庫県宝塚市西谷地区では、新規就農者や市民農園に農地を提供しながら地域で8基の施設を設置。発電した電気を売電する一方で、地域の非常用電源として防災に役立てようとしている（19年冬36号「**小さいエネルギーで地域強靭化**」）。

田畑に支柱を立て、作物を栽培しながら太陽光発電をするソーラーシェアリングも各地に広がった。兵庫県宝塚市西谷地区では8カ所に設置し、「自立運転モード」を地域の防災に役立てる　（写真＝大村嘉正）

ただ、地エネの広がりとともに課題も見えてきた。18年9月の北海道胆振《いぶり》東部地震にともなう全道ブラックアウト、そして19年の台風15号による千葉県内での長期大規模停電。こうした停電のときは、大手電力会社の送配電網とつながっている限り、地エネ施設の電気も利用できなくなってしまうのだ。例外は太陽光パネルの「自立運転モード」で、太陽光が出ている日中に１・５kWまでという限界があるものの自前の電気を利用できる。
なお、19年11月を皮切りに、住宅用太陽光発電のＦＩＴによる10年の買取期間が順次終了を迎えている。買取価格は大幅に安くなるものの売電も可能だが、これだけ自然災害が頻発すると、発電した電気を**電気自動車（ＥＶ）**や蓄電池に蓄えてすべて自家消費にまわすという人も増えてくるだろう。

3 農が基盤、農家が基盤

■これ以上、農家を減らさない

農業センサスによれば、２０１５年の農業経営体数*は１３７万７０００戸。10年から5年の間に約30万戸（18％）減っている。その前の5年間の減少も33万戸（16・４％）であり、同じペースで進めば20年には１００万戸近くまで減少することが予想される。

農家が減った大きな理由は米の価格低下だろう。生産者米価はこの25年で半分近くまで下落した。大きな理由は、農業政策が価格支持から担い手農家の所得を直接補償する方式に変わってきたからだ。また流通の面では、消費者の米の購入先としてスーパー（量販店）が半分を占めるようになり、その安売り競争に引きずられて下落圧力が強まったことや、流通量の4割を担うＪＡグループの概算金の設定が、米の相場を引き下げる方向に働いたことなども要因だろう。

12年度から農水省が作成を推奨した**人・農地プラン**も農家減らしの方向を向いていた。人・農地プランとは「5年後10年後、地域の農地を使って誰がどのように農業をするのか」を、農家の意向調査や集落・地域での話し合いに基づいてまとめるもの。それまで横並びできた集落の農家を「中心となる経営体（担い手）」と「それ以外の農家」とに色分け・名簿化することが求められたため、「農家の選別政策だ」「集落が分断される」と批判された。プラン作成のメリットとして農地の出し手に支払われた「農地集積協力金」も「離農奨励金だ」と非難された。

しかし、人・農地プランづくりをむらの話し合いの機会にできた地域は強かった。これをきっかけに**集落営農**を立ち上げ、法人化に向かうところも出てきた（12年夏10号『**人・農地プラン』を農家減らしのプランにしない**」）。集落の農家みんなが参加する法人をつくって担い手とすることで、農家を選別させない、農家を減らさないというしたたかな対応である。

14年度になると農水省は、農地の流動化を促進する目的で農地中間管理機構（農地バンク）を発足させた。これ

＊「農業経営体」の定義は「①経営耕地面積 30a 以上、②野菜・果樹・家畜等の規模が一定基準（年間販売額 50 万円相当）以上、③農作業受託、のいずれかに該当する者」である。

は、首相官邸と密接につながる規制改革会議（当時）などが、企業への農地の開放を狙って強引に押し進めた制度だった。集落の意思や市町村の農業委員の関与などを排除するため、県段階で農地の流動化を進めようとした。だが、制度の利用は進まず実績は低調で、農地中間管理機構は18年に制度の見直しが決まる。地域を飛び越えた組織で農地集積を進めるのはやはり難しく、市町村、農業委員会、JA、土地改良区など、従来から農地の出し手と借り手をコーディネートしてきた組織と一体となって推進する体制を再構築することになった。

それとともに復活したのが、一時は忘れられたかに見えた人・農地プランだ。農水省は今、「地域の徹底的な話し合い」によりプランを「実質化」することを市町村に求めている。以前、プランを立てたところも、「とりあえず」で立てたプランや、集落などの話し合いをともなわない、市町村単位で立てたプランが多かったからだ。『季刊地域』では12年時点で、一度立てたプランをみんなで話し合って何度でも見直し、プランを自分たちのものにしていくことを「人・農地プランに魂を入れる」と表現したが、今それが求められているということだ。

また、集落全戸参加型の一般社団法人をつくり、その中で担い手や自作農家、農地を預けたい農家が共存するしくみとして「地域まるっと中間管理方式」が最近注目されている。福井県小浜市の太良庄《たらのしょう》地区では、これによって人・農地プランづくりもスムーズに進んだという（19年秋39号**「『地域まるっと中間管理方式』やってみた！」**、4章3も参照）。

■小農・家族農業こそが担い手

農家が減り、高齢化も進む現状を「構造改革の好機」とする見方が、少なくとも政府の一部にはある。最近話題のスマート農業も、これに乗じて進め「担い手を中心とした、グローバル競争に勝てる強い農業」にしようという考えが関係者により表明されている。

だが農村では、小さい農家、高齢農家がリタイアするのを「好機」ととらえるような話はまず聞かない。農地を集積してきた大規模農家であっても、高齢農家にはできるだけ長く続けてほしいと思っている。それは、預かった農地の草刈りや田んぼの水管理に手がまわらないという理由もあるが、なによりも農家がどんどん減ったら、生産だけでなく暮らしの場でもある地域社会が成り立たないからだ。

『季刊地域』19年秋号（39号）の特集**「スマート農業を農家を減らす農業にしない」**に掲載した集落営農や担い手農家に対するアンケート結果からは、無人走行を実現するトラクタや田植え機よりも、リモコン式草刈り機やドローンに対する期待・評価が大きいことも明らかになった。無人田植え機より、苗運びなどの補助作業の労力を減らすスマート農機が欲しいという意見もあった。これらの背景にあるのも、高齢者が長く続けられるスマート農業にしたいという期待だ。

実際、構造改革路線は農業生産基盤を危うくしている。農業産出額や生産農業所得は増えたというが、18年度のカロリーベース自給率は過去最低の37％まで落ち込んだ。

2019～28年は国連が定めた「家族農業の10年」である。18年12月には同じく国連で「**小農宣言**」（小農と農村で働く人々の権利に関する国連宣言）が採択された。これらの背景には、07～08年の世界食糧危機をきっかけに小農・家族農業が食料安全保障の要として見直されたことがある。農業の担い手は一握りの大規模経営ではなく小農・家族農業と考えられているのである。

一方、オランダ・ワーヘニンゲン大学名誉教授のファン・デル・プルフらの研究グループが名づけた「再小農化（repeasantization）」という概念も注目されている。1990年代末～2000年代初めに欧州農民の調査をしたところ、多くの農家が「多角化」「高付加価値化」「地域資源の有効利用」という三つの要素で市場から自立・自律する経営を実践しており、これを「新しい小農層」と名づけたのである（20年冬40号「**進む 再小農化**」）。

日本では1990年前後から各地に直売所が生まれ、とくに稲作農家においては、93年の大冷害を契機に、米の直売・産直、大豆や麦なども取り入れて加工販売を始めるなど経営の「多角化」「高付加価値化」が進んだ。まさに「再小農化」である。それは現在の集落営農にも、ますます多様化する形で引き継がれている。また同時に作物の栽培においては、米ヌカや竹パウダー、土着菌、落ち葉、炭、木酢液などに代表されるように、身近な「地域資源の有効利用」が進んだのもこの30年である。グローバル化する農産物市場に左右されない経営は、途上国でも先進国でも農民にとって共通の課題であり、それが「再小農化」の動きとなって現われている。（Ⅰ－7章も参照）

4　自給と自治の力でゆるがぬ暮らし

■何でもつくる、みんなでつくる

農家力の根源は自給力、だから農村力の根源も自給力。みんなでつくると大きなことができる。

たとえば**農家の土木**。細い農道のコンクリート舗装、水漏れする水路のひび割れ補修、田んぼのせまち直し……むらのインフラは日々の農作業や防災に関わることなので早く整えたいが、公共工事を待っていても自治体の財政は厳しく、予算も順番もなかなか回ってこない。だったら自分たちでやってしまおう！ということで、地域住民が共同作業で整備・補修する自主施工が注目されている。集落の話

福島県平田村での住民による道づくり。日本大学の学生も参加
（写真＝尾﨑たまき）

し合いで施工場所を決め、補助金なども活用して資材を入手。作業はみんなでやるので早いし、経費は公共事業でやる場合の3分の1程度ですむ（17年冬28号**「農家の土木基礎講座」**）。この背景には、**多面的機能支払**や**中山間直接支払**のような使い勝手のよい補助金が出てきたことが大きいが、それを活かすために住民どうしが話し合い、むらの自治力を高めてきたことも見逃せない。

耕作放棄地を活かした自給も盛んだ。油脂作物は栽培にあまり手がかからないので耕作放棄地に向いている。搾った後の油粕を畑に肥料として還元したり、天ぷら**廃油**を地エネのバイオ燃料として使うこともできて、地あぶらはまさに地域経済を回す潤滑油だ。

11年の原発事故後の福島や周辺県では、地中の放射性セシウムを吸収する除染作物としてナタネやヒマワリやダイズを栽培し、その種子を搾油する動きが広がった。作物体がいくらセシウムを吸収しても、その種子を搾った油にはセシウムが含まれないことがわかっており、栽培・収穫、地あぶらづくりを通して農地復活と営農再開を図った（13年春13号**「地あぶら・廃油・ガソリンスタンド」**）。

■ただ漏れバケツの穴をふさぐ

前述の再小農化も農家の自給力の表われである。宮崎県高原町の集落営農組織・(農)はなどうでは、裸麦・二条大麦・酒米などを生産し、焼酎・ビール・日本酒を地元の酒造会社などと共同開発し直売所で販売、大人気だ。いまや法人が栽培する作物の6割分が酒の原料となり、代表の黒木親幸さんいわく「自分で飲むのはもちろん、寄合で集まるときも、土産に持っていくのもここの酒」。焼酎もビールも日本酒も自給だ。耕作放棄地が解消し、UIターン者の雇用にもつながった（15年秋23号**「日本列島ほろ酔い自給圏構想」**）。

また、岐阜県白川町では、集落営農組織が生産する大豆の7割を町内の豆腐加工会社や味噌加工グループが加工する態勢を整えた。豆腐加工会社というのは町も出資する第三セクター㈱佐見とうふ豆の力で、かつて地元にあった豆腐屋を復活・継業する形で立ち上げた法人だ（18年春33号

「継業　むらに必要な職業《しごと》　誰が、どう継ぐ？」）。

農村の自給力を高めることは**地域経済だだ漏れバケツ**の穴をふさぐことになる。地域経済が立ち行かない理由の一つは、せっかく稼いだおカネが地域内で使われずに、地域の外に出ていってしまうからである。地域経済をバケツに見立てれば、給料や年金、補助金などの形でバケツに注ぎ込まれた水（おカネ）が、外食費や電気代、ガス代、灯油代、ガソリン代といった燃料費、通信費、アルコール代などの形で「だだ漏れ」しているのが現状だ。このような地域経済の「穴」を一つひとつふさいでいくことで、地域内に循環する資源とおカネを増やし、地元に仕事を生み出していくことにもなる（一社・持続可能な地域社会総合研究所の藤山浩さんの「所得の１％取り戻し戦略」の考え方）。

地域経済だだ漏れバケツ（17年夏30号「農村力発見事典」より）（イラスト＝河野やし）

それは暮らしの「自給圏」をつくることである。たとえば先ほどの酒なら**ほろ酔い自給圏**、小水力発電や太陽光発電、薪などの地エネで冬の暖房代をまかなえば**熱エネあったか自給圏**と『季刊地域』では名づけてきた。

◇

農村にとってこの10年は、地域の意味がこれまでになく増した10年だった。外から見れば、東京一極集中、衰退する地方という図式でしか目に入らないかもしれない。だが、新しい時代を切り拓く可能性は、自給と自治の力を高めた農村地域にこそある。

（瀬谷勝頼）

『季刊地域』を届ける
――「むら」まるごとの普及

2019年、『季刊地域』の普及強化が協会方針の柱に掲げられ、定期部数の増部にむけた取り組みが始まっている。

むらを回るのが楽しくなる

農村普及では、18～19年に入会した若手が奮闘している。たとえば九州沖縄支部の板垣紫乃は、「『季刊地域』を意識することで、むらの中でのつながりをつかみやすくなり、会いに行く対象も広がって、むらを回ることが楽しくなってくる」と、『季刊地域』普及をポジティブにとらえ、それを実感した宮崎県高千穂町での普及をこう振り返る。

「印象に残っているのは、高千穂町岩戸（旧岩戸村）の元公民館長への普及です。中山間直接支払の交付金を使って建てた新しい公民館をむらの拠り所にしたいと、集落の葬式や結婚式後の集まり、結納や神楽などで積極的に利用し、公民館が人と文化が交流する拠点となっていました。普及の合間に『とにかく心がホットじゃないといけないんだよ』と何度も私に教えてくれ、『現代農業』とともに『季刊地域』を届けられることになりました。さらに町会議員を紹介していただき、最後には高千穂の農家と町長と農文協職員でバーベキューをし、町長にも『季刊地域』を届けることができました」

『季刊地域』の普及を念頭におくことで、普及が個々の農家との対話だけでなく、むら総体への働きかけになっていることがよくわかる。「『季刊地域』の定期読者をどれだけ増やせたかが、自分がそのむらの普及を楽しめたかどうかの指標になっている」と語る板垣は、この旧岩戸村だけで5人の読者を増やせた。

地域リーダーの手引書にも

団体普及でも新しい取り組みが生まれている。各県で組織されている「ふるさと・水と土指導員」*（以下「指導員」）への『季刊地域』一括配布である。

きっかけは、17年から始まった長崎県での取りまとめだった。指導員の活動の手引書として『季刊地域』が活用できると県の担当者に評価してもらい、指導員21人と関係部署を合わせて37冊を定期で届けることになった。さらに県担当者から『季刊地域』のコンセプトや読みどころを話してほしいと依頼があり、長崎県ふるさと・水と土指導員研修会で、『季刊地域』を使った講習会を行なった。「地域経済だだ漏れバケツ」や「多面的機能支払」などの話を通して、里山や田んぼの生きものを守ったり、祭を復活させたりする指導員の活動の大切さを共有することができた。

その後、19年度から千葉県でも一括配布が決まり、35人の指導員へ『季刊地域』を届けている。

（吉野隆祐）

＊ふるさと・水と土指導員……農地や土地改良施設の有する多面的機能の良好な発揮と地域住民活動の活性化に指導および助言を行なうリーダー。

『季刊地域』の普及チラシより

２章　グローバル化農政、原発に抗して

この章全体のタイトルが、なぜ「グローバル化農政、原発に抗して」なのか。それは両者がともに〝地域破壊〟の元凶であるからだ。

　農の世界は、それぞれの国・地域の土壌、地形、気候・風土等、総じて歴史的に形成されてきた〝自然〟というものに深く規定される。しかもこの各国の「自然的歴史的条件」は輸入も輸出も絶対にできないものである。農業のそのような特質を無視して、ひたすら農業・農政の世界標準化＝グローバル化を推進し、地域農業、地域社会を脆弱化させてきたのが１９９０年代のガット・ウルグアイラウンド以降今日に至る基本構図だった。

　原発も同様だ。そのすべてが貧しい海辺の寒村に建てられた原発は、それらの地域を電源三法交付金等に依存せざるを得ない麻薬の経済・財政構造に変え、無機質で非自立的なむら・まちに貶《おとし》め、立地する地域の暮らしと産業の循環を壊し、地域の自律性を奪ってきた破壊者であることを示している。東京電力福島第一原発事故は、その不条理の象徴だ。

　かくして農文協は、グローバル化農政と原発に象徴される地域破壊に抗して、以下のような本やＤＶＤ作品を発行してきた。

１　地域破壊の極致、ＴＰＰとのたたかい

■ＴＰＰ反対の国民的大義を明らかに

　２０１０年10月１日、菅直人首相（当時）は突如、ＴＰＰ（環太平洋経済連携協定）交渉に参加する意向を表明した。その内実が明らかになるにつれ、農文協は同年11月11日の社内編集企画会議で急遽、当会初のブックレット『**ＴＰＰ反対の大義**』を発行することを決定。総勢26名の方々に直ちに執筆を依頼、12月25日に発行にこぎ着けた。企画

地域破壊の政治に抗して出版したブックレットの数々

決定から発行までわずか6週間余、これほどの短時間で1冊の書籍をできあがらせたのは後にも先にも本書が初めてであり、また、ＴＰＰ関連の書籍としても日本で一番早く先陣を切った本となった。これができたのは、ご執筆いただいた方々が、「ＴＰＰに対する正しい国民世論の形成に一肌脱がねば」という強い思いを持ち、わずか2週間という「非常識」な〆切りに快く応じてくださったことに負うところが大きい。

企画編集上、最も留意したのは、「ＴＰＰ反対」を、農家・農業保護の問題としてだけではなく、日本社会全体の存立に関わる問題として提起することだった。本書のまえがきには、その意図を次のように述べている（抜粋）。

〈本書はＴＰＰ（環太平洋経済連携協定）反対の〝国民的大義〟を明らかにするために編まれました。（中略）「国民的大義」とは、ＴＰＰ反対を農業・農家保護の問題としてのみではなく、商工業、消費者も含むすべての国民の問題として論じることであり、日本社会の存立に関わる問題として論じることを意味しています。

そのような立場から本書では、ＴＰＰへの参加が、いのちと暮らしを支える農林水産業はもとより、圧倒的多数の商工業や地方経済に大きな打撃を与え、日本社会の土台を根底からくつがえす希代の愚策であることを明らかにします。

政府首脳やマスコミは、工業VS農業、一流の国に踏みとどまるのかVS農業を守るために二流の国に成り下がるのか、開国で成長加速かVS鎖国で凋落か、という対立構図をつくりあげ、煽っています。総じて「国益VS農業保護」という構図です。

本書では、こうした構図自体が誤っていることを理論的、実践的に明らかにし、農業と商工業が相たずさえて発展する道、むらと農家経営を守り日本の国土、自然を守る道、すべての国民が末永く日本の国土、地域社会で安らかに暮らしていける道、その土台となる農業の大義、地方経済の大切さ、地域内循環型経済づくりの展望等々を全力をあげて明らかにしていきます〉

こうして、政府・マスコミが喧伝する「国益VS農業保護」という構図を打ち破るためにも、執筆陣には農林漁業関係の研究者や協同組合人だけでなく、『自動車の社会的費用』「社会的共通資本」論等で著名な経済学者、故・宇沢弘文氏や哲学者の内山節氏、地方自治体の代表として全国町村会長(当時)の藤原忠彦氏ら、広く各界から加わっていただいた。

本書は農家組織や農協、消費者グループ等、広範な人びとから熱い支持を得て爆発的に普及し、わずか３カ月で実売部数４万５０００部にも達した。

■雑誌・映像で広がる共感の輪

これに続けて『季刊地域』11年春号（５号）も、**「ＴＰＰでどうなる日本？」**という特集を組んだ。総力を挙げた取材と編集で、ＴＰＰが農業と食べものだけでなく、医療・健康保険、雇用など国民生活全般に破壊的な影響を及ぼすこと、人口・食料・環境などの危機の解決に向けた世界の流れに逆行するものであることを訴えた。

『季刊地域』2011年春５号 総力特集「TPPでどうなる日本？」

さらに、「ＴＰＰ阻止をより多くの人に訴えるには、今こそ映像の出番ではないのか」という思いが募る。12年の正月明け早々、**ＤＶＤ『知ってますか？ ＴＰＰの大まちがい』**の緊急企画が立ち上がった。

ＴＰＰの問題を鋭く告発してきた鈴木宣弘先生（東京大学大学院教授）に監修と出演をお願いした。先生が「それは間違いです！」と、推進論を鋭く論破していく内容だ。お気楽な推進論者の役は、人形劇の人形にお願いすることに決まった。プロの人形劇団の方々だが、「ＴＰＰはおかしい。協力できるのならぜひ」と、ボランティアに近い出演でＯＫをいただく。

あとは現場の声だ。多くの人を動かすには、共感と共通理解の輪を広げることが欠かせない。２月、北は北海道から南は沖縄までキャラバンし、農家、医師、漁師、主婦、消費者団体にマイクを向けた。次々わきあがる異論、反論。現場はみな本気で怒っていた。それらを一気にまとめ、翌３月中旬に緊急発行した。

売り上げも一気だった。最初の３カ月で８００本近く出庫したのは映像作品ではまれにみる速さだ。ちょうどそのころは農家組織や農協、消費者グループなどで学習会の輪が広がっていた。人びとが集まり、ＤＶＤを見る。そして話し合う。この作品を通じ、映像という媒体は地域の運動を推進する大きな役割も持っていることも再確認できたように思う。

TPP推進派の主張を「それはまちがいです！」と喝破する鈴木宣弘先生。DVD『知ってますか？ TPPの大まちがい』より

こうして燎原の火のごとく燃え広がったＴＰＰ反対運動ではあったが、ＴＰＰ11が18年12月に発効したことによって「政治闘争」としては「敗北」に終わった。しかし強者の論理むき出しの大企業・輸出最優先の経済政策路線の根本的誤りを糺し、「すべての国民が末永く日本の国土、地域社会で安らかに暮らしていける道、その土台となる農業の大義、地方経済の大切さ、地域内循環型経済づくりの展望等々」（『ＴＰＰ反対の大義』より）を対置したこれらの作品は、国民全体の思想的文化遺産として永く後生に引き継がれるものと確信している。文化を失った政治に未来はないのである。

■ＴＰＰ以上の譲歩を迫られるＴＡＧの危険を暴く

17年1月、アメリカのトランプ政権はＴＰＰ脱退を宣言した。しかしそこには2国間ＦＴＡによって、ＴＰＰ以上に自国に有利な条件を引き出そうという狙いがあった。18年9月、安倍首相とトランプ大統領は首脳会談で日米２国間の貿易協定の交渉開始を合意した。

日本側はこの貿易協定を「Trade Agreement on Goods＝物品貿易協定」と呼ぶことで、サービスや金融を扱う包括的なＦＴＡではないかのように印象づけようとしたが、この企みは馬脚をあらわすことになった。というのも、共同声明には「物品、サービスを含むその他の重要分野」と「他の貿易・投資の事項」の2段階で日米貿易交渉を進めることが明記されていたからである。

このＴＡＧ問題をいち早く報道したＪＡｃｏｍ農業協同組合新聞とのメディアミックスによって、迅速に出版したのがブックレット『ＴＡＧの正体』（18年12月）である。本書は、この貿易協定がまぎれもない日米ＦＴＡであること、それが日本にとってアメリカに対するＴＰＰ以上の譲歩を約束するものになるであろうこと、そして、ＴＰＰ締結と日欧ＥＰＡ、日米ＦＴＡがセットとなって、日本の食と農のみならず暮らし全般を脅かすであろうことを識者の分析によって明らかにした。ＪＡ組合長や生活クラブ会長、パルシステム理事長など生協代表者の怒りの声を広く集約したことも特筆される。

2 震災復興と原発

■被災者の尊厳を踏みにじる新自由主義的復興論

ＴＰＰ反対運動が盛り上がっていた最中の２０１１年３月11日、東日本大震災が発生。死者・行方不明者約2万人という大災害になり、さらに農林水産業をはじめとする諸産業にも甚大な被害をもたらした。こうして、速やかな復旧・復興支援が国家的課題となったのは言うまでもない。

ところが、である。被災者が暮らしと生産の再建に苦闘している最中、目を疑うような「復興」政策が政府（東日本大震災復興構想会議）や財界（日本経団連）から出された。一言で言えば漁協の漁業権や小さい農家の農地利用・所有権簒奪を柱とする中小農林漁家の追い出し作戦である。

日本経団連が提言した「復興・創生マスタープラン」は、その書き出しを「復興の青写真を描くのは、基本的にはそれぞれの地域の住民自身である」としながら、すぐ続けて、「しかしながら（中略）『復興』は単に元通りの姿に戻すことにとどまるべきではな」く、「我が国にとってモデルとなる力強い農林水産業を戦略的に創生していくことが肝要」として、「（その）視点から復興すべき地域・拠点の認定」をし、「農林水産業の事業資産の権利調整」ならびに「事業主体の体制整備」を行ない、もって農地を集積し「大規模・先進的経営を実践する」と述べている。

要するに「力強い農業」をつくるために「復興すべき地域・拠点」とそうでない地域を分け、小さな農漁家には「事業資産の権利調整」の名のもと利用権や所有権の放棄を迫り、その受け皿として「体制整備」された「事業主体」即ち企業の参入を促す、というものにほかならない。

被災地住民、農漁家が一刻も早い暮らしと生産の再建に苦闘しているときに、これからは企業が入って大きな農業や漁業にするのだからそこのけそこのけ、と言っているわけである。復興の主体は「それぞれの地域の住民自身である」という書き出しは、取って付けた飾り言葉にすぎないことは明らかだ。

被災地を「復興すべき地域・拠点」とそうでない地域に分ける発想がそもそも驚きだが、震災のどさくさに「権利調整」＝利用権・所有権の召し上げを敢行し「先進的経営」をつくるとはいかなる了見か。火事場泥棒とはこういうことを言うのではないだろうか。しかも、震災があって初めてできる「モデルとなる力強い農林水産業」とは、まるで再び三たびの大災害を待望しているかの言い方で、その思想、精神は政策論以前の、人の道にもとるものと断ぜざるを得ない。甚大な被災を契機にした「モデル」なるものは、断じて全国に広げられるモデルたり得ないし、「地域の住民自身」を「基本」にした「創生プラン」ではない。

■**地域の自律的取り組みによる真の構造変革**

ブックレット『**復興の大義**』はこのような政府・財界の不道徳を糾弾するとともに、いま日本の農村は、財界などの言い分とは全く異なる次元から、地域の実情に応じた、いわば「下からの構造変革」を進めつつあることも明らかにしている。それは地域の中に「あきらめる」人を生み出すのではなく、それぞれの家族構成や年齢、労働力条件に応じ、みんなが持ち味、持ち分を生かした「むらの共同」「むらの知恵」としての「構造変革」だ。

「2010年農林業センサスでは5ha以上経営体の農地面積シェアは初めて5割を超えた（略）。この中には増え続けている集落営農も含まれており、個別経営の規模拡大ばかりではない。いよいよ日本農業はアメリカ型、ヨーロッパ型とは異なる、集落営農という他国に類のない営農主体を含む多様な担い手によるユニークな構造変化に向けて動き出した」。それは「高齢化や過疎化の中で、それに抗するようにして」出てきた「危機と併進する構造変化」であり「新たな挑戦」である（小田切徳美「TPP論議と農業・農山村」前掲『TPP反対の大義』所収）。

かくして明確なことは、日本的、むら的構造変革が「多様な担い手」すべての共同ですすめられていることであり、「特定者に農地集積を誘導・強制する構造政策は」農村を知らない財界や一部政府要人の「短絡的思考」の産物であり、「なんら成果をあげていない」（田代洋一『**地域農業の担い手群像**』11年）ことを悟るべきだ、ということなのである。

■**大地と海に生きる人びとの視座から訴える**

東日本大震災に伴って発生した東京電力福島第一原発事故は、広範な地域に放射性物質による汚染をもたらし、住み慣れた土地や生業の農業・漁業を離れざるをえない人を大量に生み出す未曾有の災害となった。この事故から1年後、原発なき地域づくりへの道筋を明らかにするため出版したのがブックレット『**脱原発の大義**』（12年5月）である。

「（この本の）〈まえがき〉は珠玉の日本語である。日本の風土が生み出した日本語は、こういう思想を表現するためにこそ創られてきたのだ――と心にしみた」。三重県伊賀市の、当時81歳の男性読者からいただいた読者カードである。

ここでは、そのお誉めにあずかった本書の〈まえがき〉を一部紹介することで、本書の案内としたい。

〈東京電力福島第一原発事故は、原発が、立地する地域の暮らしと産業の循環を壊し、地域の自律性を奪ってきた破壊者であることを、改めてはっきりと浮き彫りにした。

そのすべてが貧しい海辺の寒村に建てられた原発は、その地域を電源三法交付金等に依存せざるを得ない麻薬の経済・財政構造に変え、無機質で非自立的なむらまちに貶《おとし》め、日本社会を宗主国（都市＝政官財学原発複合体）と植民地（原発立地農漁村）に分けてしまった。その利益と繁栄は国家と都市・電力資本がこれを享受し、いのちと暮らしの不安と危険、ふるさと喪失の無念は農山漁村がこれを請け負わされた。本書は、この不条理を満身の怒りを込めて明らかにする。

「脱原発」は、持続可能な地域社会をつくる展望と併せ追求されなければならない。それゆえ本書では、〝移動できない民〟＝大地から離れては仕事にならない農林家、海を汚されては〝陸《おか》に上がった漁師〟になるしかない漁家に寄り添って自体の本質を明らかにし、もってふるさとと再建と日本社会全体の再構築の基本方途を展望したい。

この期に及んで、日本がダメなら輸出で稼ぐとうそぶく政府・財界・原発メーカー＝〝移動できる資本〟の反国民性と、天をも恐れぬ反人類史的非倫理性を糾弾し、農林漁家が安心していきいきと働ける環境を取り戻すことこそ、すべての国民の安全、安寧の道であることを共有したい。

消費者の不安は、農林漁家の、現実の甚大なる被害の従属関数であり、後者が根底から解消されることこそ真の解決の道である。

そしてその道づくりは、農林漁家そのものがそろそろと、しかし確かに、気丈に取り組み始めていること、およびその地域の力、日本の豊かな再生エネルギー資源の再発見・利活用で危機を突破する筋道を明らかにする〉

■時間をかけ大同を見つけ出す「むらの知恵」

一方、**『むらと原発——窪川原発計画をもみ消した四万十の人びと』**（猪瀬浩平著、15年）は、8年間にわたる「もみあい」の末に原発計画をはねのけた高知県窪川町の人びとの歴史と「多数決を最善としない」むらの民主主義を描いている。

「もみ消した」という表現は一般的にあまりよいイメージはないが、そこには著者の強いこだわりがある。「もむ」という表現は、原田津（元農文協編集者で、農事評論家）著『むらの原理 都市の原理』（1997年）の「妥協はもんだあとにだけ存在する。逆にいえば（略）、もめば必ず妥協がでてくる。妥協ということばの、いまの使わ

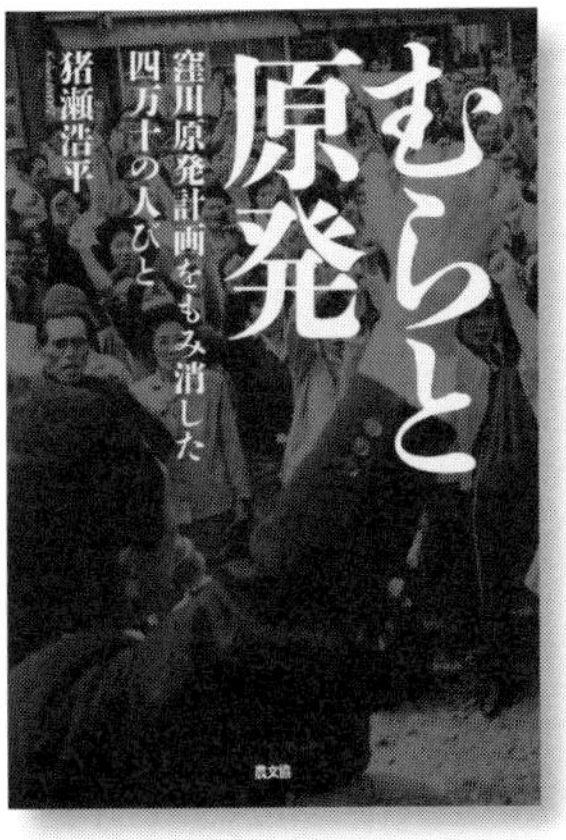

『むらと原発』

れ方からすれば、これは妥協ではなくて『譲る』ということかもしれない」という記述に由来する。

1980年に原発計画が持ち込まれ、町長の解職と再選、計画の是非を問う住民投票条例成立などさまざまな紆余曲折を経て、町議会が「町民の和を希《ねが》い窪川原発問題論議の終結を宣言し　右決議する」と全会一致で可決したのは88年6月。多数決ではなく、住民投票条例もあえて使わず、「論議の終結」を宣言した。窪川町の住民は長い時間をかけて原発問題を「もみ合い」、そして「もみ消した」のである。「もむ」とは、結論を急がず、時間をかけ大同を見つけ出す「むらの知恵」なのだ。

3 公共財を守る
——農地・種子・協同組合

■農地をむらから切り離してはならない

前述したような日本的、むら的農業構造変革の根底には、農地を守ることとむらを守ることを一体的に把握するものの考え方が歴史的に形成されてきたことがあることを忘れてはならない。早稲田大学教授の楜澤能生《くるみさわよしき》氏は『**農地を守るとはどういうことか**』（2016年）において、大要、以下のように述べている。

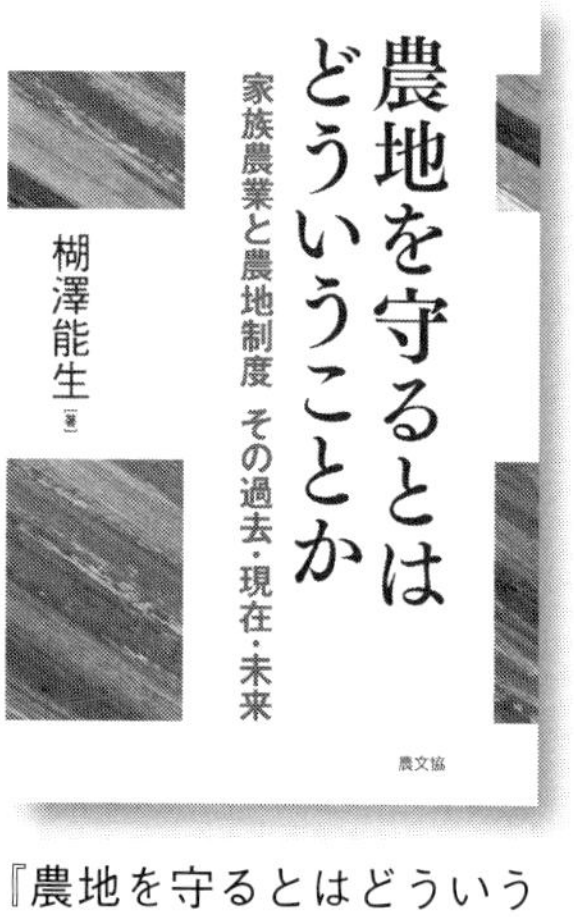

『農地を守るとはどういうことか』

「農地を商品一般に解消してしまうと、農地を農地として維持することができない、というのが少なくとも小農制を歴史として持つ社会の」共通認識であり、だから「農地を（略）他の商品とは（略）区別し、一般法とは別途その取引を規制する農地法制」が必要で、現に実施してきたのだが、それとは別の次元で「農地を農地として維持するのに不可欠の要素としてむらの維持を念頭に置くという発想、農地をむらと一体的なものとして捉え、この観点から農地制度を構想するという着想は、従来必ずしも意識的には追求されてこなかったように思われる」

楜澤氏は自らの課題をこう設定し、主として大正、昭和、今日に至る「むらと農地」の関係を総ざらいした。

国レベルの立法過程はもとより、全国各地の村や産業組合や各種土地組合などの動向を調べ上げたその結論は、「むらの農地はむらびとの手に、というむらの規範が、農地法制の必要を引き出してきた」ということだった。「村内耕地ノ村外ニ流出スルヲ防止シ、併セテ自作農創定を為サムコトヲ決議」した秋田県幡野村をはじめ多くの実例を挙げ、自作農創設がじつはむらの農地をむらに留め置く施策の一環として位置づけられていたこと、なぜならそれは、むらの土地がむらから流出（所有権が移動）すると、むらの共同性が崩れると観念されていたからであることを、豊富な史料で明らかにしている。

かくして農地管理は、「農地の権利移動のみを意味するのではなく、地域にとって望ましい農地利用一般の実現を課題とする。農地の作付協定、農作業の効率化、合理化のための利用調整等、多様な内容を地域の状況に応じて、地域の自律的な取組みを前提として実現する」ものであり、「農地流動化の加速、流動化率の向上といった、国が設定した目標達成にのみ還元されるものではない」のである。

震災からの復興も、「むらと農地」を切り離そうとするTPP推進派の新自由主義的復興論を許さず、地域からの「自律的な取組み」を強めることこそが基本である。

■種子を引き継ぐ

17年4月の参議院本会議で、「主要農作物種子法を廃止する法案」が可決成立し、18年3月末をもって種子法は廃止されることになった。当初、この法案について主要な新聞・テレビはその重要な意味をほとんど見過ごしていた。ブックレット**『種子法廃止でどうなる？』**（17年12月）はこの法案を、市場原理による種子の支配をさらに強める動きとしてとらえた。

種子法は米、麦、大豆など主要穀物の種子の品質を管理し、優良な種子を安定的に供給することを都道府県に義務づけた法律である。この法律が廃止されれば、各県農業試験場の育種研究や原種苗センターなどでの種子生産の予算的根拠は失われることが懸念された。

廃止法は官邸主導の農業への民間活力導入と軌を一にしており、現に「農業競争力強化支援法」には「独立行政法人の試験研究機関及び都道府県が有する種苗の生産に関する知見の民間事業者への提供を促進すること」も規定されていたのだった。

本書は、種子法とは何か、に始まる読者の素朴な疑問に丹念に答えるとともに、日本の米の品種が試験研究機関と農家の競争と協調によって発展してきた歴史や、アグロバイオ企業による世界的な種子支配の進行など、広い視野からこの問題の本質をとらえ、読者に提示した。

本書によって、種子法廃止を問題視する声は広く国民の間に浸透し、「日本の種子《たね》を守る会」など草の根の運動展開とも相まって、各県で種子を守る条例制定の動きが広がっていった。

■農家・集落と農協を再び結ぶ

「自由」の名の下に「協同」を潰そうという農協攻撃の

嵐も日に日に激しさを増していた。政府の規制改革会議による「農業改革に関する意見」（２０１４年5月）、農協法改正（16年4月施行）、規制改革推進会議の「農協改革に関する意見」（16年11月）等である。その本質は、農家と農協の分断だ。

単協と連合会を分断し、もって単協を個々ばらばらにして市場や大資本と直接対峙させる。販売にしろ購買にしろ、自らの手足の延長である連合会を失った単協の市場対応力や交渉力は、弱まること必定だ。行き着く先は信用・共済事業も含めた農家と農協の関係の弱体化であり、農家が市場や大資本と直接対峙しなければならなくなるという、明治期の産業組合発足以前の状態への逆戻りの道である。

農文協ではこのような動きに抗し、いち早くブックレット**『農協の大義』**（14年8月）や**『新 明日の農協 歴史と現場から』**（16年12月）を発行した。いずれも著者は故・太田原高昭氏（北海道大学名誉教授）。

前者は、「社会的・国際的公共財」としての日本の農協、農業委員会、農地法等の国民的意義を、歴史と現状をふまえわかりやすく解明。安倍農政や規制改革会議による農業・農協攻撃を撃退する理論的ポイントを単協・系統の実践例も交え解説している。

後者は、農家と農協の分断攻撃を許さず、農家と農協・連合会の正しい関係と発展の途はいかなるものであるかを考察した本で、２万６０００部を記録した同氏のベストセラー『明日の農協』（１９８６年）の後継書である。「歴史と現場から」という副題にも表されているように、いま直面する農協の課題と展望を「農協そのものの歩みを総括する中から見出」し、「自己改革を確かな基盤に置く」（「まえがき」より）ことを主眼としている。規制改革推進会議のお歴々のように、歴史も知らず協同のなんたるかも知らず、ただただ市場原理を農業にコピーするだけの机上の「論」とは違う、農家と農協の苦節に寄り添った力作だ。

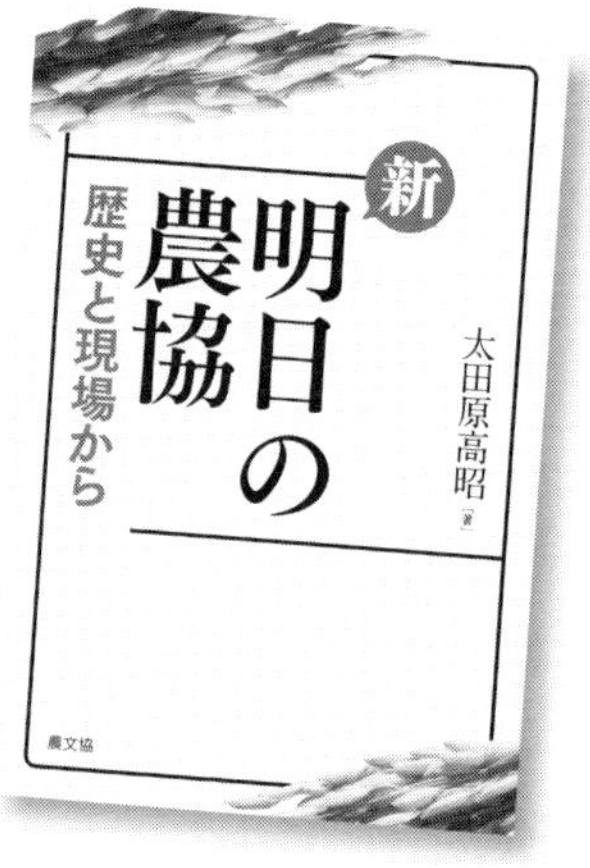

『新 明日の農協』

以下、本書の趣旨を列挙すると、「農家の味方を装った異常な農協攻撃――農家と農協の分断を許すな」「今、そもそも論が大切だ」「空想から現実世界での実践目標へ――協同組合の先駆者たち」「『おらが農協』と『世界の希望の星』を生み出した組合員農家の奮闘」「農協自己改革の歴史 三つのエポック」「『制度としての農協』から、真の農家の協同事業体へ」等々だ。

かつての農協を支えてきた食管制度と集落、このうち食管制度はなくなったが、集落は生き続けている。集落があって「おらが農協」があることに変わりはない。しかしこの関係は弱まり、政府はこれを完全に分断しようとしている。そうなると、集落も農協も風前の灯火《ともしび》になる。農協自己改革の要は、これを再び結ぶこと。「新 明日の農協」は、「新 明日の集落と農家」の話でもあるのである。

4 家族農業・小農の復権 ——世界の流れと連帯

■地域経済や環境にとって本当に「効率的」な政策とは

一方、世界的には、これまでの農業政策・農村開発政策の批判的な検討が行なわれ、方向転換の機運が高まってきた。その背景には、「緑の革命」など第二次世界大戦後の農業近代化や１９８０年代以降の新自由主義的グローバリゼーション、構造政策が貧富の差の拡大や小規模家族農業の経営難、高齢化と離農、移民、スラム形成などをもたらし、90年代以降には土地や種子、水など自然資源の多国籍企業や国家による新たな囲い込みが進んできたことがある。国連は２０１７年の総会で、国際家族農業年（14年）の啓発活動を10年延長し、19年～28年を国連の「家族農業の10年」とすることを全会一致で採択した。

また、18年12月の国連総会では「小農の権利宣言」が採択された。小農と農村で働く人々の価値と権利を明記し、国連加盟国全体に、小農を評価し、その生活水準を保つことやそのための税源確保や投資を促すという画期的な宣言である。その元は08年、国境を越えた農民運動組織ビア・カンペシーナが世界中の小農リーダーを集めてつくった。10年間にわたる粘り強い議論を経て、ついに国連総会での採択に至ったのである。

ブックレット『よくわかる 国連「家族農業の10年」と「小農の権利宣言」』（19年３月）は、マスコミがほとんど注目していないこの二つの動きの重要性を、上記のような歴史的経緯も踏まえてわかりやすく解説した。さらに家族農業を基本とした農業政策・農村開発政策への方向転換は国連の持続可能な開発目標（ＳＤＧｓ）とも密接に関わることを示した。『現代農業』や『季刊地域』が追求してきた「農家を減らさない」路線は、ＳＤＧｓにかなう道でもあるのだ。

日本政府は「家族農業の10年」については国連総会での共同提案国になる一方で、「小農の権利宣言」の採択は棄権し、あくまで発展途上国の農民の問題と矮小化してきた。そして日本農政の方向は、種子法廃止に象徴されるように規制緩和＝大規模・効率化路線をひた走っている。いまこそ地域経済の再生や環境保全にとって何が本当に「効率的」な政策なのか、立ち止まって考えるべきときではないか。このブックレットはそのことを静かに訴えている。

（金成政博・甲斐良治・阿部道彦・武田典之）

3章

地域の再生から田園回帰へ

1 「新しい共同体」に光を当てた「シリーズ　地域の再生」

■希望は「地域」にこそある

「シリーズ　地域の再生」は「農文協70周年記念出版」として、２００９年11月から14年５月まで、５年間にわたり21巻が刊行された。その間、10年10月にはＴＰＰ参加検討表明、11年３月には東日本大震災という激動があった。

シリーズの基本理念は「地域に生き、地域を担い、地域をつくる人びとのための実践の書」であり、「刊行の辞」は以下のようなものであった。

「今、私たちの行く手には暗雲が立ち込めているように見えます。

私たちは、「近代」の行き詰まりともいえるこの危機を、根本的に解決する主体は国家や国際機関ではなく〝地域〟だと考えています。

都市に先んじてグローバリズムと新自由主義に翻弄された農山漁村は、すでに元気と自信を取り戻しつつあります。その元気と自信は、近代化＝画一化の方向ではなく、地域ごとに異なる自然と人間の共同性、持続的な生き方、自然と結んだ生活感覚、生活文化、生産技術、知恵や伝承などを見直すことによってもたらされたものです。（中略）

人びとがそれぞれの場所で、それぞれの共同的な世界としての〝地域〟をつくる――私たちは、そこに希望を見出しています」

「シリーズ　地域の再生」

■地域づくりの原点は「むら」

「共同的な世界としての〝地域〟」とは何か。第1巻『**地元学からの出発**』（09年）で著者・結城登美雄氏はこう述べている。

「ゆるがぬ『地域』とは何か。私はそれを『家族が集まって暮らす具体の場』だととらえたい。当然ながら家族はそれぞれに希望や願い、悩みや課題を抱えて日々を生きている。そしてその願いや悩みを実現、解決したいと努力を続けている。だが個人や家族の力だけでは実現、解決できないことも多く、ときに孤立感を深めるかもしれない。そのテーマを、ともに暮らすほかの家族と力を合わせ、実践の道を歩むことが地域づくりではないのか。私はその原点を日本の『村』に求めたい」

第2巻『**共同体の基礎理論**』（10年）という、大塚久雄の古典的著作と同じ書名を冠した作品のなかで内山節氏は、自分の住む上野村の基層精神を掘り起こしつつ、日本の共同体の特質を「多層的な共同体」としてとらえ直した。

■共同体の再評価から、地域の未来に向けた取り組みへ

「共同体の再評価」は、シリーズのより実践的な巻にも貫かれている。たとえば第7巻『**進化する集落営農**』（10年）で楠本雅弘氏は、「集落営農は『地域住民による社会的協同経営体』であると定義し、その本質ゆえに利潤追求を目的とする私企業よりも経営的優位性のある持続的な公益的経営システムである」としたうえで、「高次の形態における新しい『ムラ』の再生」こそが日本農業の発展のために必要だとした。

さらに、東日本大震災を受け、急きょ編まれた第8巻『**復興の息吹き**』（12年）の漁業被害と復興の章で濱田武士氏は、「漁協運動の底流にあるものは、英・独・仏などの欧州諸国から輸入されてきた『協同組合思想』そのものではなく、（中略）地域ごと、漁協ごとで異なり、地域性・個別性をもっている。それゆえ、『組合管理漁業権』と『漁民』との関係は、協同組合を介した関係という以上に、漁業者集団すなわち漁場利用者らの自治的集団（＝漁村）を介した関係と考えるべきである」とした。

「共同体の再評価」そして「再構築」は、地域の未来に向けても不可欠だ。第15巻『**地域再生のフロンティア**』（13年）で、藤山浩《こう》氏は「今後、それぞれの地域において循環と定住の『新しいかたち』を設計、構築するうえで、たとえば『定住自治区』のような一定の自治行政権を有する基本単位の設置が不可欠ではなかろうか」とし、以下のように述べる。

「山口県で展開されている『手づくり自治区』の挑戦、（中略）合併せず単独町政を選択した鳥取県智頭《ちづ》町の『地域振興協議会』等を含めた取組みをみても、身近な人口1000～3000人程度の『平成の大合併』あるいは『昭和の大合併』以前の旧町村程度の単位で、地域住民が

中心となった地域づくりを進めることのできる権限、財源、人材の手当が必要ではなかろうか。『定住自治区』の総数は、2000年時点における全国の中山間地域人口が約1700万人であることをふまえると、全国で約1万自治区くらいと想定される」

　今、「小さな拠点」「地域運営組織」の役割が注目されているが、その動きは「過疎の先進地」である中国山地の現場で、当事者たちの手によって始められたものだった。

2 地方消滅論に対抗した「シリーズ田園回帰」

■増田レポートの衝撃

「シリーズ　地域の再生」が完結した直後の2014年5月、日本創成会議（増田寛也座長）は人口予測を発表し、このままでは、全国の半数にあたる896市町村（49・8％）が「消滅」の可能性があると指摘した。この「増田レポート」は衝撃をもって受け止められ、「地方（市町村）消滅論」はたちまち日本中を席巻し、政府、都道府県、市町村も人口減少対策を最重要の政策課題として位置づけるようになった。早くも14年9月には内閣に「まち・ひと・しごと創生本部」が設置され、15年から5年にわたる地方創生の「総合戦略」が立案されてゆく。

　日本創成会議の提言は、東京一極集中が日本社会に与える歪みに光を当て、中山間地域を中心とした地域の存続に警鐘を鳴らした点では大きな意味があった。しかし、その一方で、過度に危機感をあおるその手法は、人口減少に悩む地域住民や自治体職員にあきらめに似た負の感情を呼び起こした側面も否めない。それこそ地域の長い歴史の営みを「非創造的」なものとみなし、まるでそこが更地であるかのように自分たちの設計図を押しつけるものと言わねばならない。

「シリーズ田園回帰」

■新しい定住の波

　これに対して、島根県中山間地域研究センターでは前出の藤山浩氏を中心とした島根県内の中山間地域２１８エリア（小学校区、公民館区などの基礎的生活圏）における詳細な調査（08年と13年の住民基本台帳による）をもとに、日本創成会議とはまったく異なる人口動態の一面を明らかにしていた。

それによると、調査地区の３分の1を超える73のエリアで4歳以下の子供の数が5年前に比べて増えていることが判明した。しかも、子供が増加したエリアは山間部や離島などが大半を占め、市役所・町村役場などから離れた地域での増加も目立っていた。こうした新しい移住・定住の背景をさぐると、30代子育て世代、わけても30代女性の田舎指向という意識の変化が指摘された。この世代は子育ての環境として自然豊かな田舎を求めており、移住に際して「中途半端な田舎」ではなく、人・自然・伝統が息づく「田舎の田舎（本格的な田舎）」を選択する傾向があった。かつて『季刊地域』の前身である『増刊現代農業』（１９９８年2月号）は定年退職前後の50～60代のUターン就農にいち早く着目し、「定年帰農」という用語を生み出したが、それとは異なる新しい定住の波が訪れているのではないか。小田切徳美氏（明治大学教授）や藤山氏はこの新しい波を「田園回帰」と名づけた。

農文協はこの「田園回帰」の潮流をシリーズ企画として結実すべく、小田切氏、藤山氏のほか、沼尾波子氏（日本大学教授＝当時）、松永桂子氏（大阪市立大学准教授）を編集委員として「シリーズ田園回帰」編集委員会を立ち上げた。地方自治論の泰斗である大森彌《わたる》氏が編集顧問に就き、編集や普及にあたって全国町村会の協力も得た。

■人口と所得の１%取り戻し

シリーズ第1巻である『**田園回帰１%戦略**』（藤山浩著、15年）は上記の島根県での田園回帰のデータを示して、地方消滅論に反証を挙げつつ、小学校区など基礎的生活圏において30代子育て世代と60代の定年世代の移住（Iターン・Uターン）によって、人口安定化は可能であることを実証的に明らかにした。その際、求められる定住増は、５００人程度の集落をモデルにすると20代独身、30代子連れ夫婦、60代夫婦計6名程度。地域住民のおよそ1%の定住増を実現するだけで、人口安定化は実現するという。

そして新たに定住した世帯の暮らしを支えるには、住民の所得を1%増やせばよい。いま、地域の家計費を分析すると、食料も燃料も教育費も大半を地域外に依存している。食料やエネルギーの地域内循環を高め、地域の所得の「だだ漏れバケツ」の穴をふさぐことで、所得増は実現できる。これが田園回帰1%戦略（人口の1%取り戻し戦略と所得の1%取り戻し戦略）である。

発売まもなく本書は大きな反響を呼び、朝日、毎日、読売3紙の書評欄で紹介された。「過疎対策のバイブル」（読売新聞掲載・濱田武士氏）とまで評され、地方消滅論で意気消沈していた地域住民や自治体関係者を多いに勇気づけた。人口減少対策として地方中核都市への選択と集中を提唱した「増田レポート」が、ややもすれば遠隔地の自治体や集落の切り捨ての流れを引き寄せかねないなか、田園回帰1%戦略は交通や雇用条件が不利といわれる地域で、手の届くビジョンを住民自身が立案する手がかりを提供したのであった。

1万部を超えた第1巻に続き、「シリーズ田園回帰」は、移住者が人口の4割を超す和歌山県那智《なち》勝浦《かつうら》町色川地区を深掘りして田園回帰の課題を地域住民・移住者両方の側から明らかにした第3巻『**田園回帰の過去・現在・未来**』、都市と農村を行き来しつつ、両者の交流を自らのナリワイとしている若者の新しい生き方などを描いた第4巻『**交響する都市と農山村**』や第5巻『**ローカルに生きる　ソーシャルに働く**』など話題作を連発した。また、第7巻『**地域文化が若者を育てる**』は伝統芸能や食文化の担い手として若者が地域の継承者になっていくことを明らかにし、第8巻『**世界の田園回帰**』はヨーロッパを中心とした各国での「逆都市化」の流れとのかかわりで日本の田園回帰を位置づけた。

『季刊地域』編集部も雑誌の記事に新規取材を加えて、第2巻『**人口減少に立ち向かう市町村**』、第6巻『**新規就農・就林への道**』の2巻を世に送り出した。

3 交流人口から関係人口へ

■地域おこし協力隊が活躍

ところで、人口減少に悩む自治体などで、地域の住民を元気づけ、都市と農村を結ぶうえで大きな役割を果たしているのが、2009年度に総務省が創設した「地域おこし協力隊」である。都市地域から人口減少や高齢化が進む地域に若者が拠点を移し、3年程度の任期で住民の生活支援や特産品の開発などに携わるこの事業では、任期終了後も地域に定住する若者が続出し、成果を上げている。

多田朋孔《ともよし》さんは09年2月、新潟県上越市の地域おこし協力隊員として着任した。多田さんは最初から家族とともに山間部の池谷集落に移住し、集落に拠点をおいて活動した。池谷集落は戦後、過疎化の一途をたどっていたが、04年の新潟県中越地震でも大きな被害を受け、廃村の危機に直面した。それが雪下ろしや水路掃除などにしばしば訪れる震災支援ボランティアと接したことがきっかけで、住民自身がむらのよさに自信をもち、米の直販などに積極的に取り組み、集落存続への意志を強くしていった。「自分たちの代でむらはなくなってしまう」という暗黙の了解が、「よその人でもいいので集落を継いでくれる人に来てもらいたい」という考え方に変わったのだ。

多田さんが着任したのはちょうどそのころで、地域おこし協力隊として集落の5年後の姿を描くワークショップや、池谷地区の地域おこしの核となっていた団体の法人化などに取り組んでいく。ボランティアでたびたび訪れた女性たちも多田さんに続いて、池谷集落に移り住み、結婚して十日町市内に定住した。この池谷集落の再生の姿を多田さんは、住民からの聞き取りをまじえて**『奇跡の集落』**（18年）にまとめた。

池谷集落では中越地震後、ＮＰＯが橋渡し役となって、地域を繰り返し訪れ、地域と深くかかわる人びとが厚く形成されていった。観光で訪れる「交流人口」でも「定住人口」でもない「関係人口」が地域おこしを強く後押しした。その「関係人口」の形成にも多田さんのような外部人材の力が大いに生かされた。

地域おこし協力隊は19年で創設10年目を迎えた。**『地域おこし協力隊　10年の挑戦』**（19年）では、特色ある17事例について、協力隊員、ＯＢ・ＯＧ、受け入れ側の自治体職員といった当事者が活動を振り返り、協力隊と地域の双方がどう変わったかをリアルにレポートしている。そこでは必ずしも最初から協力隊と受け入れ自治体の関係がしっくりいっていたわけではない。しかし、そのミスマッチや課題を、識者を含めて分析し、この制度の効果をさらに高める方向性が示されている。

■地域づくりの主体は住民自身

「図解でわかる田園回帰１％戦略」（全3巻、18〜19年）では藤山氏が、「循環型経済」「地域人口ビジョン」「小さな拠点」という田園回帰１％戦略の３つのキーワードに沿って、住民自身が人口安定化と内発的地域づくりをどのように進めるか、その手順が多くの事例を元に示されている。そこでは集落間が連携し、都市の関係人口も生かしながら、食料とエネルギーをめぐる循環圏（新しい共同体）をつくっていくことが求められている。本章でみてきたように、このような共同体の創造的発展をおいて地域創生の道はない。地域住民自身によって、地域総合ビジョンの「仏に魂を入れる」のはまさにこれからなのである。

（甲斐良治・阿部道彦）

「図解でわかる田園回帰１%戦略」

4章

むらの自治・共同する力が深化・開花

この10年、農村にはいろんなグループが生まれ、力をつけてきた。危機が進んだ反動だろうか、「むら」の深奥に内在する自治力・共同力が各地で覚醒、新しい形での活動が次々生まれている。ここでは主に、多面的機能支払の活動組織、集落営農、旧村単位での自治会などの活動の深まりと、各組織の「地域運営組織化」の動きに光を当てたい。

1　「多面的機能支払」で目覚めた自治の精神

■草刈り隊が各地で誕生

まずは、多面的機能支払の活動組織。２００７年スタートの「農地・水・環境保全向上対策」は、14年に日本型直接支払の一つとしての「多面的機能支払」に変わり、19年３月末時点で、全国２万８３４８の活動組織が農地や農村の保全に取り組んでいる。活動で、一番多い作業は草刈りだ。

農道や水路、ため池の周辺など、草は季節が巡ると毎年毎年必ず生えてくるので、誰かが刈らなければならない。また田んぼのアゼ草刈りも、高齢で個人ではできない人が増えてきたり、地域の田んぼをどんどん引き受けざるを得ない担い手には負担が大きくなってきていた。そこで『季刊地域』は15年春号（21号）で**「草刈りを担うのは誰だ」**を特集。このとき見えてきた「今後の草刈りの担い手」が、

『季刊地域』15年春21号、特集「草刈りを担うのは誰だ」

安全作業のポイントを楽しく講習
（第１巻「みんなで草刈り編」より）

DVD『多面的機能支払支援シリーズ』全５巻

各地で誕生相次いでいた「草刈り隊」だった。非農家や地元出身者を巻き込んだり、ときにはヤギやヒツジなど動物の力も借りたりしながら、労力不足のむらで草刈りを続けていくための工夫。そしてこの草刈り隊を「地域の仕事」として成立させるために、多面的機能支払の交付金が日当などに多く活用されていた。

兵庫県豊岡市の中谷集落でも、若い兼業農家や非農家が中心となって「なかのたに草刈り隊」を結成。集落営農・(農)中谷営農組合が預かる67haの田んぼの畦畔の草を年５回ほど刈っている。時給１５００円のほか、モアや刈り払い機などの法人からのレンタル費は、すべて「多面」の交付金から捻出する。

この事例は『季刊地域』のほか、15年発行の**DVD『多面的機能支払支援シリーズ』**第1巻**「みんなで草刈り編」**にも収録された。このDVDには、「なかのたに草刈り隊」の運営やアーム式モアを使った共同草刈り作業のほか、急傾斜の法面に足場を設置する方法、グラウンドカバープランツの最新事情、そして「初心者でも安心！刈り払い機の使い方」「刈り払い機の点検とエンジンのかけ方」など「草刈り作業の基本のき」までを収録。多面の活動を、非農家を含めた地域全体のものとしていくために大いに活用され、第1巻の販売部数は同シリーズ最高の約１５００本となっている。

■ミニ地方分権だ

このDVD『多面的機能支払支援シリーズ』は、06～08年発行のDVD『「農地・水・環境保全向上対策」支援シリーズ』全6巻の後継企画。第1巻が出た翌年の16年には第2巻**「機能診断と補修編」**を発行。17年には第3巻**「多面的機能の増進編」**、第6巻**「景観形成と環境保全編」**、第5巻**「地域のつながり強化編」**が発行され、3年がかりで完結となった。多面的機能支払の基礎メニューである「農地維持支払」（法面の草刈りや水路の泥上げなど）から、非農家とともに活動する「資源向上支払」（水路・農道の補修や多面的機能増進の共同活動など）まで網羅し、「多面」の活動がむらづくりにつながっていくことを具体的に応援するラインナップとなった。

背景には常に『季刊地域』の記事があった。DVDと『季刊地域』の記事のコラボは草刈り隊関係だけでなく、田んぼダムで防災活動に取り組む新潟県・見附《みつけ》市広域協定（14年秋19号）、水路の機能診断や補修に集落の垣根を越えたサポート隊が活躍する三重県・多気町勢和地域資源保全・活用協議会（16年秋27号、17年冬28号）、ため池の水を全部抜く池干しを40年ぶりに復活させた香川県さぬき市・鴨《か》部《べ》東《ひがし》活動組織（16年秋27号、19年夏38号）など数多い。

なかでも、DVD第3巻に「田んぼビオトープ」で登場する宮城県の石母田《いしもだ》ふる里保全会は、「多面」の活動の範囲では飽き足らず、もっと多様な地域貢献活動ができるよう組織のNPO法人化に挑戦することを、『季刊地域』17年春号（29号）で報告してくれている。以下のような背景に支えられてのことだ。

「農道の整備、水門のペンキ塗り、ホタル祭り……多種多彩な保全会の活動は、『自分たちの地域を自分たちでよくしよう、よくできる』という『自治』の気概を宮崎地区に生み、皆の地域への愛着を確実に育んできた。見えてきたのは、『地域をもっと自分たちで何とかしよう、何とかできる』と思わせる共同の力である」

代表の渡邊哲《さとる》さんは、「NPO法人になったら、自主財源も確保して、都市との交流事業に力を入れて地域の応援団も増やし、米や山菜の販売もしたい。役場の仕事もいろいろ請けられるだろうから、いろいろな仕事を地元につくって、若い人が外に出ていかない地域づくりが夢」と語ってくれた。

第2巻に登場する福島県須賀川市の「仁井田《にいだ》の自然環境を守る会」の事務局長・我妻信幸さんも、「多面」のしくみを「ミニ地方分権」と表現する。役場にお願いしてもなかなか順番が回ってこないようなことでも、自分たちで予算をたてて、自分たちで使い道を決めて、自分たちで施工する。だから早い。かゆいところに手が届く。「これは、やる気があればすごい制度なんだ。農家にとってはね」

多面的機能支払で、「むらの自治」は確実に育っている。

■地域力がものを言う獣害対策

獣害対策も、地域力がものを言う。とくにイノシシやシカ、サルなどの対策は農家個人個人で取り組んでもラチがあかない。エサ場をなくしたり、追い払いをしたり、柵で囲ったり、被害を及ぼす獣を捕獲したりの活動は、集落全体が力を合わせ、しかも継続的にやる必要がある。そしてこの粘り強い活動の支援に、多面的機能支払や中山間直接支払が充てられる例が多い。『季刊地域』は18年夏号（34号）で獣害対策の特集を組んだほか、毎号のように記事を掲載。新潟県胎内市坂井集落では「集落環境診断」でサル対策に取り組んだ。これは、集落住民が行政担当者、獣害対策の専門家といっしょに現地を歩き、被害を地図に落として見える化しながらみんなで対策を立てることがポイント（18年夏34号）。神奈川県大磯町では集落点検&ヤブ払い、放置果樹の伐採など、野生動物を引きつけない環境整備が功を奏している（18年秋35号）。

いっぽうで同時期作成のＤＶＤは、『**地域で止める獣害対策シリーズ**』全４巻（18～20年刊）。こちらは、捕って減らす以前に、獣種ごとの行動や習性を理解したうえで、いかにエサとひそ

初めてでもわかる電気柵の張り方を実演
（第３巻「侵入防止柵の張り方と管理」より）

DVD『地域で止める獣害対策シリーズ』全４巻

み場をなくす環境整備をするかに対策の重きを置いた。第2巻の事例の一つ、山形県米沢市の山上地区有害鳥獣対策協議会では、サルの格好のエサ場になっていた庭先の放任カキやクリを2年間で160本伐採。不在地主化していた家の果樹も、集落みんなの協力で切ることができた。目当てだった冬越しのエサがなくなり、今ではサルが素通りする集落になったとのこと。

そしてこのときの取材から生まれた企画が、『現代農業』19年12月号**「放ったら果樹」**の特集と、『季刊地域』20年冬号（40号）**「気になる不在地主問題」**の特集である。この10年は、文化財どうしの連携プレーが充実・深化した時代と見ることもできる。

2 自治組織が進化

■地域運営組織による「小さい自治」

「平成の大合併」により、1999年に3232あった市町村が2010年には1727になった。農村部は周辺化し、行政サービスの低下や地域間格差が広がっている。そんななか各地に生まれているのが住民主体の「地域運営組織」だ。地域運営組織とは「地域の生活や暮らしを守るため、地域で暮らす人々が中心となって形成され、地域課題の解決に向けた取り組みを持続的に実践する組織」「従来の自治・相互扶助活動から一歩踏み出した活動を行っている組織」（総務省）と定義されている。

活動範囲は、おおむね昭和の合併以前の町村（旧村）エリアまたは小学校区など。公民館や自治会、町内会を母体に発展したところが多い。組織の名称は、地区経営母体（山形県川西町）、地域自主組織（島根県雲南《うんなん》市）、集落活動センター（高知県）、地区まちづくり協議会（大分県宇佐市）など地域によってさまざまだ。

活動の内容は、高齢者への声かけ・見守りなど高齢者の暮らしを支える活動が多く、その他に体験交流事業、指定管理による公的施設の維持管理、地元産品の加工・販売、資源回収など、経済活動を含む幅広い活動が行なわれている。広域化した市町村を単に補完するだけの組織ではない。

■困りごと解決が新たな仕事に

農協が閉鎖しようとしたガソリンスタンドや店舗を引き受けたり、簡易郵便局を開局した組織や学童保育に取り組んでいる組織もある。過疎化が進む農村部では、JA支所の撤退や公共交通機関の廃止、日用品店の廃業など、生活インフラが低下した。こうした地域課題（困りごと）の解決を地域運営組織が担っていることが多い。『季刊地域』では、13年春号（13号）**「地あぶら・廃油・ガソリンスタ**

ンド」、16年秋号（27号）「むらの足最新事情」、17年春号（29号）「どれがいい？ むらの仕事のカタチ」など、地域の困りごとをテーマとした特集をたびたび組んできたが、その中にも各地の地域運営組織が登場している。

各地の「困りごと」をキーワード別にまとめた実践事例集『むらの困りごと解決隊――実践に学ぶ 地域運営組織』（18年）も刊行した。同書に登場する広島県三次《みよし》市青河《あおが》町は、「廃校・空き家・耕作放棄地・交通弱者」が困りごとのキーワードだ。地元小学校の存続のため、住民有志が有限会社を設立して移住者を迎える若者住宅を建設。さらに多くの住民で「まちおこし会社」（合同会社）を興して、空き家を利用した農家レストランやドブロク製造所を始めたほか、自治振興会が主体となり交通弱者のための輸送サポート事業まで始まった。困りごとの解決は新たな仕事起こしにもつながっている。

『むらの困りごと解決隊』

3 多様化する集落営農のかたち

■2階建て集落営農の進化と広域化の動き

農村では集落営農組織も進化している。一つには、全戸参加型の営農組合などの「1階」組織の上に法人化した実働組織を置く「2階建て」の集落営農が増えるとともに、1階部分も「一般社団法人」などの形で法人化する動きだ。

その一番の理由は、兼業農家も含め、自作を続ける小さい家族農業を政府が進めてきた「淘汰政策」から守るためだ。1階組織は多面的機能支払や中山間直接支払の受け皿にもなり、交付金を活かして地域づくりのための仕事を興す。また、集落営農とこれらの活動を一体運営することができる。また、1階組織が法人格を持つことで、農地中間管理機構を利用して地域の農地を一元管理することも可能になる。このあたりの経緯は、『現代農業』14年11月号の長野県飯島町田切地区の事例や、『季刊地域』17年春号（29号）の岐阜県下呂《げろ》市（一社）馬瀬アグリの記事に詳しい。集落営農を基盤に地域運営組織化が進んでいるといってよいだろう。

各地の集落営農法人は、米・麦・大豆の水田作物以外に野菜や果樹を取り入れる、米の直販や農産加工に取り組むなどして経営を多角化してきた。和牛の放牧を取り入れて農地管理に活かしている法人もある。『現代農業』や『季刊地域』に掲載した事例を再構成した**『事例に学ぶ　これからの集落営農』**（17年）では、集落営農組織が「地元に愛される法人」となり、集落と農地を次世代に引き継ぐ力となっていることを明らかにした。

各地で集落営農を立ち上げるきっかけとなった07年の「品目横断的経営安定対策」から10年以上たち、多くの集落営農でリーダーの世代交代、次世代への継承が課題となっているのも事実だ。とくに中山間地の組織では構成員の高齢化にともなうオペレーター不足も現実化している。こうした課題を乗り越えるために、集落営農組織どうしの連携や広域化の動きもある。

『季刊地域』19年秋号（39号）の㈱未来サポートさだは、島根県出雲市佐田町にある八つの集落営農が結集してできた。この広域法人では、飼料イネWCS用の機械を所有して8組織の飼料イネの機械作業を担うほか、味噌加工や直売所の運営、そしてリモコン式の高性能草刈り機を所有して「草刈り隊」の役割も果たす。

『事例に学ぶ　これからの集落営農』

■地域まるっと中間管理方式

いわば集落営農の「先進地」がこうした課題に直面する一方で、いま新たに集落営農組織の立ち上げが求められている地域もある。近隣の農家から農地を受託する担い手と自作希望農家、そして農地を委託してリタイアしたいと思っている農家が混在するなかで、担い手もこれ以上は農地を引き受けられない、あるいは担い手にも後継者がいない、といった事態が起きている。

愛知県で始まった「地域まるっと中間管理方式」（『季刊地域』19年春37号、同秋39号）はそういう地域で導入され始めている。前述の2階建て集落営農の1階組織法人化と同じように全戸参加型の一般社団法人をつくるのだが、担い手も自作農家も、農地を預けたい農家も、集落内の農地をすべてこの一般社団法人に利用権設定するのが異なる点だ。それでも担い手や自作農家は「特定農作業受委託」によって、従来どおり自分の裁量で農産物の栽培や販売ができる。農地の利用権をすべて一般社団法人に集積することで、地域内での農地の引き継ぎがスムーズに進むメリットがある。

（蜂屋基樹）

映像の力は無限大!?
媒体連携で情報活用は新たな段階へ

なるほど納得、視察に行くよりよくわかる! 視察のバスの中では「寅さん」より好評! などなど。本格的な公費・私費の文化財として定着したDVDシリーズ。この文化財普及は①農政運動支援、②地域政策支援、③農家技術運動支援の三つのテーマに大きく分けられる。

特徴はいずれも雑誌・書籍との「媒体連携」の複合普及提案で一挙に影響が拡大できたところにある。この10年のテーマ別の普及をまとめてみる。

農政運動支援

2010年、民主党政権(当時)が突如TPPへの参加を表明。際限のない自由化のなかへ農家を投げ出す政策に農家や農協などの怒りが爆発。『季刊地域』11年春号(5号)のTPP特集やブックレット『TPP反対の大義』(10年)で農協組織への大学習運動を提案した。12年には農家・消費者を巻き込んだ運動の引き金としてDVD『知ってますか? TPPの大まちがい』が緊急編集された。東大・鈴木宣弘先生の「それは間違いです!」のフレーズでその危険性を訴えた。JA各県中央会への一括採用がすすみ、単位JAでも女性部などでの上映会の事例をつくることができた。

地域政策支援

民主党の戸別所得補償政策から自民党の経営所得安定対策への政策転換はあったが、暮らしと農業の場である地域を守る農家の想いと実践を支援するスタンスで、さまざまな政策や事業を「使いこなす」提案型普及を展開。一方的な大規模化・集約化を前提にした「人・農地プラン」を、地域農業の実態に即したプランへと転換させる運動として、DVD『語ろう! つくろう! 農業の未来を』(12年)を『農協は地域に何ができるか』(『シリーズ地域の再生』第10巻、12年)とあわせ普及。JA各県中央会に一括採用を働きかけた。

DVD『多面的機能支払支援シリーズ』は、前作の『「農地・水・環境保全向上対策」支援シリーズ』と同様、県段階の協議会事務局への一括採用提案からスタートしたが、「みんなで草刈り編」の実用性もアピールし、活動組織段階への普及を強化した。集落座談会での上映会の組織化も始まった。

農家の技術運動支援

農家向けパーソナルDVDの画期をつくったのがDVD『直売所名人が教える 野菜づくりのコツと裏ワザ』シリーズ。『現代農業』好評連載の野菜づくり名人たちのワザがまるごと見られると大好評。「一人だけで見るのはもったいない」と、直売所などでの野菜づくりの学習会の教材としての新たな活用法も生まれた。

稲作関連DVDは、大世代交代期にピタリの企画。とくに『イナ作作業名人になる!』は誰も教えてくれない機械作業のコツと、サトちゃんとコタロー君との掛け合いのおもしろさがうけ、サトちゃんを井原さんと並ぶビッグネームに押し上げた。80周年記念出版の『イネ大事典』との重ね普及にも挑戦中だ。

DVDと書籍が補い合う。これに「ルーラル電子図書館」が加わる「3媒体連携」がすすめば、農家の情報活用が世の中をリードする時代が来るかもしれない。

(大池俊二)

5章 新しい社会のデザインは農山村から

1 宮本常一とその弟子たちの残したこと

■農山村の暮らしの知恵と豊かさ

かつて、『月刊 あるく・みる・きく』という雑誌があった。近畿日本ツーリスト㈱・日本観光文化研究所（以下、観文研と略）に参じた民俗学者・宮本常一氏（1907～81年）と若い所員たちが全国津々浦々を訪ね、人びとの暮らしを克明に記録した伝説的な雑誌である。1967年から88年まで263冊刊行され、惜しまれつつ廃刊となったこの雑誌の記事を、地域別・テーマ別に再編し、「昭和の風土記」として発刊したのが**「あるく みる きく双書 宮本常一とあるいた昭和の日本」**（全25巻、2010～12年）である。

観文研に集う若者たちは高度経済成長のもとでの農山漁村の近代化の陰で、急速に失われていく暮らしの知恵とそ

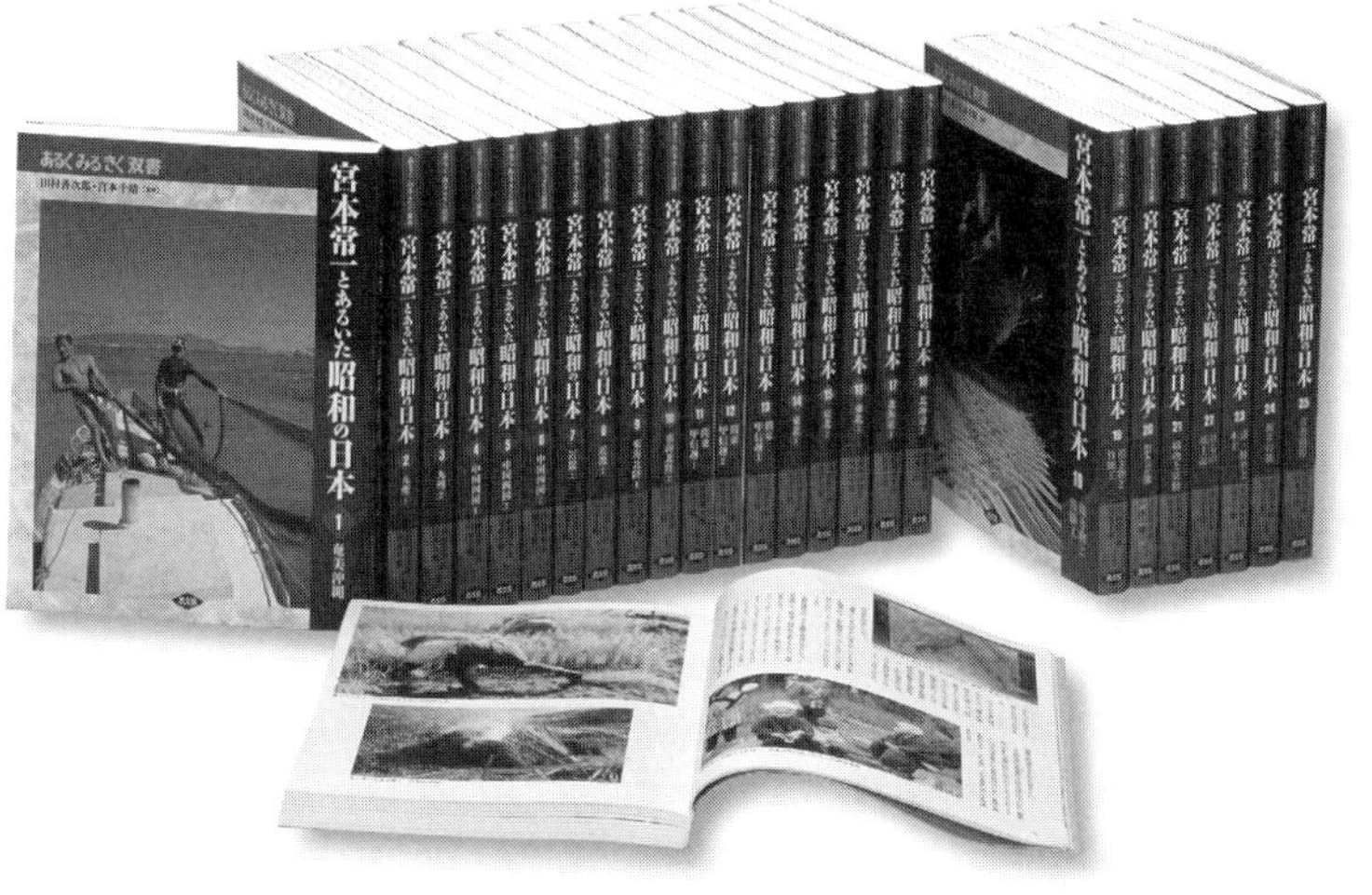

「あるく みる きく双書 宮本常一とあるいた昭和の日本」

こに秘められた豊かさを探し求めて、昭和40〜60年代の日本をひたすらに歩き続けた。彼らが詳細な図や写真をまじえてレポートしたのは、たとえば、会津から関東各地の茅屋根葺きに出た職人（茅手）の暮らしと技術であり、越後・三面《みおもて》でのマタギの熊猟やゼンマイ小屋での仕事であり、土佐・檮原《ゆすはら》の鍛冶屋の鍬や農具の土地に合わせたつくり分けであり、奥三河の小集落が代々引き継いできた典雅な花祭りといったものであった。

とはいえ、彼らはけっして「民俗学の資料収集」のためだけに古い仕事や行事を記録していたのではない。高度経済成長を超えて、現代に引き継ぐべき知恵をできるかぎり具体的に記録し、後生に残そうとし、ときにはその地域づくりにも積極的にかかわっていった。会津・大内宿の伝統的景観保存の支援や佐渡・宿根木《しゅくねぎ》での民俗博物館づくりはその一端である。

■日本の生活文化の基層から自給の可能性を展望

一方**「宮本常一講演選集」**（全8巻、2013〜14年）は、宮本氏が各地で行なった講演や講義をテーマ別に再編したものであり、宮本氏の生の問題意識や息づかいが聞こえてくるような全集である。

たとえば、第1巻**『民衆の生活文化』**に収録された「生活文化研究講義」では、日本人とワラとの関係から説き起こして、イネという作物が決して食料としての米をもたらすだけではなく、ワラ縄や履物、ムシロや畳といった形で広く衣、住をも支えていたことを明らかにしている。さらにアサやクズ布、和紙や障子、唐傘といったように植物の茎皮繊維の利用が日本の生活文化の基本を形成し、「柔社会」という特徴をも生み出していたことを鮮やかに描き出している。

農文協は「日本の食生活全集」（1984〜92年）において、昭和初期の農家の主婦の食の営みを祖型として食の自給の路線を打ち出した。宮本氏と観文研が遺したものは、衣・住含めた生活文化全般について自給の可能性を拓く拠り所となるものであった。

2
むらの基層的精神を未来につなぐ
――「内山節著作集」

■3・11後の社会のかたちをどこに求めるか

2011年、哲学者・内山節氏は立教大学で「コミュニティデザイン学演習」と題して講義を行なった。それをまとめた**『ローカリズム原論』**（12年）の「はしがき」のなかで、この講義の問題意識についてこう述べている。

「この年の講義がはじまる一ヵ月前に、東日本大震災が起こっている。当然ながら授業はそのことを念頭においてすすめられた。地域とは何か、コミュニティ、共同体とは

「内山節著作集」

何か、これからの社会のかたちをどこに求めるべきなのか、そしてその背景にどんな哲学、思想をつくりだす必要があるのか。それは震災後の復興を考えていく作業でもあり、同時に、いきづまった現代社会をいかに変えていったらよいのかについての考察でもあった。復興をたんに元に戻すこととしてとらえるのではなく、現代社会の負の部分を克服していく大きな歴史的な変革とともに考えていく。復興は何をめざしておこなわれるのか、そしてその復興の過程に私たちはいかに結集し、連帯していくのか。このことのなかに近代以降の時代を支配した思想やシステムを解体していく萌芽がある」

　この講義の問題意識のとおり、内山氏は東日本大震災と福島第一原発事故をきっかけに、以前にもまして全国各地で講演を行ない、新聞などのメディアでも積極的に発言していく。

■現代社会を乗りこえる思想

「3・11後」という時代が、内山思想を求めているのではないか——そのような思いで編纂したのが、**「内山節著作集」**（全15巻、14～15年）である。

　この著作集に収録された作品のほとんどは、内山氏の初期・中期（１９７６～２００６年）の作品である。また編集上の特徴は、各巻に内山氏自身による解題がついていること、関連論文が収録されていること、そして、第9巻**『時間についての十二章』**、第12巻**『貨幣の思想史』**、第15巻**『増補 共同体の基礎理論』**では書き下ろしの補章が加えられたことである。

　すなわち、この著作集を編纂することは、自然と人間との関係、労働をめぐる内山氏の独自な思想がいかに形成されたかを3・11後の現代において振り返るとともに、現代社会を乗りこえる思想として読み直す作業であった。

■自然と人間の関係の歪みを克服する道は

　第6巻**『自然と人間の哲学』**の解題で内山氏は、本書の根幹をなし、その後の著作を貫く通奏低音ともなった「交通」「関係」概念についてこう述べている。

「この本のなかで私は自然を交通概念をとおしてとらえようとしている。私たちが生きる世界には、自然と自然の交通、自然と人間の交通、人間と人間の交通という三つの交通が成立している。人間と人間の交通はときに経済的関係や社会的関係をつくりだしたりもするけれど、この三つの交通はそれぞれが単独に成立しているわけではなく、相互的に干渉し合っている。人間と人間の交通によってつくられたシステムが自然と人間の交通を変え、それによって自然と自然の交通も変わっていくように、である」

自然がもし歪められているとしたら、自然と人間の関係、人間と人間の関係が歪んでいるからである。福島第一原発事故はまさにその典型とはいえまいか。

それなのに、東北の復興においても、こうした反省に立つことなく、農林水産業における規制緩和に象徴されるように「ショック・ドクトリン」（惨事便乗型資本主義）が進められようとしている。これに対抗し、「現代社会の負の部分を克服していく大きな歴史的な変革」を導く道は何か。

■上野村の伝統回帰にみる、開かれた共同体のデザイン

その萌芽を、内山氏は１９７０年代から移り住む群馬県上野村で進められている「伝統回帰」にみている。

第15巻『**増補　共同体の基礎理論**』のために新たに書き下ろした補章「共同体と経済の関係をめぐって」のなかで、内山氏は村域の96％を森林が占める上野村でいま展開している動きを紹介している。村では２０１１年より木質系ペレット工場が稼働しており、森林組合の製材工場も拡張され、製材過程で出てくる端材や間伐材の一部もペレットとして加工している。ペレットは村の公共施設や住宅などの燃料としても利用されるが、15年からペレット発電も開始されているという。

「ペレットにしても発電にしてもここで用いられているのは新しい技術である。だがそれは思想としては伝統回帰だといったほうがいい。なぜならそれは、村の森が薪を提供し、村人たちが地域エネルギーで生きていた時代に戻ろうとする試みでもあるからである」

上野村では森林組合で働く人、製材やペレット生産にかかわる人、家具や木工品の職人、キノコ生産農家やキノコ工場で働く人、豊かな自然を活かした観光に携わる人がいて、森にかかわる仕事が村の大きな産業となっている。

「それらすべてを持続可能なかたちで体系化する試みが現在の上野村では展開している。それは自然に支えられながら村を持続させる『労働の系』の確立といってもよい。（中略）自然と調和するかたちで村の経済をつくり、そのなかで皆が役割を果たしていく。つまりそういうかたちで共同体を持続させることが可能な経済を再創造しようとしている。それは上野村の条件を活かした社会デザインと経済デザインの統合だといってもよい」

上野村は移住者が人口の2割を占め、観光客だけでなく継続的に村を訪れ、村にかかわる「関係人口」も多い。そのような都市との関係を含めた「開かれた共同体」をデザインする手がかりを「内山節著作集」は差し示しているのである。

（阿部道彦）

仕事と暮らしを見つめ直す
――多彩な顔ぶれが集う「哲学講座」

転換期の世界

「転換期の時代にあって、思想的根拠を求める人たちのゆるやかなネットワークづくりを」と、内山節さんを講師に1泊2日の「読者のつどい 哲学講座」を始めたのは、リーマンショックや世界食糧危機、政権交代などで世の中が大きく揺れていた2009年のこと。以来11回にわたって続けてきた。

第1回は「共同体の基礎理論」をテーマに開催。「世界でただならぬことが起こっているようだ。それをどう捉えるか」から始めて、内山さんに2日間たっぷり語っていただいた。

続いて、農文協栂池センターと東京都内で計5回開催。この間、東日本大震災と原発事故が起きる。巨大システムに依存する危うさ。経済、国家はどうなっていくのか。新しい共同体をどうつくっていくか……。『内山節著作集』の発刊と相まって講義が展開されていった。

自分の暮らしに引きつけて

参加者の顔ぶれは、毎回多彩を極める。合鴨農法に取り組む農家、渓流釣りを愛好する森林ボランティア、原発補償に携わる弁護士、絵本専門店の店主、山村に移住した木工職人、高校の国語教師……。これだけ多様な人々が同じ講義を聴き、同じ先生を囲んで、昔から知り合いだったかのように語り合う様子は、何とも不思議だ。

講座は、参加者が自分を語る場でもある。質疑・討論の時間や懇親の場では、「仕事」と「稼ぎ」、「冷たい貨幣」と「暖かい貨幣」など、講義の中で出てきた内山さんのキーワードを受けて、自分の仕事や地域での活動、内山さんの話で印象に残ったこと、これから地域でこうしていきたい、といったことを、それぞれが大いに語る。

ホームグラウンド上野村で感じる、語る、考える

16年からは開催地を、内山哲学を育んだ上野村に移した。

上野村を語るとき、内山さんは力を込めてこう言う。「うちの村は少なくとも平安時代から続いてきた。その間に日本国家は何度崩壊したか」と。現地で村の人の暮らしに触れながら聞くと、一層ずしっと迫力がある。また、ある参加者は、「内山さんが何度も『うちの村』とおっしゃっていることが印象深く、小さな、顔の見える関係の豊かさを感じました」と感想を残してくれた。

上野村の人を講師に呼んでの「上野村学習」や、現地視察の時間も設けた。

16年は豊富な森林資源を活かすバイオマス発電所やきのこセンターを見学。村が「伝統回帰」と「地域の労働体系」再構築をどのように進めているか、Iターン者が安心して暮らし、活躍できる場をどのようにつくっているか、実地で学んだ。

18年は上野村図書館司書の方から、Iターン者とその家族を支え、定着を促す取り組みを報告してもらった。

今後も回を重ねるたびごとに、内山さんと参加者のやり取りも、参加者の各地域での実践も、上野村像も、ますます奥行きを増していきそうだ。

（嶋川亮）

内山さんとむらを歩き、語り合う

Ⅲ 食と暮らしの文化を引き継ぐ

農家は作物を育てるだけではない。自然、いのちと向き合い、食をはじめとした暮らしの糧を自給する文化を育んできた。この文化を次代に伝え継ぐため、農文協では食や教育分野の出版を展開。自分で暮らしをつくる生き方や知恵・ワザに、都会の人からも強い関心が集まった。

1章

まるごと、食べごと――『うかたま』の10年

■手抜きや時短と真逆をいくレシピ

『うかたま』を創刊した２００６年の前後は、食育基本法の制定によって、学校や行政、食品企業なども巻き込み、「食育」が一種のブームとなっていた。そうした社会情勢のもとで、『うかたま』は子育て世代の女性向けの食育の雑誌というねらいでつくられた。ただし食育といっても、農文協的な解釈で、日本の伝統的な食文化を伝えるためのもの、「日本の食生活全集」（以下「食全集」、次章）に出てくるおばあちゃんの知恵や技を引き継ぐことを目的とした。

２０１０年春号（18号）の特集は**「昔ごはん」**。昔の道具を使ってつくるレシピ集だ。蒸し器にせいろ、すり鉢とすりこぎ、おろし金など、今は電子レンジやフードプロセッサーなどに置き換わっている道具だが、これをあえて使ったレシピを紹介した。レシピのもとは「食全集」に登場する各地の郷土料理。『うかたま』のオリジナルレシピは、現在でも「食全集」や過去の単行本などを参考に、編集部

13年秋32号

2011年秋24号

が試作し作成し、撮影用の料理も編集部内で準備している。

レシピをつくるなかで意識するのは、だしの素やめんつゆのような市販の風味調味料、合わせ調味料は使わない、電子レンジなどの電化製品の使用はできるだけ控える、食材は旬のものを選ぶ、などだ。もちろん、それらを使うことを否定しているわけではないが、短時間で安くて簡単にできる料理を紹介するなら、他の料理雑誌と同じになってしまう。昔ながらのおばあちゃんの知恵を伝える、という方針が、結果的に手間や時間がかかる料理が登場することになっており、これが読者には他誌とは何か違う面白さを感じさせたのだろう。

その方向性が間違っていなかったと確信できたのは、11年の東日本大震災以降である。昨日までの暮らしが明日続くとは限らない。多くの人がそのことに気づき、消費だけの暮らしから自給的な暮らしに関心を持つようになった。同年夏号（23号）の**「食べて体を調える」**特集では、薬や医者に頼るのではなく毎日の食生活や身の周りのものを用いて体を調える方法を紹介。同年秋号（24号）の**「おうちで発酵食堂」**特集では、味噌や漬物、塩辛、いずしなどこれまで以上に手間も時間もかかる発酵食レシピを集めた。自分の体を自分で守りたい、体によい発酵食品を手づくりしたいという読者の欲求に応え、書店での売り上げも伸びた。

13年春号は、30号目の特別号ということで付録もつけ、

20年冬57号

18年秋52号

15年春38号

巻頭に編集部からのあいさつを入れた。ここでは、東日本大震災とそれにともなって発生した原発事故にふれ、「〝食〟と〝暮らし〟の根っこは、大きく揺さぶられ続けています。でも、わたしたちは、気づいてもいます。電気や石油を際限なく使う暮らしは、もう求めなくてもよいのではないか。未来のために本当に必要なのは、自然がもたらす豊かな恵みであり、それらに感謝し、暮らしに生かすための知恵や技なのだと」としている。

同号の特集は「**ずーっとつくる。ずーっとおいしい。100年レシピ**」とし、料理家を始め、さまざまな方に100年先まで伝えたいレシピをうかがい、100年先、子どもにも孫にも安心しておいしいものを食べてもらうためには何ができるか、読者と一緒に考えることをねらいとした。それは、単にレシピを伝えるだけでなく実際に料理を作り続けること、食材となる作物が健康に育つ環境を守ることだというのが、編集部としても確認できた。この精神は、現在刊行中の「**伝え継ぐ 日本の家庭料理**」（次章）にもつながっていく。

2010年春18号「昔ごはん」より

13年春30号
「100年レシピ」より

■見えてきた新しい段階の家庭料理

その後、13年にユネスコの無形文化遺産とされた「和食」の本来の姿、料亭の料理ではない家庭の一汁三菜という食事のよさを伝える **「ニッポンの定食」**（14年春34号）、インスタ映えする商業化された行事食（お食い初めセットなど）に対抗し、そもそもの行事食の意味を問い直す **「ハレの日のごはん」**（17年春46号）、など、その時々の食にまつわる社会情勢を背景にしながら、ブームではない本質を伝える特集を組んできた。ただし、そのねらいを前面に出すのではなく、デザインやスタイリング、写真などの工夫で、誌面はあくまでもおいしそうできれいに見せることを一貫して追求してきた。

一方で、季刊の食の雑誌で、「旬の食材を取りあげよう、行事食を大事にする……」となれば、10年続けているうちに企画がある程度マンネリになってくるのは否めない。その雰囲気を変えたのが、13年に立ち上がった「伝え継ぐ日本の家庭料理」の企画だ。この編集には、『うかたま』の編集部も関わり、各地へ出向いての料理の取材・撮影を重ねるうちに、「食全集」に出ていた昔からの料理が今もつくられていること、また「食全集」にも出てこない料理があること、その次の段階の新しい料理もあること、などに気づかされた。日本にはまだまだ知らない料理がたくさんある。その取材で得た情報や写真などの素材を活かして、郷土料理の紀行ものや、企画のねらいの裏付けになるような各地の事例も取り上げられるようになった。そこで、地方グルメブームなどもあるなか、改めて今の郷土料理がどうなっているのか、全国各地で実際につくられているもの、その多様さ豊かさについてきちんと紹介したいというねらいで、16年夏号（43号）では、**「おいしい郷土食【夏の巻】」**を特集した。

少し遡るが、トピックとして料理研究家の白崎裕子さんとの出会いを挙げておきたい。初登場は13年秋号（32号）の **「わけるあげる みんなのおやつ」** 特集の巻頭ページ。白崎さんのレシピは、普通は卵や乳製品を使わないとできないお菓子を豆乳、甘酒、菜種油など植物性食品のみでつくれて、しかも代用食ではなくちゃんとおいしいのが特徴。小麦粉は基本的に地粉（国産小麦粉）を使用というところも、農文協として共感を持ちやすく、その後は連載、特集などで登場いただいた。その5年分のレシピをまとめ、18年に **『白崎裕子の料理とおやつ』** という単行本の形になった。日本の伝統的な食材を使いながら、若者も満足するジャ

『白崎裕子の料理とおやつ』

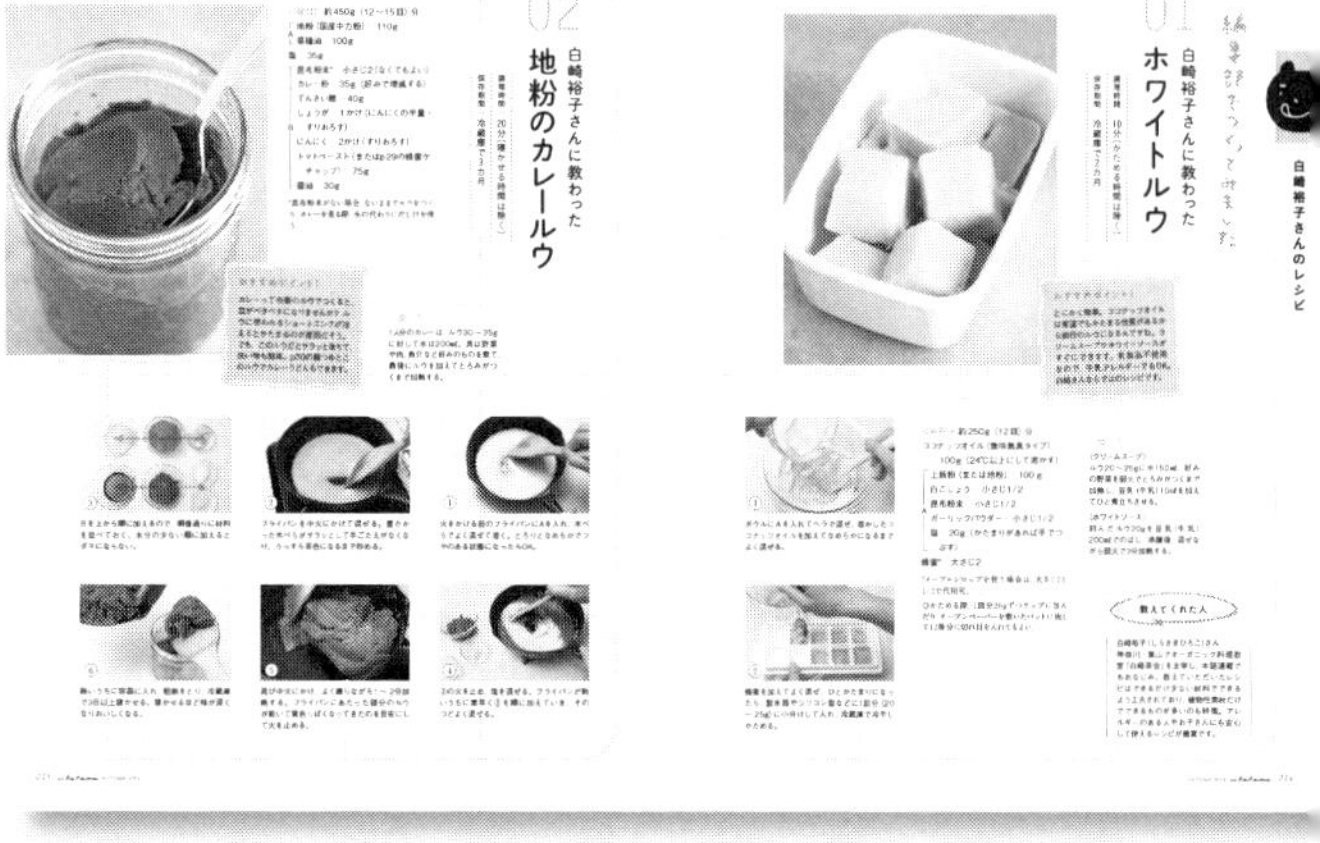

16年秋44号「これ、台所でつくれます」より

ンキーなおいしさもあり、しかも手早くできて簡単な白崎さんのレシピは、日本の新しい家庭料理として広がっている。

16年秋号（44号）の「**これ、台所でつくれます**」では、マヨネーズ、カレールウなどの白崎さんのレシピも交えて、普段は買ってしまう加工食品（ベーコン、さつま揚げ等）、合わせ調味料（ドレッシング、トマトソース等）のレシピ集とした。これは永久保存版ということで、売れ行きもよく即売などでも好評だった。ただ、書店では暮らし系といわれる他誌とも競合し、出版不況といわれる状況もあり、売れ行きを現状の編集体制のままでこれ以上伸ばすのは限界になっていた。そこで、農文協全体の組織再編のタイミングで、『うかたま』についても編集の方向性を変えることになった。

■新コンセプト「まるごと、食べごと。」に込めた想い

リニューアルにあたり、まず確認したのは、「食」の世界は台所で完結するものではなく、そのまわりには作物を育てること、料理したあとの調理クズを土に戻すことなど、自分の手でできることがたくさんある、ということであった。これまで想定していた読者は、日々の料理に加え、加工に関しても、台所で完結する範囲（冷蔵庫に入るサイズの漬物やフライパンでつくる燻《くん》製など）を実践する人だった。しかし味噌づくりや市民農園が一般家庭に広がっていたり、「料理」の枠には収まらない発酵食や加工品をつくるワークショップが盛況だったり、生産者を直接訪ねる援農がさかんに行なわれたりしていた。「食」に関心のある人はもはや台所にとどまっていない。外に出て自分の手を動かすことに関心や欲求がある読者も少なくないだろうと考えた。リニューアルの告知に「一歩、外へ。」という言葉を使ったのは、読者に「外へ出て、新しいことに挑戦しよう」と呼びかけたいという気持ちからであった。

「食べることは暮らすこと」に代わる新しいコンセプトは、「まるごと、食べごと。」となった。「食べごと」とは、

食べることのまわりにある暮らしのすべてを指す言葉である。「炭鉱あたりの女の人は、働いたあと、〝さあ、今から食べごとせにゃあならんもんな〟とおっしゃるのね。料理しないといけない、ではなくて、食べごとをすると言うんです」。これは、「食全集」が完結するときに、『現代農業』（1993年4月号）の「主張」欄冒頭で取り上げた、永らく炭鉱で暮らしてきた作家の森崎和江氏の言葉である。ここでは「食べごと」は料理だけではなく、畑に大根を抜きに行くことやその大根のタネを播くことも含まれている。そんな「食べごと」の世界観が、新しい『うかたま』のイメージにぴったりきたのである。旬の食材を使い、昔ながらの知恵や技を伝える料理やレシピは引き続き大切にしながら、その周りのあらゆることにも目を向け、自分の手でできることを少しずつ増やしていく。先生は農家で、お手本は農村の暮らし。新コンセプトにはそんな思いが込められた。

■農家は先生であり、仲間である

しかしリニューアル後、編集部がもっとも悩んだのは、「農」をどう表現するか、とりわけ栽培に関する記事のつくり方であった。読者はおもに「食」に関心のある人たちであり、「先生は農家」とイメージしていたものの、『現代農業』のような農業の専門的な情報は必要ではない。教科書のような栽培情報があってもいいが、かといって園芸誌を目指すわけでもない。『うかたま』読者に届けたい「栽培」とはなんだろう……と迷走するなかで、特集**「春からトマト」**（2018年春50号）が生まれた。

ここで中心に取り上げたのが、トマトを丸ごと土に埋め、出てきた芽を育てる「自然《じねん》生《ば》え」だった。いつも食べているトマトを埋めたら芽が出るというのは、当たり前なことのはずなのに、読者にとっては驚きである。トマトは「食材」だが、タネでもある。いつも食べているトマトを土に埋めて育てるという、言葉どおり台所から始まる栽培のおもしろさはもちろん、トマトの生きものとしての側面を伝えたいという『うかたま』的栽培記事の道筋がぼんやりと見えてきた企画となった。

トマトの埋め方育て方

実を埋めて、あとは見守るだけ。でもいいけど、ちょっと手助けすれば確実に芽が出て、その後もすくすく育ちます。

育ててみよう

1 トマトを埋める

容器に土を入れ、ミニトマトは指でつぶし、大玉トマトは輪切りにして、土の上におき、たっぷり水をやる。上から一握りの土を軽くかぶせておくと、芽が出やすくなる。

2 袋でおおって温める

発芽には温度と水分が必要。ポリ袋で容器をおおうと水分が蒸発せず、保温効果もある。平均気温が20～30℃の温かい場所におく。屋内の暗い場所でもOK。

3 発芽したら日に当てる

20～30℃をキープすると、2～3日で発芽する。芽を確認したら、袋をとって日当たりのよい場所におく。5℃以下にならなければ、屋外に出してもいい。

4 芽が増える

芽は30本ほど生えて、しばらく支え合うように育つ。土が乾いたら、容器の下に皿を敷いて水を張り、下から吸わせる。

5 植え替える

葉が容器からはみ出るくらい成長したら、ふた回りほど大きな容器に植え替えて水をたっぷりやる。強い株の勢いに負けてしおれる株も出てくるが、見守る。

6 実がなる

発芽からおよそ2カ月で実ができる。売られているトマトのほとんどがF1品種（左ページ参照）なので、そのタネから育てると実の形や大きさはさまざまになる。

〈用意するもの〉

トマト
大玉、中玉、ミニ、なんでもOK。ただしホルモン剤*を使って栽培されたトマトのタネは、芽を出す能力がない。そういうタネは冬の大玉トマトに多く、ミニトマトには少ない。
*ホルモン剤…確実にトマトを着果させるために使われる成長促進剤。

芽が出ない　ツブツブしてふくらみがない
芽が出る　ぷくっとして厚みがある

土
芽生えには、培養土、腐葉土、庭の土など、なんでも使えるが、粘土のような水はけの悪い土は避ける。肥料分はなくていい。

容器
芽生えのための容器は、園芸用の黒ポットのほか、ヨーグルトのカップ、空き缶なども使える。底に穴をあけて使う。
◎植え替え後の土や容器については、p25を参照

SPRING 2018 ukatama 020

初めて「栽培」に焦点を当てたリニューアル後の誌面（2018年春50号より）

その後も、**「にんじんを埋める」**（19年冬53号）や**「春のつぼみを食べる」**（同春54号）など、身近な野菜の生きものとしての側面に注目し、新たな楽しみ方を伝える記事が生まれた。作物を育てるときに、作物の気持ちになり、作物の声を聞く、というのは、『うかたま』リニューアルの前年に休刊した『のらのら』（5章1）で、農家から学んで形にした手法であった。農家に学ぶということは、なにも栽培方法を教わるということだけではない。『うかたま』にとって農家は、作物の見方を教えてくれる「先生」なのである。

よもぎからもぐさをつくってお灸にする、玉ねぎの皮で白いシャツを染める、ヘチマを育てて化粧品をつくる、麦を育ててワラ細工をつくる……など、素材を探したり育てたりするところから始まる「手づくり」の記事も、新しい『うかたま』らしいものである。スキンケアや染め物などは、リニューアル前にも同じテーマで記事にしたことがあった。ただそれは、「見に行く、知る、買う」ところまでに留めることが多く、「自分でつくる」ことまではあえて踏み込んでこなかった。

リニューアル後、野性的（?）で自給的な記事が増えたが、幸い、多くの読者は受け入れてくれているようである。読者がもともと持っていた自給的な暮らしへの憧れを刺激し、「やってみたい」「できるかも」という気持ちを呼び起こしているのかもしれない。「自分でつくる」という発想はまさに、農家に学んだものである。その一方、身近な素材を利用した「手づくり」の記事に、農家からも「やってみたい」「こういう情報がほしかった」という反応があったことは、思いがけない発見であった。『うかたま』において農家は、「先生」である一方で、「自分でつくる」暮らしをともに楽しむ仲間でもあるのだ。

■今いる場所で、楽しく豊かに暮らすために

自給的な暮らしは今、憧れやブームではなく生き方のひとつのあり方となっている。『うかたま』は暮らしを扱う雑誌として、これからの10年、どこに向かえばよいのか。その答えともなりそうな読者のはがきを紹介したい。

「都会に暮らしていて、田舎でこういうことをして生きられたら、などと思っていたけど、『うかたま』を読んで、今だっていくらでもできるんだと気づき、今日は草木染めをしよう、麦のタネを買いに行ってみよう、ここにビワの木があるぞと、日々をとても楽しめるようになりました」

（東京都・30代・女性）

この読者が感じてくれた「世界の見方が変わるきっかけ」はまさに、編集部が実際に記事をつくりながら感じたことである。道端の草、公園の木、同じものを見ても、名前を知り、使い道があると知るだけで、見える景色が変わる。世界が楽しくなる。そして次から次へ、また新しいことに挑戦してみたくなる。そんなワクワクする気持ちを読者と

郵便はがき

おそれいります
が切手をはって
お出し下さい

1078668

（受取人）
東京都港区
赤坂郵便局
私書箱第十五号

農文協
http://www.ruralnet.or.jp/
読者カード係 行

◎このカードは当会の今後の刊行計画及び、新刊等の案内に役だたせていただきたいと思います。　はじめての方は○印を（　）

ご住所　（〒　－　） TEL： FAX：	
お名前　男・女　歳	
E-mail：	
ご職業　公務員・会社員・自営業・自由業・主婦・農漁業・教職員（大学・短大・高校・中学・小学・他）研究生・学生・団体職員・その他（　）	
お勤め先・学校名	日頃ご覧の新聞・雑誌名

※この葉書にお書きいただいた個人情報は、新刊案内や見本誌送付、ご注文品の配送、確認等の連絡のために使用し、その目的以外での利用はいたしません。

●ご感想をインターネット等で紹介させていただく場合がございます。ご了承下さい。
●送料無料・農文協以外の書籍も注文できる会員制通販書店「田舎の本屋さん」入会募集中！
案内進呈します。　希望□

■毎月抽選で10名様に見本誌を1冊進呈■（ご希望の雑誌名ひとつに○を）

①現代農業　②季刊 地 域　③うかたま

お客様コード □□□□□□□□□□

17.12

お買上げの本

■ ご購入いただいた書店（　　　　　　　　　　書 店）

●本書についてご感想など

●今後の出版物についてのご希望など

この本をお求めの動機	広告を見て（紙・誌名）	書店で見て	書評を見て（紙・誌名）	インターネットを見て	知人・先生のすすめで	図書館で見て

◇ 新規注文書 ◇　　郵送ご希望の場合、送料をご負担いただきます。

購入希望の図書がありましたら、下記へご記入下さい。お支払いはCVS・郵便振替でお願いします。

（書名）	（定価）¥	（部数）　部
（書名）	（定価）¥	（部数）　部

共有できたら、こんなに嬉しいことはない。

『うかたま』は、日々自然と向き合い、創意工夫にあふれた農家の暮らしを、「すばらしい」と一歩下がって敬うよりも、「面白い」と身近に感じる雑誌でありたい。同時に農家にとっても、新しい風を吹き込む友人のような存在でありたい。都会の読者は、必ずしも「田舎で暮らしたい」と思い描くものでなくていい。今自分が住んでいる場所で、かしこく、楽しく暮らすためのヒントが得られるように。農村の読者は、自分たちのふつうの暮らし、先祖代々の生き方に、自信が持てるように。都会でも農村でも、読者が今いる場所で楽しく心豊かに暮らし続ける、そんな生き方がしたくなる雑誌を目指したい。

（中村安里）

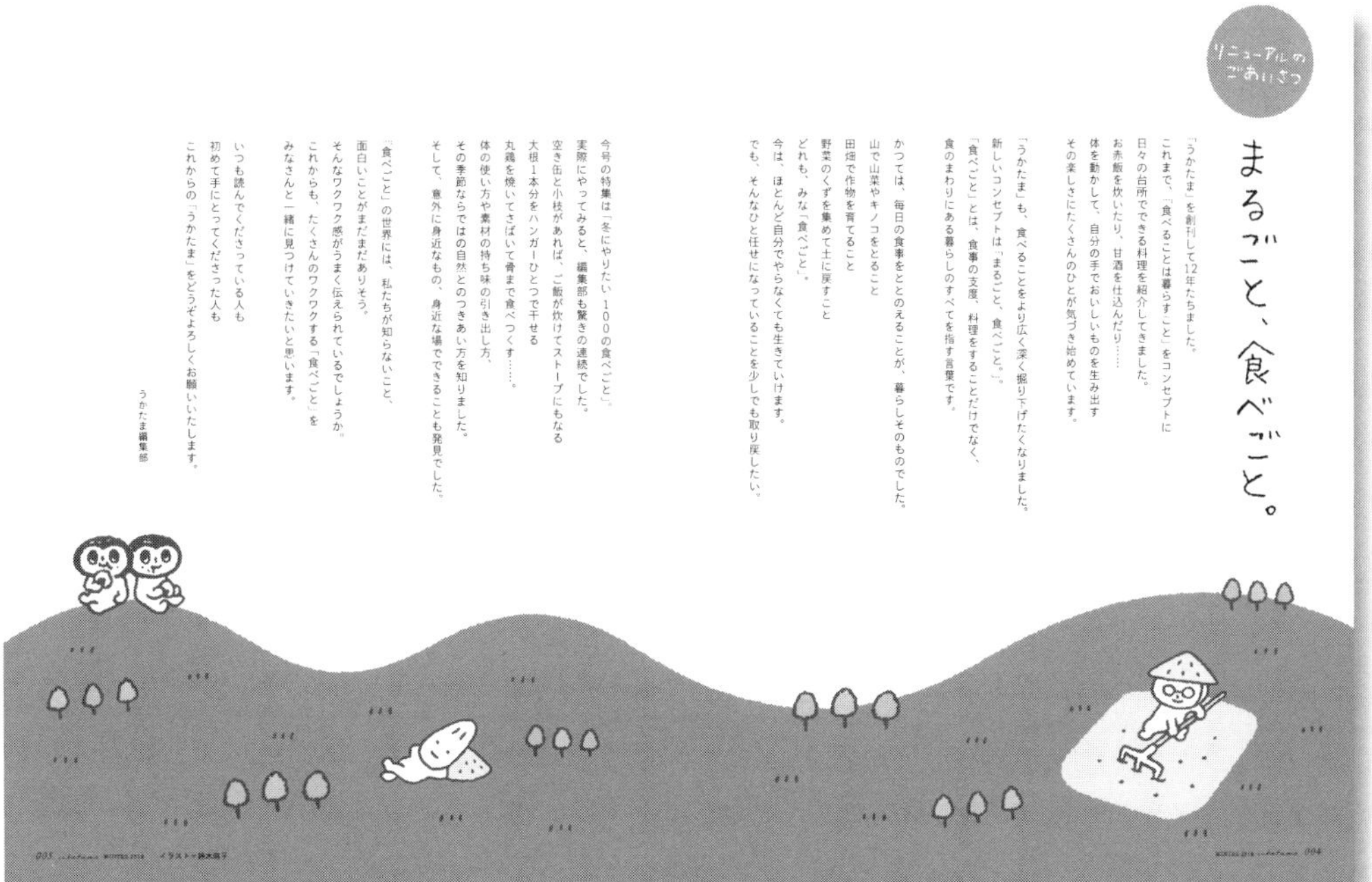
リニューアルのごあいさつ

まるごと、食べごと。

「うかたま」を創刊して12年たちました。
これまで、「食べることは暮らすこと」をコンセプトに
日々の台所でできる料理を紹介してきました。
お赤飯を炊いたり、甘酒を仕込んだり……
体を動かして、自分の手でおいしいものを生み出す
その楽しさにたくさんのひとが気づき始めています。

「うかたま」も、食べることをより広く深く掘り下げたくなりました。
新しいコンセプトは「まるごと、食べごと。」。
「食べごと」とは、食事の支度、料理をすることだけでなく、
食のまわりにある暮らしのすべてを指す言葉です。

かつては、毎日の食事をととのえることが、暮らしそのものでした。
山で山菜やキノコをとること
田畑で作物を育てること
野菜のくずを集めて土に戻すこと
どれも、みな「食べごと」。
今は、ほとんど自分でやらなくても生きていけます。
でも、そんなひと任せになっていることを少しでも取り戻したい。

今号の特集は「冬にやりたい100の食べごと」。
実際にやってみると、編集部も驚きの連続でした。
空き缶と小枝があれば、ご飯が炊けてストーブにもなる
大根1本分をハンガーひとつで干せる
丸鶏を焼いてさばいて骨まで食べつくす……。
体の使い方や素材の持ち味の引き出し方、
その季節ならではの自然とのつきあい方を知りました。
そして、意外に身近なもの、身近な場でできることも発見でした。

「食べごと」の世界には、私たちが知らないこと、
面白いことがまだまだありそう。
そんなワクワク感がうまく伝えられているでしょうか。
これからも、たくさんのワクワクする「食べごと」を
みなさんと一緒に見つけていきたいと思います。

いつも読んでくださっている人も
初めて手にとってくださった人も
これからの「うかたま」をどうぞよろしくお願いいたします。

うかたま編集部

18年冬49号「リニューアルのごあいさつ」

『うかたま』が伝える暮らしの自給の知恵 JA女性部講習会で大反響

畑と食卓の話題をたっぷり

2019年度は、普段の農家一軒一軒を回る普及とあわせて、JA女性部を対象にした講習会を多く開催した。女性部の集まりのうち1〜2時間ほどをもらい、『現代農業』や『うかたま』の記事をネタに無償で講習会を行なった後に雑誌の販促をさせてもらうものである。話題は、「野菜づくりのコツと裏ワザ」や「余った野菜でアイディア加工術」と、畑と食卓どちらにも関わるテーマを組み合わせる。

なかでも一番反応の芳しかったのが、8月に開催した長野県JAあづみ女性部理事会での講習会。以前に別の職員から「川柳チラシ」（12頁）を渡しつつ講習会の案内をしたところ、女性部代表の方がJAにかけあってくれて実現したものだ。

忙しい農家がにっこり笑顔に

話したのは役員会前の1時間。堅い話をする前のアイスブレイクの余興として呼んでもらえたのだと思う。朝、野菜畑で作業をしてから集った「まったく忙しいのに！」とちょっと面倒くさそうな顔の18人の女性たちに、「畑作業お疲れ様です！難しいお話の前に、楽しめるおもしろい話をもってきました。気楽に楽しんでください」と伝えると皆さんにっこりだった。

まず冒頭10分、DVD『直売所名人が教える 野菜づくりのコツと裏ワザ』第4巻（Ⅰ－6章1）より、季節の旬の野菜の「オクラ」を上映。主枝を切り戻すことで、側枝・孫枝から軟らかいオクラをなんと11月までとり続けるというワザである。DVDだけだと聞き流してしまうので、7分くらい流したらあと3分はスライドと体を使って説明した。自分の胴（主枝）を切って、手（側枝）を伸ばす仕草をするなど、わかりやすくして笑いながら聞いてもらった。

次の40分で川柳チラシを解説した。「畑を荒らすモグラに○○が効くんです。何だと思いますか？……ガムなんです！」と問いかけ式でやると反応よし。

さらに10分、アイディア加工編として「マイピュレ」（Ⅰ－2章2）や「ナスジャム」、「えひめAI」（Ⅰ－3章）などを紹介した。現物を皆さんに回し、においをかいでもらったりもした。えひめAIは家の掃除にも畑にも使えるので、主婦の皆さんにはウケる。終始、簡単につくれるもの、おもしろいと思ってもらえることを軸にして話を組み立てた。

購読申し込みが続々

そして最後に『現代農業』と『うかたま』を紹介させてもらう。『うかたま』はまだ知らない人も多い。二つが連関していることを伝え、「自給の精神で、あるものでつくる、おもしろい記事が多いです」と、「バラのジュース」や「化粧水手づくり」の記事をスライドで見せると「あらきれい！読みやすそう」と声があがる。体操や「ちくちく仕事」などの記事も人気だった。

出口にバックナンバーを置いて、自分で開いて見てもらう。申し込んだ方にはバックナンバーを1冊おまけすると言うと、女性陣はどれがいいか熱心にいろいろ見てくれる。この日一度に『現代農業』4件、『うかたま』13件の定期購読申し込みをいただいた。

人気なのは間違いない『うかたま』。今後はいかに講習会にこぎつけるか、多く開催できるかがカギになるはずだ。

（宮本奈緒）

２章

地域の味、家庭の料理を次代へ
――静かなたたかい

■高度経済成長期の家庭料理を調査し次世代に伝え継ぐ

昭和初期の食生活をお年寄りから聞き書きし、当時の料理を再現して記録した「日本の食生活全集」（以下「食全集」）は、１９８４年から10年かけて刊行。日本がユネスコの無形文化遺産に「和食」を提案する際、「最大級の食文化のデータベース」と紹介しているとおり、日本の食文化を知る資料としての価値も広く評価されている。

ただし、「食全集」の記述をもとに実際に料理をつくろうとすると、なかなか難しい。大根が何グラムで何分煮るというように分量や時間が数値化されていないため、料理本のレシピを見慣れている世代には再現できないのだ。写真も記録性を重視しているから、見映えがいいとはいえない。普及の現場からも、「食全集」をもとに、今の人たちも使えるようにレシピ化した本がほしいという声はあがっていたが、実現していなかった。

２０１３年、（一社）日本調理科学会役員の先生から、12年度から学会で取り組んだ特別研究「次世代に伝え継ぐ日本の家庭料理」の成果を本にまとめられないか、という相談が舞い込んだ。この研究は、「食全集」の対象年代以降の、１９６０～70年頃までに定着していた地域の家庭料理を対象に、各地域の暮らしと食生活の特徴と概要、日常・ハレの食、伝え継ぎたい料理などを聞き書きし記録したものである。再現できる料理のレシピなども載せて1冊の本にまとめられないかというのが、学会からの最初の提案だった。

「食全集」の後継企画は農文協でも取り組みたかったが、今、各都道府県で聞き取り調査をするのは、時間的にも経営的にも難しかった。一方、調理科学会の会員は家政系や教育系の大学の研究者がほとんどで、そうした食や調理のプロによる調査結果があるなら、本にできるのではないか。それなら1冊といわず、都道府県別に50巻ほどの全集として出版しては、ということになった。

上は『別冊うかたま』版、下はハードカバー版

『小麦・いも・豆のおやつ』より、「かますもち」。小麦の生地の中に、黒糖と味噌とくるみの入った岩手県のおやつ

では、どんな本にするか。「次世代に伝え継ぐ」ためなら、その料理がちゃんとつくれなければならない。今の人が手元におきたくなる、使える本を目指すなら、おいしそうに見える料理の写真とつくれるレシピが載っていることが重要。そこで、「食全集」の料理をレシピにして再現し、今の料理としてきれいにおいしそうに撮影する『うかたま』本誌のノウハウを生かすことになった。レシピ以外にも、料理の生まれた背景や当時の地域情勢なども一緒に掲載すること、書名は**「伝え継ぐ 日本の家庭料理」**（以下「日本の家庭料理」）と決まっていった。

■100年後にもつくってほしい料理とは

当初の都道府県別50巻という構想は、企画を進めるなかで、素材・料理別16冊の構成へと変わった。また、広くたくさんの人に届けるため、発行形態も書籍ではなく『うかたま』の別冊（雑誌扱い）として書店への配本数を増やし、並製にすることで値段も安くした。

企画・編集者である学会はこれを50周年記念事業とし、「創立50周年記念出版委員会」が組織され、2014年11月から、学会員で構成する各都道府県の著作委員、記念出版委員、農文協の三者で開く三者会議が都道府県ごとに始まり、料理を選定した。数は各都道府県40品。選ぶ基準は、①およそ昭和35年から45年までに地域に定着していた家庭料理、②地域の人々が次の世代以降もつくってほしい、食べてほしいと願っている料理の2点だ。

「昭和35年から45年なら、ハンバーグなども食卓にあがるが入れてもいいのか」という質問も出たが、「ハンバーグのレシピを１００年後まで残したいか」と逆に聞くと、だったら他に残すべき料理はあるということになる。また、「クジラのように入手しにくい素材の料理はどうするか」「非日常的な、どんぐりのアクを抜いて粉にする方法を載せる必要はあるのか」といった質問も出た。誰でもつくれるレシピが目的ならば、なくていいといえる。しかし、１００年後には政治や自然環境の変化で、クジラが日本でも自由に捕れるかもしれない。食料不足でどんぐりしか食べられないかもしれない。そのときにその素材の利用方法、食べ方がわからなかったら、１００年後の人たちが困る。また、クジラ料理やどんぐりの粉を使った「ひだみもち」が残るということは、豊かな海や森も残すことにつながるはず。このように料理を一つひとつ、先生方と一緒に吟味し、各県40品を選んでいった。

２０１４年から先行撮影、16年からは本格的に全国での撮影が始まった。地元の方に先生方からアポイントをとり、全都道府県に足を運んで撮影した。現場では「食全集」にも出ている料理、土地の名物料理もあったが、長野の「そばだんご」、山口の「つしま」のような、「食全集」にも出てこない、でも地域ではつくり続けてきた料理との新しい出会いもあった。また、「たこ焼き」や「ナポリタン」のような料理が出てくるのも、戦前の食生活を聞き書きした「食全集」との違いだろう。

撮影と同時に編集も始まった。全国から集まるレシピを、用語の統一やルールを決めて原稿整理した。材料は「４人分」を基本としたが、大勢が集まるときにつくるから10人分が普通という料理を、あえて10人分のままにした場合もある。一方で、少人数の家でもつくってほしいから４人分に調整したレシピもある。また調味料の分量も今の人向けに薄味にしたものもあれば、塩田で働く人が食べてきたすしだから当時の濃い味のままのものもある。このようにレシピの中にある、地元の人たちが伝えたいことや思いを尊重し、臨機応変に対応している。

２０１７年11月、『すし』から刊行が始まり、20年３月までに10冊が配本されている。19年11月には、先行で発刊の6冊についてカバーをくるみ直し、上製本の6冊セットとして刊行した。価格も上がったが、『別冊うかたま』(雑誌)では受け入れできなかった公共図書館などからは、表紙のイラストの評判もよく、順調に売り上げをのばしている。

■日本の食文化を伝え継ぐためにできること

初めに「日本の家庭料理」の企画を提案された調理科学会の先生は「岐阜－食を考えるみんなの会」のメンバーで、この会はもともと、「食全集」の編集者・執筆者を中心に組織された食研究会（以下、食研）が始まりだ。食や農に関する行政関係者や生活改善グループや生協などの団体、研究者、農家などが集まり、地域の食について考えるための講演や研究報告などが行なわれた。今もいくつかの県で活動が続いており、「日本の家庭料理」の著作委員にそのメンバーが関わっている県もある。岐阜の食研は、当時の東海近畿支部の文化係が事務局を務め、その都度、文化財を紹介することで関係性をつくってきた。そんな縁が「日本の家庭料理」につながっている。

現場では『現代農業』の長い読者もいて、おかげでいろいろと協力してもらい、撮影もスムーズに進んだ。「食全集」という存在があったことはもちろんだが、文化財を通して農文協がずっと地域の人たちと関わってきたことも、この本を生み出した力になっている。

撮影の様子。撮影日数は300日以上、著作委員として調査・撮影・執筆に関わった研究者は約350人という規模の企画になった

「日本の家庭料理」の企画編集の途中、17年に発刊された『**和食を伝え継ぐとはどういうことか**』では、「食全集」の編集に関わった農文協元職員の木村信夫氏が、「食全集」の調査や編集、その後に行なわれた各地の食育活動などを紹介している。木村氏は序章で、「ユネスコの無形文化遺産に登録された『和食』とは、日本列島各地の母たちが育んだ『地域の食』である。『和食』への注目、『地域の食』の見直しは、全国津々浦々での『宝の循環』づくりにつながっていくだろう。それは、食を通じて人と自然が豊かに永続的に支えあうライフスタイルをつくっていくねばり強い運動、『静かなたたかい』だ」と述べている。

調理科学会の会員である先生方は、大学では地域貢献などに関わるなかで、学生や子どもたちを食文化の担い手に育てる役割を持っている。また、現地で料理をつくってくれた協力者はおもに60～70代の女性で、「食全集」のときの「嫁世代」である。今は姑や母から教わった料理を農産物直売所で特産化したり、それらを子どもたちに教える地域の先生になったりと、次世代への橋渡し役になっている。「食全集」、そして「日本の家庭料理」を刊行し、こうした方々と協力しながら、これらの文化財を多くの人の手に届けることこそが、農文協の食の分野における「静かなたたかい」だろう。

（中田めぐみ）

３章

農村へ都会へ、暮らしの自給力を発信
――『うかたま』から生まれた本

■農村でも都市でも「麹」のある暮らし

２０１１年の東日本大震災後の6月に発行した『うかたま』夏号（23号）は**「食べて体を調える」**特集で好評を得たが、もう一つの目玉企画が「甘酒と麹のデザート」だった。このとき、同年2月に刊行した単行本**『塩麹と甘酒のおいしいレシピ』**（タカコ・ナカムラ著）がすでに5刷と評判になっていた。世間では10年頃から塩麹が注目され始め、11年になると健康や美容によいともいわれ、塩麹のつくり方と使い方が頻繁に取り上げられ、すぐ使えるできあがった塩麹が競って発売されるようになるなどの一大ブームがあった。そんななか、この本はおよそ1年で15刷８万部を販売し、ブームをけん引する本の一つとなった。

この本が生まれたきっかけは09年12月に発行した『うかたま』冬号（17号）にさかのぼる。そこで掲載した「タカコ・ナカムラさんの麹のソースでつくる一皿」がとても好評だったため、ぜひ単行本をつくろうということになったのだ。マクロビオティックを学び、「ホールフード（まるごとのたべもの）」をすすめるナカムラさんは言う。「もしも〝ノアの箱舟〟に、日本の伝統食品を一つだけ入れられると聞いたら、私は迷わず『麹！』と答えるでしょう。（中略）麹は日本の味のキモだと思うのです」。そしてホタテの塩麹カルパッチョや甘酒フォカッチャなど、伝統的な麹食品を現代的に楽しむ方法を紹介してくれた。

この『うかたま』と同日に発行した『現代農業』10年1月号も、巻頭特集が**「こうじ菌バンザイ」**。こちらはボカシへの活用や病害対策など農業での利用が入口になっている。もちろん料理レシピも載っているが、農家らしいのは育苗器を使った麹づくりなど、麹そのものを手づくりする方法をいろいろな人が自慢気に語っている点だ。

当時の塩麹ブームは健康食品的な広まり方も大きかったが、麹菌という生きものとつきあい、うまく育てて活用する農家的な暮らし方を多くの人が知るきっかけになった。

『塩麹と甘酒のおいしいレシピ』。生きた麹を楽しむレシピ55に麹・味噌・醤油・酒などのプロの仕事ぶりも紹介

時を経て、いまや都市生活者でも、麹から手づくりしたいという人や実践する人が増えてきた。そんな人のために「都会のマンションでも、安定して、安全に、確実につくれるやり方」を指南する**『麹本』**を20年春に刊行する。著者のなかじさんはもともと日本酒の造り酒屋で酒を造っていた蔵人《くらびと》で、『うかたま』でも発酵食のレシピを披露しており、11年12月には単行本**『酒粕のおいしいレシピ』**を刊行。12年12月に単行本**『酒粕おやつ』**を刊行した料理家の南智美さんとは夫婦で発酵食の現代的な魅力を発信している。

麹は日本の風土と先人の工夫が生み出した、日本の食文化を特徴づける食品だ。その麹と米が結びついたどぶろくづくりは現行の酒税法では自由にはできなくなっているが、それは憲法違反だと裁判を起こしたのが前田俊彦氏で、自家醸造文化の復権を掲げた『ドブロクをつくろう』（1981年）は10万部を超える話題作となった。86年からは『現代農業』で各地のどぶろくづくりを紹介する「どぶろく宝典」の連載を続けており（2009年からは「ドブロク宣言」）、多くの書籍も刊行してきた。農文協の考え方を象徴する文化財ジャンルの一つがどぶろく本だ。創立80周年を記念して、長らく品切れになっていた**『ドブロクをつくろう』**と**『趣味の酒つくり』**（笹野好太郎著、1982年）、**『諸国ドブロク宝典』**（貝原浩ほか著、89年）、**『図解文集　世界手づくり酒宝典』**（貝原浩著、98年）を復刊することになった。新刊と復刊を併せて、麹のある食文化、麹とともにある暮らしの現代的な形が広まることを後押ししたい。

『現代農業』2010年1月号。米袋や湯たんぽ、電気毛布などを使って麹をつくる方法が披露されている

■農家レシピから暮らし術まで――『別冊うかたま』

『うかたま』は2005年に『現代農業』の増刊号としてスタートしたが、06年には独自の雑誌コードを取得した。都市部の書店で一定の読者を得て配本が安定してきた10年からは『別冊うかたま』の刊行が始まった。その第1弾は『**農家が教える　季節の食卓レシピ**』。『現代農業』の人気連載「産地農家の食卓レシピ」を中心に、農家のレシピをまとめた1冊だ。

『現代農業』に掲載した記事をいろいろなテーマで再編集した『別冊現代農業』は04年から刊行されていたが、新たに『別冊うかたま』を発行し始めた理由を、『現代農業』10年5月号の「主張」では次のように述べている。

「『現代農業』の別冊として発行すると、並ぶのはどうしても大きい書店の農業書コーナーや農村部、地方都市の書店が中心になってしまう。『うかたま』の別冊ならば都会の書店の料理誌コーナーを中心に並べられる。都市住民にこそ読んで欲しいという思いで『別冊うかたま』としたのである」

『農家が教える　季節の食卓レシピ』。作物への愛があふれるレタスステーキ、スイカステーキ、シイタケ丼など

「振り返れば、本誌（『現代農業』）では二〇〇三年三月号で『食が見えると売り方に磨きがかかる』という特集を組んだ。その中で茨城県総和町のハクサイ農家、岩瀬一雄さんは『口に入るところまで、農家が面倒見てやるべし』と喝破した。『今の消費者は料理を知らない。〝ハクサイといえば、鍋か漬物〟というだけでは、ハクサイの未来は明るくないからだ』。この頃から、本誌では栽培技術を扱う場合でも、消費者への食べ方提案までつながるような角度を盛り込んだ記事が増えてきた」

「一九九〇年代に産直・直売で消費者と直接つながり始めた農家が、二〇〇〇年代に入ると食べものを提供するだけでなく、食べ方という文化も含めて都市住民に届けるようになった。定年帰農や青年帰農で村に加わった人たちも、新しい人とのつながりをもたらし、帰農とまでいわなくとも、家庭菜園や市民農園はますます広がっている。物理的にも意識的にも、農村と都市の敷居は低くなってきている。だからこそ、旬のおいしさを誰よりも知っている農家の食べ方や保存食づくりの知恵を、都市住民も知りたがるのだ」

『食べ方提案』はただ消費者に消費の仕方を教えるのではなく、耕すことを大切に思う仲間を増やすための働きか

『農家に教わる　暮らし術』。バイオトイレのつくり方やガス・電気などエネルギー自給、ミツバチやヤギの飼い方も

けである」

農家の食べ方提案が暮らし方の提案にまで広がったのが、11年3月に発行した別冊**『農家に教わる　暮らし術』**。その「はじめに」は次のように述べている。

「大根葉や米のとぎ汁で洗剤をつくる。化粧水はドクダミで、虫よけはミカンの皮で効果バツグン。身体がポカポカあたたまる酵素風呂。夏は涼しい土間だって自分でつくれる……。

農家の暮らしは、日用品から住まいまで、身のまわりのものを捨てずに活かす知恵の宝庫です。

月刊『現代農業』にはそんな全国の農家の工夫が毎月たくさん寄せられます。この本では、その中から日常の暮らしを豊かに快適にするアイデアをまとめました。

（中略）

『これならできる』ということもあれば、『いつかできたらいいな』と思うこともあるでしょう。

どこからでも、試してみてください。

買う、捨てるばかりだった暮らしが、ちょっと変わるかもしれません」

発行の直後に東日本大震災と原発事故が発生し、都市型の生活インフラがどれだけもろいものかを多くの人が体験した。暮らしの自給力を発信した同書はその後単行本化され、現在まで版を重ねている。

この後、農文協では食だけにとどまらない暮らしの自給を提案する本の出版が、10年代の後半にかけて広がっていくことになる。『別冊うかたま』の発行枠は17年からは「伝え継ぐ日本の家庭料理」にあてているが、21年に同シリーズが完結した後は、再び『現代農業』の記事や、台所から一歩、外へ出て食のまわりのことを広く取り上げるようになった『うかたま』の記事も精選して読者に届ける役割を担うことになるだろう。

（遠藤隆士）

4章

農村は衣・住も自給できる
——豊かな地域資源生物立国へ

農が生み出すのは食料だけではない。身の回りの田畑や山、植物をもっと活かせば、衣料や住居など暮らし全般の自給力を取り戻せるはず。『生活工芸大百科』をはじめとする出版で、その可能性を精力的に追究した。

■気候変動の時代に、豊かな植物資源立国の取り戻しを

日本は世界的にみても豊かな植物相に恵まれている。江戸期の日本では、食品から日常活用品まで、人々の暮らしを支えるほとんどのものがこの豊かな生物資源からつくられていた。まさに植物資源立国だったのである。

時あたかも、地球温暖化の危機的な進行を前に、世界で400万人の若者が、未来世代への責任を果たすべくゼロ・エミッション、すなわち人間の排出する二酸化炭素量を自然界が吸収できる範囲内に留めることを求めて行動している。そのためには、二酸化炭素の排出量削減とともに、植物を増やすことが不可欠になる。

タネを播き、木を植えることは、まさに日本列島の農林家が孜々《しし》として行なってきたことそのものである。それは、食糧の生産にとどまらず衣食住すべてにかかわる分野で、地域生物資源を暮らしに取り込む営為だった。

■地域生物資源を暮らし全般に活かす農林家の姿

農業は、自然に直接働きかける営為である。その営為で生み出された、食料以外のものが生活工芸品である。

工芸品は確かに専門の職人によって高い完成度をもつに至ったが、その原点は農家の暮らし方のなかにある。米の収穫後にワラを打ってぞうりを編み、米麦・野菜の栽培の合間にワタやアサを育てて冬場に糸を紡ぎ、布を織り、衣服に仕立てる。歳末には竹でかごやざるを編み、火吹き竹をつくって市に出す――。農家は衣食住すべての暮らしの糧を地域生物資源から自給していたのである。

こうした暮らしから離れるのに比例するようにして、人

『生活工芸大百科』

間は文明を「発展」させてきた。だがその結果、増え続ける海洋プラスチック、処理の見通しの立たない核廃棄物、そして温室効果ガスの排出による気候変動、自然災害の激甚化など、地球環境は後戻りできない地点に近づいているといわれる。

地球環境そのものが、地域生物資源を活かす道へ立ち戻ることを要請している。その方途を、農林家が生み出した工芸品という具体物およびその材料植物の栽培・加工技法のなかに求め、実用書として表現しているのが、以下のような、農文協の工芸分野の刊行物である。

■50余の地域生物資源を網羅

工芸品とは、まず暮らしの用に供するものでありながら、農家独自の美意識にも支えられたものである。

2016年に刊行した『**地域素材活用　生活工芸大百科**』は、人々の暮らしを支える地域生物資源と、それを利用した生活工芸品を取り上げている。完成した製品、工芸品からではなく、その素材となる生物資源から説き起こしているのが特徴である。地域生物資源がまず先にあり、その地に暮らす農家がそれを取り込んだという関係に即している。「藍《アイ》」「茜《アカネ》」「木通《アケビ》」など五十音順に50余りの素材を収録。素材ごとに、植物としての特徴や利用の歴史、品種と生産・採取についてまとめている。素材によっては「藍染め」「アケビ蔓編み」など別建てで製造法を詳述したものもある。

たとえば「杉」の項では、縄文遺跡から出土したスギの井戸や丸木舟、在来軸組工法による木造家屋の構造図、現在の直交集成材（CLT）技術などを紹介したうえで、スギ材生産の過程を概観。また、野田の醤油製造と桶・樽製造、岩谷堂箪笥《たんす》、箸、吉野杉皮和紙、線香などについても製造方法を中心にまとめている。

本体1万8000円の百科だが、学校図書館や公立図書館からも支持されて増刷となった。学校教育では調べ学習用の資料として評価されることが多かった。

■衣食住にかかわる基本植物の栽培と利用

『生活工芸大百科』の各論編ともいえる「生活工芸双書」（18〜19年）は、全9巻10分冊からなる。農山村でつくられる工芸品の素材となった苧《カラムシ》、大麻《アサ》、楮《コウゾ》・三椏《ミツマタ》、桐、萱《カヤ》、竹、棉《ワタ》、藍《アイ》、漆《ウルシ》を取り上げ、それぞれの植物としての特徴と栽培、利用の歴史、利用加工の方法をまとめている。

たとえば『**大麻**《アサ》』の巻を見てみよう。アサは大麻《たいま》取締法がらみの事件ばかりが話題になるが、海外ではカナダなどを中心に繊維植物として「産業用ヘンプ（アサ）」栽培が広がっている。かつては日本でも繊維植物として大きな存在だった。栃木県鹿沼市の栽培農家・大森由久さんは、取材に答えて「アサは１００余日で繊維がとれるし、種実は油を搾り食用にもなる。遠い先祖もこの地に定住するにはアサのタネが大いに役立ったに違いない。人が生きるうえで衣食住にかかわる基本植物だ」と言っている。

「生活工芸双書」

まず衣料としては、吸水率が高く、汗を吸着しさらさらとした肌触りをもたらすため、高温多湿の日本の夏に最適だった。他にも漁網（麻は吸水すると強さが増す）、畳糸（戦前の長野県鬼無里《きなさ》村では村の特産品として生産し、冬場の出稼ぎをしなくて済んだという）、下駄の鼻緒、手綱、大相撲の横綱、和楽器の小鼓の調緒《しらべお》、神社の鈴緒、凧糸など広範な利用法があった。さらに主産地の栃木県では、皮を剝いだアサの幹（麻殻《おがら》）による懐炉灰製造も、使い捨てカイロの登場以前には重要産業だった。

アサの栽培・利用が大きく衰退した高度経済成長以後も、栃木県で麻薬成分ＴＨＣを含まない無毒品種が開発され、県内のアサ畑の盗難事件が皆無となるなど、生産者・関係者のたゆまぬ努力が続いていた――。

本シリーズを通じて、これら基本植物の栽培・利用の伝統を復活ないし継承しようとする近年の取り組みも多く取り上げた。たとえば『**棉**』の巻では、「東北コットンプロジェクト」でワタ栽培に取り組み始めた集落グループを取り上げている。これは、東日本大震災の津波で塩害を受けた農地で、被災農家がワタを栽培し、紡績から商品化・販売を参加各社が共同で展開するプロジェクトである。また『**藍**』の巻では、徳島県城西高校における「阿波藍」の伝統継承と6次産業化のプロジェクトや、徳島県板野町地域おこし協力隊を勤めた後にアイ栽培と藍染めで起業した20代の若者などが登場する。

地域の自然を活かしながら、その地で生きるための模索を続ける人たちの存在に光をあてた本シリーズは好評を博し、「耕作放棄地にコウゾやウルシを植林したい」という農家からの注文もあった。

■地域資源活用を支える農産物直売所の広がり

1990年代後半からの農産物直売所の隆盛は、豊かな地域生物資源の見直しも促進した。『増刊現代農業』99年11月号は「田園工芸」と題し、岩手県JAいわて花巻の直売所「母ちゃんハウスだぁすこ」のあけびつるかごや、岩手県久慈市の朝市の花かご、愛媛県内子町の「フレッシュパークからり」の飾り物などを紹介。工芸品に取り組む農家グループに光を当てた。2000年代には『現代農業』に、ワラやせん定枝、米袋などを活用した手工芸品の記事や、「ちょっとステキな簡単手技」「農DEア～ト」等の連載が載った。

「**農の手仕事**」を特集した『季刊地域』18年秋号(35号)は、しめ縄やワラジなどイナワラ細工で年間2000万円を売り上げるJA魚沼みなみワラ工芸部会の活動を紹介。また、輸入品が席巻するなか、転作田や耕作放棄地等を活用してアイ、ワタ、ホウキモロコシなどの植物を栽培し、工芸品の自給や特産化をめざす農家グループ等の事例を多数取り上げた。集落営農法人の仕事やJA青年部の活動として取り組んでいる事例も多い。

まわりの遊休地や山・転作田から工芸品が生まれる!?
(『季刊地域』18年秋35号より)

■農業と結びついた手づくりのワザに関心大

他にも、地域資源を活かす農山村のさまざまな動きから、農業と密接に結びついた工芸品や住居・土木の実用書が生まれ、好評を博した。

『つくって楽しむ　わら工芸』（瀧本広子編／大浦佳代取材・執筆、16年）

ワラ工芸を対象に研究調査された本はあるが、実際につくって楽しめる本は意外なほど少ない。自分の好みと技術に合わせてできる「卵つと」「つまかけぞうり」「円座」「米俵」など16種を初級・中級・上級に分け、つくり方の手順を写真と図で解説。完成までの所要時間、工程ごとのポイントも書き込んだ。学校図書館・公立図書館のほか、書店販売や注文も伸び、増刷を重ね1年あまりで2万部に迫る勢いを示した。18年には続編**『つくって楽しむ　わら工芸2』**も刊行し、これも増刷を重ねた。

『日本茅葺き紀行』（一社・日本茅葺き文化協会編、19年）

一般市民や訪日外国人を対象に、日本語英語併記で日本農村の原風景である茅葺きの里16カ所を訪ねる、写真・図版多数でビジュアルなガイドブック。カヤ場には屋根だけでなく、茅葺きのためのカヤ刈り、野焼きなどを通じた里山としての多面的価値がある。マルチ、敷き草、飼料などにも利用され、農業と密接に結びついて発達してきたカヤ文化に光をあてている。

『図解　誰でもできる石積み入門』（真田純子著、18年）

著者は、『季刊地域』17年冬号（28号）「農家の土木　基礎講座」に登場した東京工業大学准教授。前任の徳島大学時代に地元の石積み工法に関心を持ち、専門の景観工学を講ずるかたわら「石積み学校」を主宰する。石積み技術を持つ人、習いたい人、石積みを直したい人の出会いによって、農地の石積み技術を継承し、現地で石積みの修復も行なうものだ。中山間地域の棚田や段畑にみられる、コンクリートやモルタルを使わないエコで持続可能な石積みの技術「空石《からいし》積み」も詳述。

刊行後1年を経ずして5刷の勢い。全国には気がかりな石積みを直したい人も多い。U・Iターン、二地域居住、趣味で農村を回る人たちの動向も垣間見られる一冊になった。

（松原喜一）

『図解　誰でもできる石積み入門』

5章

こどもたちに伝える、農・食・いのち

1　こども農業雑誌『のらのら』が切り拓いた世界

■『食農教育』からのパラダイム転換

農文協は「医（健康）・食・農・想（教育）」の四つをおもな活動領域としてきた。そのなかの「想」の領域におけるこの10年間のおもな出版活動として、こども農業雑誌**『のらのら』**を挙げることができる。その前身は、農と食の体験学習をすすめる雑誌として1998年に創刊した『食農教育』である。この雑誌は、学校教育における「総合的な学習の時間」などにおいて、農・食・いのち、さらに地域・環境などの学びをリードしてきた。

『食農教育』をリニューアルすることにしたのは、その編集・発行を重ねるなかで、農・食・いのちなどの学びは、学校教育のなかにとどまらず、広く家庭や地域や社会のなかで、こどもの目線や感性を大切にしてすすめていくことが重要だと気づかされたからであった。一方、教科学力を重視する観点から「総合的な学習の時間」の見直し論も生まれていた。2011年、『食農教育』は、「大人の教育のための雑誌」から「こども自身を主人公として、こどもと大人が『農』に取り組むための雑誌」＝『のらのら』に生まれ変わった。誌面も一新し、オールカラーで96頁、すべての漢字にルビを振った。

『のらのら』にこめた思いは、準備号の巻頭に掲載された文章に集約されており、その転換は、パラダイムの転換ともいえるものであった。

■『のらのら』の世界と象徴的な記事

新しくなった『のらのら』の特集テーマは、新装刊1号「いま、〝のら〟がおもしろい」、2号「なんでも発芽！／ぼくらの〝のら着＆のら道具〟」、3号「夏野菜でビックリ、栽培」、4号「野菜がよろこぶ〝魔法の液体〟／いますぐで

『食農教育』は『のらのら』へと生まれ変わります。

本誌『食農教育』は、農と食の体験学習をすすめる雑誌として、1998年の夏に創刊されましたが、次号より、子どもが大人といっしょに読んで「農」に取り組むための雑誌、『のらのら』へと生まれ変わります。

「のら」とは「野良」、つまり野原や田畑のことですが、「むら」や「さと」といった人間が居住する場と、より自然に近い「やま（奥山）」との中間にある、野原や田畑、そして川や沼、里山、里海をも含む、生産と生活の空間をさしています。

「野を良くする」と書いて「のら」と読むように、先人たちは、家族の健康や村の繁栄を願いながら、野良仕事を積み重ねてきました。「のら」には、作物や家畜をはじめとして、多様な生命が共存し、循環しています。

「のら」は、人が育つ場でもありました。親の手伝いをしたり、動植物とあそんだり、自らこづかいを稼いだりしながら、子どもたちが成長していく場です。

いま、もう一度、「のら」をフィールドにして、子どもたちが当たり前に培っていた「自然とつきあう力」や「生活する力」を、現代の子どもたちにも獲得させたい。従来の体験学習から一歩すすんで、日常の暮らしのなかで「のら」にでていく「のらぼーず（農業少年）」や「のらガール（農業少女）」を増やし、次代にむけて、地域の元気と希望を紡ぎだしていきたい。

そんな思いから、新しい雑誌名を『のらのら』と名づけました。

――『のらのら』準備号（『食農教育』2011年夏81号）より

きる！　夏の〝のら〟快適グッズ」、5号「100％本気！　プランター栽培」と続く。さらに、「草となかよく！　自然菜園」「畑がよろこぶ生ゴミマジック」「ワラ30本の正月飾り」「犯人をさがせ！夜の害虫探偵団」といった興味深い特集も生まれてくる。連載記事も「農業少年を探せ!!」「こだわり！　プランター栽培」「なぜなぜ家族の野菜づくり」「家畜が飼いたい」「農業機械まるわかり」

左：表紙に「こども農業雑誌誕生！」と記された『のらのら』2011 年秋新装刊 1 号
右：準備号（『食農教育』11 年夏 81 号）

「ひみつの実験日記」とワクワク感いっぱいで、「家畜が飼いたい」にトナカイが登場したり、「農業機械まるわかり」の執筆が高校生の「のらぼーず」だったりするのは、「こども農業雑誌」ならではの醍醐味だ。

とくに**「農業少年を探せ!!」**は、連載25回を数えた『のらのら』を象徴する記事である。全国各地で野菜・稲づくりや家畜の世話、農業機械の運転・整備など、好きなことに純粋に突き進む農業少年（のらぼーず＆のらガール）の姿は、とても新鮮で感動的ですらあり、大人も新たな発見があったり元気や希望をもらったりした。ここに登場した農業少年のなかからは、その後も「のら」に出て農に勤しみ、その体験を生かして将来の仕事について考えたり、自然や農業関係の高校・大学に進んだり、自らタネの会社を起業したり、農家や地域農業の担い手になったりする人も誕生しはじめている。

4歳と2歳で新装刊1号に登場した畑大好き兄弟が、6年経って17年夏23号に再登場。イチゴ農家の父の手伝いはもういっぱしのもの

15年冬号（17号）の特集**「土着菌をつかまえろ！」**は、茨城のベテランキュウリ農家・松沼憲治さん（82歳＝当時）の畑や林にのらガールたちが実際に出向いて、土着菌の採り方やボカシのつくり方を教わるという企画である。このように、こどもたちが農家（とくに経験豊富な祖父母世代）から直接学び実践する企画は、『のらのら』が大切にした基本の一つであり、農家の知恵や技、自給の精神などをこどもの視点・発想を通して、誰にでも共感できる形で記事にしていった。

3回にわたって特集を組んだ**「魔法の液体」**では、プクプク泡が出る手づくり酵母液など、身近な物を使って魔法のような変化を体験できる実験を入り口に、そのつくり方や利用法にとどまらず、微生物（菌）の生き方やはたらきなどの科学的な世界へも踏みこんでいった。こうした特集は、「菌の絵本」（次節）の企画・編集にもつながっていく。

特集「土着菌をつかまえろ」より、松沼さんの畑で土着菌ボカシについて教わるのらガールたち

■読者参加型の企画と誌面づくり

「のら部」の創設　新装刊と同時に、農業大好きなのらぼーず、のらガールが集まる全国規模の部活「のら部」を立ち上げ、部員募集を開始するとともに誌面のなかに「のら部」コーナーも設けた。「のら部員」には、申し込みさえすれば誰でもなれ、部員証とカンバッチを配布する仕組みもつくった。「のら部」コーナー内には、「お便り」「のら部活動報告」「全国の耳より情報」「のら部の本棚」などとあわせて、「タネ交換掲示板」「バケツイネ選手権」などのコーナーも設けた。

タネ交換掲示板　14年からスタートし、毎月20～30通の投稿がある大人気コーナーであった。読者から「欲しいタネ」「ゆずりたいタネ」の投稿を受け付け、編集部で投稿の整理・保管・マッチング・発送を行なった。こども、親、農家、市民、研究者、保育園・学校など、多様な読者がタネを通して交流し合う、『のらのら』を象徴する取り組みに成長していった。こどもの「欲しいタネ」を見て、ベテラン農家がそのタネを送ってくれるなど、こどもと大人の交流が生まれたりもした。

バケツイネ選手権　12年からスタートした取り組みで、バケツを栽培容器としてイネを1粒のタネから育て、どれだけ粒数を増やせるかを競い合うものだ。14年には茨城県潮来《いたこ》市の全小学校の5年生が参加、市長も出席した結果発表・表彰式も行なわれた。その後も幼稚園、学童保育、農業高校、大学農学部育種研究室、さらにはイネの研究者、肥料会社の社員、専業農家などのプロも参戦して腕を競い、イネのもつ無限ともいえる可能性の探究に夢中になった。

これらの取り組みは、『のらのら』休刊後は雑誌『現代農業』に引き継がれている。こうした読者参加型の取り組みや誌面づくりは、『のらのら』に親近感や躍動感をあたえるとともに、開かれた世界を呼びこみ、新たな企画やのらぼーず、のらガールの発掘にもつながっていった。

『のらのら』の記事や「のら部」の取り組みからは、『**ひらめき！　食べもの加工**』（15年）、『**プランターで有機栽培**』（14年）、『**バケツで実践　超豪快イネつくり**』（14年）など数多くの単行本も生まれた。そのなかでも、『のらのら』14年冬号（13号）の特集「バケツイネでできちゃった！ワラ30本の正月飾り」がもとになって生まれた『**つくって楽しむ　わら工芸**』（16年）は、幅広い数多くの読者に利

新装刊と同時に設けた「のら部」コーナー。冒頭で部員募集を呼びかけた。部員証もあり本格的

用される単行本になっている。
これまでみたような『のらのら』の編集の考え方や編集者の思いは、こどもたちや農家に学び、試行錯誤を重ねながら、次のように整理されていった。

・こどもの目線や感性から対象に迫り、こどもにわかる形象化を追究することで、ものごとや生きものなどの根源的なすがたを鮮明にし、広範な人びとや世代にはたらきかけることができるようにする。

・こどもを通して家族や地域、世代間などをつないでいく。とくに、農家やお年寄り（祖父母世代）のもつ知恵や技を誌面化しこどもたち（孫世代）に伝えていくことで、家庭や地域に「自然知」や「身体知」、自給力などを呼びもどし、地域の元気と希望を紡ぎだしていく。

・定説やマニュアルなどにとらわれることなく、こどもの「なぜ、どうして？」を大切に、観察や実験を通して、生きものや自然物、技術の実体に迫ることで、新しい発見や感動を呼び起こしていく。

このように大きな転換期のなかで挑戦を続けてきた『のらのら』であったが、農文協の文化財発行を永続的なものとするための雑誌全体の見直しのなかで、17年夏号（23号）をもって休刊となった。しかし、『のらのら』が培った編集の視点・方法、発掘した農業少年などの財産は、雑誌『うかたま』や『現代農業』『季刊地域』、さらには単行本や絵本などのなかに引き継がれている。

2 転換期のなかで生まれた個性的な絵本と視座

絵本にとっても、この10年間は大きな転換期であった。農文協の絵本は、教育領域での活動に力を入れるべく、小学校での「生活科」創設に照準して１９８６年度に「ふるさとを見直す絵本」「自然とあそぼう植物編」を発行したのがはじまりである。その後、96年度からスタートした「そだててあそぼう」シリーズは、雑誌『食農教育』とあわせて、「総合的な学習の時間」を支援する絵本として10年以上にわたって発行を続け、２０１０年には１００巻（20集）に達し、農や食の世界とその本質をこどもたちはもとより広範な人びとにわかりやすく伝える絵本として大きな役割を果たした。とくにトマト、イネ、サツマイモ、ダイズなどは学校教材としても広く取り上げられ、版を重ね累計４万部を超えるものもあらわれた。

しかし、巻数を重ねるにつれて、しだいに絵本として取り上げる作物や家畜がこどもたちになじみのうすいものになってきたり、「総合的な学習の時間」の見直しによって教育現場で栽培・飼育などの体験学習が停滞気味になってきたことなどもあり、「そだててあそぼう」に代わる絵本が求められるようになってきた。

■農の世界を多面的に伝える

こうした絵本の大きな転換期にあたってまず取り組んだのは、これまでの農文協の雑誌『現代農業』や単行本、映像などで追究してきたテーマを見直し、絵本との接点や絵本化の可能性を探っていくことであった。そのなかで具体化してきたのが、近年被害が拡大し農家や住民を悩ませている鳥獣害をテーマにした**「シリーズ　鳥獣害を考える」**全6巻（10年度）であった。カラス、イノシシ、シカほかの鳥獣を取り上げ、こどもの目線で、それぞれの生態や防ぎ方、野生生物と農業・農村が共存していく途を探っていくもので、これまでにない絵本となった。

こどもの目線で農業機械や農具のすごさや魅力、そのしくみや持ち味にせまったシリーズも発行した。**「シリーズはたらく農業機械」**全5巻（11年度）は『のらのら』の農業機械の企画とも連動して進められ、とくにトラクタに対するこどもたちの興味・関心の高さに改めて気づかされた。また**「シリーズ昔の農具」**全3巻（12年度）は、栽培体験や社会科の教科書などに登場する「くわ」「かま」など農具をこどもたちが再発見していくもので、「シリーズ　はたらく農業機械」とともに、世界的にも独自の発達をとげた農機具を切り口に、日本農業の特質に迫るものとなった。

そして、個別の作物や家畜だけでなく総体としての農家の営み（一年間の仕事や家族の暮らし）を写真と文で活写し、農家の魅力や農業のおもしろさを伝える**「農家になろう」**全10巻（第1集12年度、第2集14年度）は、農文協が農家に学んできた蓄積を集大成した絵本ともいえるものであった。ここで取り上げた酪農家、水田農家、野菜農家、果樹農家、畑作農家などは、『現代農業』や単行本などで生産・技術面から取り上げてきた農家であったが、絵本化によってそれらの農家の新たな側面（自給を基本にした暮らしの工夫など）も発見できた。この写真絵本の第1集は13年の「児童福祉文化賞」に選定され、絵本の専門家からも高く評価され、『イネとともに』は青少年読書感想文全国コンクールの対象図書となり上位入賞をしている（16年、20年）。

「農家になろう」３『イネとともに』の一場面。水田農家・佐藤次幸さんの畑で収穫されたじつに豊かな自給用の作物

「まるごと探究！　世界の作物」（17年度〜）は、**『イネの大百科』『ムギの大百科』**から始まり、ダイズ、トウモロコシ、トマト、ジャガイモを発行している。収録作物は「そだててあそぼう」と重なっているが、その内容や視点は、世界に目を向け、作物と人間のかかわり、生産・利用・流通（貿易）の現状やあり方などに重点をおいて、世界的・地球的視野で持続可能な農や食のあり方をより多面的に「まるごと探究」していくもので、「そだててあそぼう」を発展させたビジュアル大百科となった。

■ふれあい交わる「いのち」の幅を広げる

「そだててあそぼう」では、作物・家畜を中心にして100種類近くの農業生物を取り上げたが、人間と生きものの関係はそれにとどまるものではない。とりわけ、樹木や微生物（菌）の世界は、残された特徴的な分野であった。そこで、これらの分野については、新たなシリーズとして、**「まるごと発見！　校庭の木・野山の木」**全8巻（15〜16年度）、**「菌の絵本」**全6巻（17〜18年度）を立ち上げた。前者ではサクラ、イチョウ、マツほかの樹木を、後者ではかび・きのこ、なっとう菌、こうじ菌ほかの菌を取り上げ、それぞれの樹木や微生物を主人公とした。そして、それらの巧みな生き方や暮らしぶり、育て方や利用、人間との新たな関わりまでを探究することで関心を高め、ふれあい交わる「いのち」の幅を広げていった。

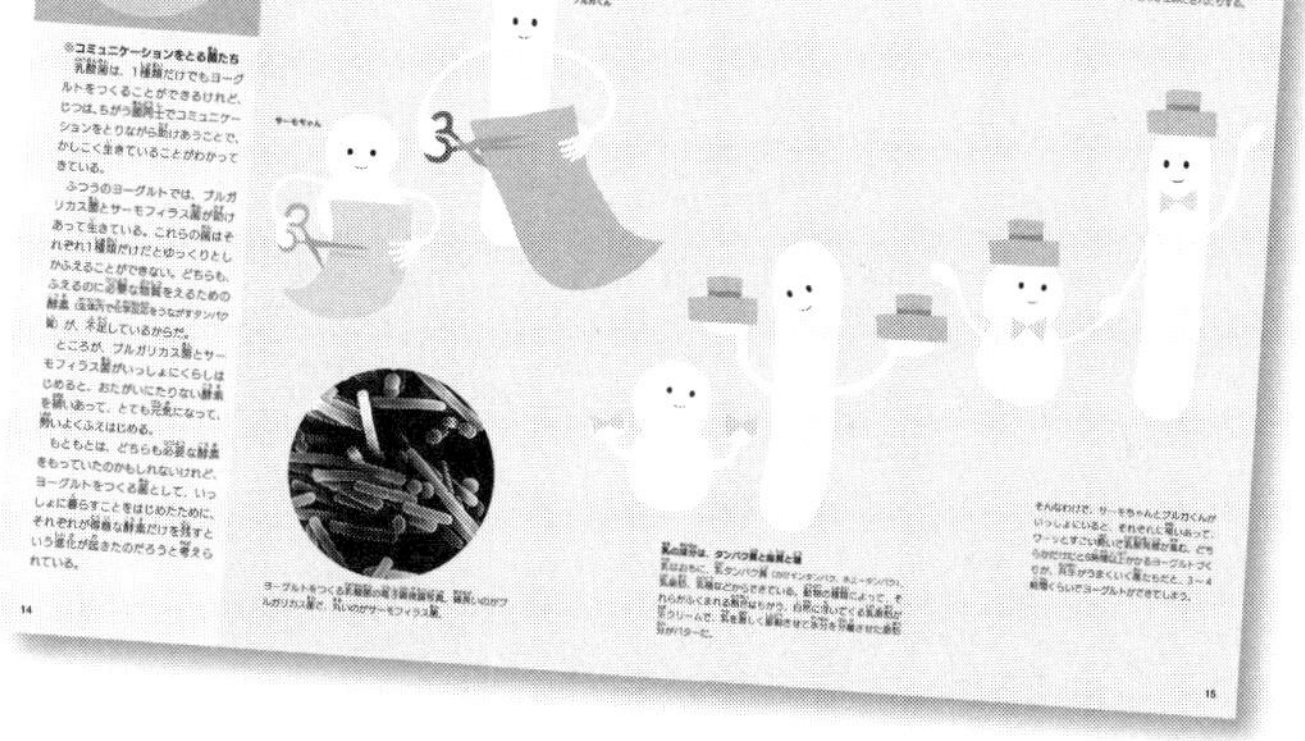

「菌の絵本」『にゅうさん菌』より、2種類の菌の助け合い。主人公をイラストで表現、電顕写真も組み合せて、乳酸菌の巧みな生き方にわかりやすく迫る

■「死」と向き合い「いのち」をとらえなおす

絵本の編集が転換期を迎えていたころに出会った、フォトジャーナリスト國森康弘氏とともに進めた企画は、看取りをテーマとした写真絵本**「いのちつぐ「みとりびと」」**という新たな世界を拓いていった。当時、看取りや死をテーマとしそれを直視した絵本は、ほとんどなかったが、農文協ではこれまでの「いのち」と向き合う文化財とつながるものとしてとらえることもできた。このシリーズは、滋賀の農村を舞台とした第1集（11年度）からスタートし、東

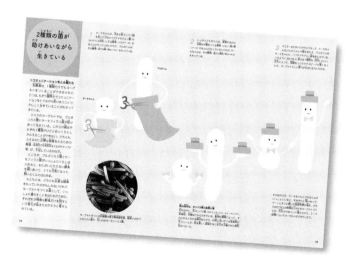

日本大震災の被災地を舞台とした第2集（13年度）、大都会・東京のホームホスピスを舞台とした第3集（16年度）と全12巻に達し、第1巻**『恋ちゃんはじめての看取り』**が第22回（12年度）「けんぶち絵本の里大賞」大賞に選ばれたことも契機となって、このシリーズは広く学校現場でも利用されるようになった。さらに17年には、ＩＢＢＹ（国際児童図書協議会）のバリアフリー図書にも選ばれ、世界に紹介された。

　この写真絵本シリーズの特徴は、看取りや死を日常のなかにある「いのちつぐ」ものとしてとらえ、「いのちのバトンリレー」を臨場感あふれる写真と文でつぶさに描いている点にある。

　ここでは、看取りや死をタブーにしたり冷たい終末としたりするのではなく、それらが日常のなかにある、あたたかく次代にいのちをつぐもの（生命力や愛情を受け渡す機会）としてとらえ返されている。同時に、看取りが、「看取る人」が「看取られる人」を介護したり寄り添ったりする営みとしてだけでなく、「看取る人（残される人）」が「看取られる人（旅立つ人）」から生命力や愛情を受けとり、いのちをつないでいく機会としてもとらえ返されている。こうしたとらえ返しは、絵本の世界にとどまらず、幅広い人びとの共感につながっている。

　「いのち」のとらえ返しという点では、自ら屠畜まで行なう大阪の精肉店の営みを通して、「いのち」をいただくことの意味を考えていく写真絵本**『うちは精肉店』**（13年）も忘れてはならない一冊だ。

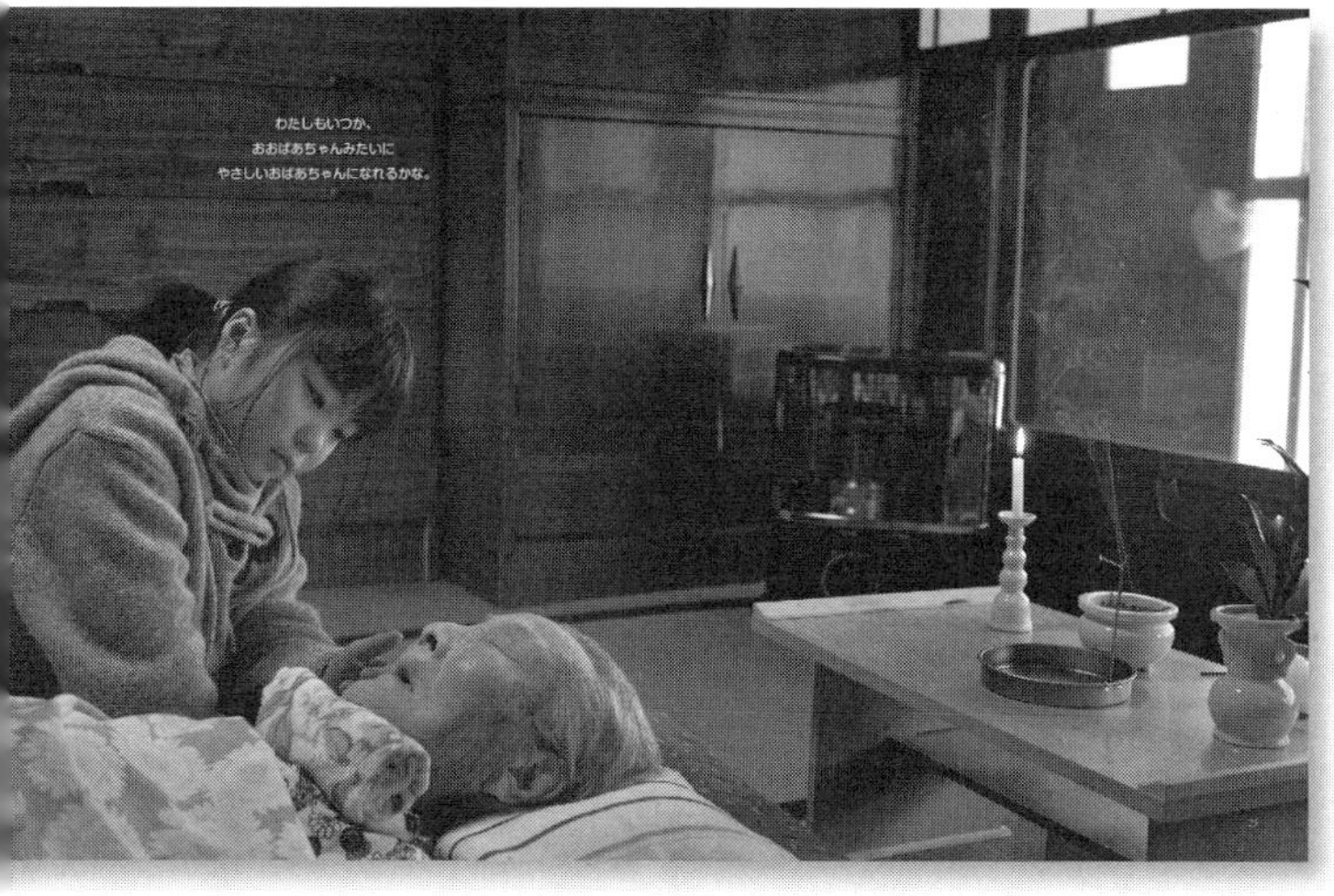

「いのちつぐ「みとりびと」」１『恋ちゃんはじめての看取り』の一場面。恋ちゃんは亡くなったおおばあちゃんに寄り添い語りかける

■持続可能な暮らしや社会に向けて

　２０１１年の東日本大震災を機に、改めて現在の石油や電力、水道など「海外」や「他者」に頼りきった私たちの暮らしを見直し、持続可能な自給的なくらしを創造し、それを子どもたちに伝えていくことの重要性に気づかされ、企画がスタートしたのが**「地球のくらしの絵本」**全5巻

（15～16年度）である。そこでは、「土とつながる知恵」「水をめぐらす知恵」「火をあつかう知恵」「自然エネルギーをいかす技」、そしてそれらをつないだ「自然に学ぶくらしのデザイン」が実践的に提案されている。

現在刊行中の「**イチからつくる**」シリーズ（17年度～）も同じような思いから企画され、カレーライス、チョコレート、ワタの糸と布、鉄、あめ、ポテトチップス、のり、えんぴつ、プラスチックの巻が生まれている。この絵本は、私たちのいのちや暮らしを支える欠かせないものであるにもかかわらず、その実態やできるプロセスなどがわかりにくくなっている食品や生活用品とその素材を、自分たちで「イチからつくる」ことを通して、現代の社会では見えにくくなった「生産の世界」や人びとの営み、世界のしくみや歴史とのつながりなどに気づき、現在の暮らしや生き方も考えていくものだ。そのねらいは、冒頭の文章に集約されている。

このシリーズは、世界的に取り組みが本格化しつつあるSDGs（持続可能な開発目標）との接点も多く、教育現場でのSDGsの取り組みの契機としたり深めたりするものとして、また開発教育を支援するものとしても活用されている。

「**それでも「ふるさと」**」全3巻（17年度）も持続可能な暮らしや社会を願う典型的な絵本である。それは、東日本大震災による原発災害に見舞われ、放射能に「ふるさと」

『イチからつくる　あめ』より。日本のあめの原料の大部分は、アメリカのトウモロコシからつくられるコーンスターチであることに気づいていく

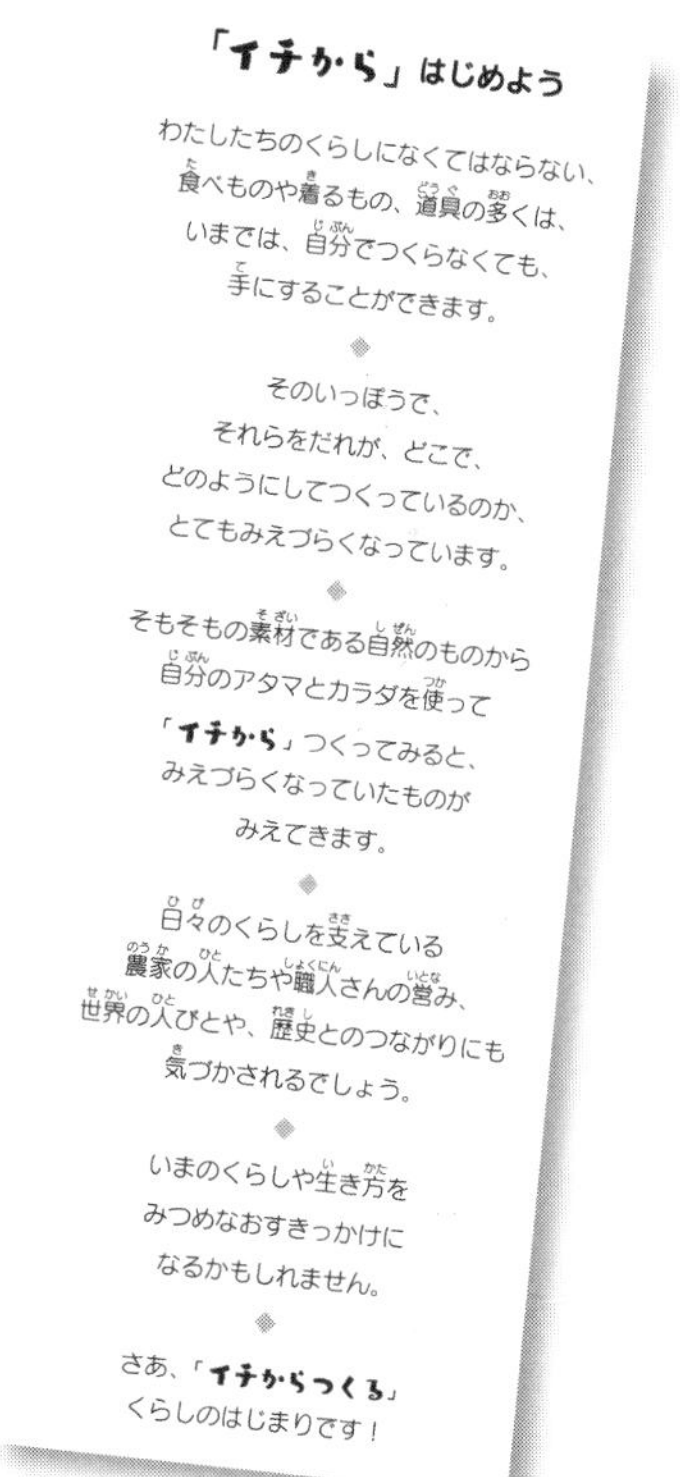

「イチから」はじめよう

わたしたちのくらしになくてはならない、
食《た》べものや着《き》るもの、道具《どうぐ》の多《おお》くは、
いまでは、自分《じぶん》でつくらなくても、
手《て》にすることができます。

そのいっぽうで、
それらをだれが、どこで、
どのようにしてつくっているのか、
とてもみえづらくなっています。

そもそもの素材《そざい》である自然《しぜん》のものから
自分《じぶん》のアタマとカラダを使《つか》って
「イチから」つくってみると、
みえづらくなっていたものが
みえてきます。

日々《ひび》のくらしを支《ささ》えている
農家《のうか》の人《ひと》たちや職人《しょくにん》さんの営《いとな》み、
世界《せかい》の人《ひと》びとや、歴史《れきし》とのつながりにも
気《き》づかされるでしょう。

いまのくらしや生《い》き方《かた》を
みつめなおすきっかけに
なるかもしれません。

さあ、「イチからつくる」
くらしのはじまりです！

『イチからつくる』シリーズの冒頭（袖）に記されたシリーズのねらい

を追われた福島・飯舘村（「までい」な村）の人びととの「現実」と「願い」をつぶさに伝え、静かに問いかける写真絵本である。その「願い」とは、原発災害によって奪われた持続可能な暮らしの再生にほかならない。

　このシリーズの編集を進めるなかで、「写真絵本とは何か、その可能性は？」といった点もしだいに鮮明になってきた。写真絵本は、写真と言葉を組み合わせて物語性を高め、現実を写し込んだ「写真の力」とわかりやすい「言葉の力」を合わせて表現の幅を広げ、その力を高めた本といえるのではないだろうか。「それでも「ふるさと」」はその典型的なもので、思いがけず第66回産経児童出版文化賞大賞（19年）にも選ばれた。そして、続編として福島県浪江町津島を舞台とした『**それでも「ふるさと」百年後を生きる子どもたちへ**』も発行された。

「それでも「ふるさと」」『牛が消えた村で種をまく』の一場面
酪農家の長谷川健一さんは、原発事故による放射能の影響で
出荷できなくなった乳を毎日、毎日、しぼっては捨てる

◇

　大きな転換期となったこの期の絵本編集を通して、おぼろげながら次のような視座が開けてきた。

　――雑誌や単行本などの文化財以上に、テーマや内容、表現などを精選していく絵本であるがゆえに、「いのち」や「農」や「食」、「看取り」や「死」といった根源的なテーマと向き合い深めることができ、「医食農想」の領域でより根源的な提案ができるのではないか。

　「菌の絵本」などでは、菌などを主人公とし、それらの生きものの目線で自然や人間の営みをとらえてきた。このように人間至上主義を乗り超えたとらえ方や世界は、これからの持続可能な暮らしや社会の創造にとって重要になってくるのではないか。

　そうした視座も大切にした企画・編集の結果として、こどもから大人まで幅広い人びとに読まれる絵本が生まれるのではないか――。それに向けた取り組みは、今後に向けた課題でもある。

（和田正則）

普及から

絵本を基軸に学校へ働きかける ——学校図書館普及の実践から

地域話題をつかんで普及

２０００年代、農文協は「そだててあそぼう」シリーズを柱に食農教育・学校菜園などを話題に小中学校への普及に取り組んだ。19年現在使われている小学校国語教科書には、『おもしろふしぎ日本の伝統食材６ いわし』（08年刊）をはじめ５点が紹介されている。

２０１０年には１０００億円の「住民生活に光をそそぐ交付金」が計上され、公共図書館や学校図書館の整備・図書充実に使われた。各支部で全市区町村の交付金の使い方などを調査しながら普及し、多くの文化財を図書館に届けた。

農文協は他出版社と異なって全国に支部があり、団体・書店班が農業系・教育系団体に普及をしている。同じ地域の公共図書館など他団体を普及しながら、その地域の話題をつかんでの書店同行販売が可能である。

展示会で直接普及

ただこの10年間は、環境が大きく変わってきた。08年の学習指導要領改訂（11年から全面実施）により、教育は再び知識詰め込み型に変化。地元書店の廃業が増え、書店に同行しての学校図書館販売は大きく減った。さらに14年の学校図書館法改正で各校に専任の司書が配置されたことで、特定の時期に集中しての学校巡回から、通年での購入に変化した。

その一方、この数年間で「学校図書館展示会」が増えている。先生方が本を実際に見て選定する場であり、19年には㈱トーハン主催「児童図書・優良図書展示会」が70会場で、日販・TRCの「子どもの力 図書館のためのブックフェア」も49会場で開催された。可能なところでは、農文協コーナーやSDGs（持続可能な開発目標）コーナーなどを設けて販売している。

SDGsへの学びをリード

15年に国連で採択されたSDGsに関しての普及は、農文協が事務局を務める学校図書館巡回販売グループ「NCLの会＊」が他グループの先を越して活動している。18〜19年度版のNCLカタログと「NCLの会セレクト版SDGsを学ぶ本・目録２０１９」をつくり配布した。カタログでは「SDGsを図書館の棚づくりに活かそう！」と謳っている。

農文協の文化財は全てSDGs17目標に当てはまる。なかでも「イチからつくる」「地球のくらしの絵本」「それでも「ふるさと」」の評価が高い。

20年には約10年ぶりに新学習指導要領が実施される。今回の新指導要領は「主体的・対話的で深い学び」を掲げ、SDGsを理解するためのESDも取り上げられる。農と食、地域創造、田園回帰といったテーマの絵本等をより多く学校図書館に届け、学習・情報・読書センターとしての図書館を充実させていく活動がいっそう重要となる。

（阿部伸介）

学校図書館展示会のNCLコーナー。SDGsとの関連をPR

＊NCLの会……Nature Child Library（自然と子どもたちを結ぶ会）の略称。１９９２年から活動し、２０１９年時点で32社で構成される。

Ⅳ　電子の展開

農文協が提供する食と農の総合データベース「ルーラル電子図書館」は、利用者とともに進化。農家に加え、ＪＡ・高校・大学・図書館など団体での利用も大きく広がってきた。電子図書館を活用した講習会などを通じて、農家や団体とのつながりも深まった。

広がり、深まる「ルーラル電子図書館」の利用

1　直販定期文化財としての特性を活かして

「ルーラル電子図書館」は直販文化財であり、取次や書店に卸すことなく、利用者と直接契約を結んでいる。また、インターネット経由ではなく普及担当者が受注している点は、一般のインターネット有料サイトと大きく異なる点である。

定期文化財であり、年契約で請求は一括前納が基本、定額制をとっているのでコンテンツの分売もしていない。

このようなルーラル電子図書館の文化財特性が、結果として既利用者の意見に沿って開発を進めることにつながり、開発・運用・営業の垣根が一般のインターネット有料サイトに比べて低い。フィードバックによって速やかに修正を加えながら既利用者に合わせて育ってきたのがこの10年である。

定期文化財にとって継続こそ力である。既利用者の継続を促すことが、新たな利用者を増やすことにもつながる。今後もルーラル電子図書館を広げ、深めていく。

■「形象化論」の電子段階

農文協には本・雑誌づくりの基本理論として「①科学をわかりやすく、②農家の発想で、③農民的な技術体系」という「形象化の3段階論」があるが、その考え方は電子媒体であるルーラル電子図書館にもあてはまる。

「わかりやすく」では、表現・言葉づかいの工夫や画面の左上が目立つようなデザインなど。「農家の発想で」では、3画面までで必要な情報に行きつくような設計・構成（コンストラクション）など。

「農民的な技術体系」では、収録された文化財間の連携・連動を持たせ、また、利用者に合わせたトップ画面の設計をしている。すなわち、利用者がその場面で何を判断する

のか、どのように画面をたどるのか、どの画面で分岐できるのかを考えてボタンの新しい配置や新画面を設計してきたのである。

内部では検索エンジンが動いているのだが、利用者には自分が検索しているという意識はない。自分の望んだものが出る、と感じてもらうように設計するわけである。

また、「農家に学ぶ」（利用者に参加してもらう）方法にも特徴を出している。たとえば、利用状況を解析して、今現在、どこでどんな病害虫が検索されているのか、比較して昨年はどうだったのか等を「現在（ここ1ヶ月）参照が多い病気・害虫」コーナーで紹介している。病害虫の発生は季節や気温に左右されるが、利用者が多いほど精度の高い分析ができるので、わかりやすい目次が動的に生成できて好評である。同様に、多く参照される記事やビデオなども季節ごとに紹介している。

■情報・経験は古くならない

たとえば、北海道にも台風が上陸するようになってきたが、ハウスの台風対策では九州の例が参考になる（ビニールを切るか切らないかなど）。地域を超えて参考になる経験がある。また、高温対策、冷害対策などでは、過去の農家の経験も活かせる。地域と時間の限定を超えて農家の経験を活かせるのは、ルーラル電子図書館が持っている農業情報の特性である。病害虫対策や農薬の混用などのリスク対策とあわせた、ルーラル電子図書館の「保険機能」である。比べて、新しい情報に期待するのは「投資機能」である。

2　ＪＡの課題に応え、利用拡大

ＪＡや農業高校など、地域に根ざした活動を行なっている団体向けには、利用対象と利用場面にあわせて、トップページのメニューや階層を整理してきた。

その一つが「**ＪＡ版農業電子図書館**」（以下、ＪＡ版）である。２００６年、支店や購買窓口での組合員相談を支援するために立ち上げたものだ。

この10年間、ＪＡは広域合併や経済店舗・支店の統廃合がすすんでいるが、全国のＪＡに占めるＪＡ版導入率は10年の28％から19年には75％超に増えた。

■窓口から圃場へと広がる利用

当初は、組合員サービス充実のため、支店の農業資材窓口などにタッチパネルを置いての利用が中心だった。この10年を通じて、担い手農家に対する「出向く営農」（ＴＡＣ活動）や、世代交代にともなう営農指導員の教育機器として、生産現場で利用できるタブレットやスマートフォンによる利用も広がっている。このうちスマートフォンはあくまでも自分だけが見る端末だが、タブレットは画面を相手と一緒に見て説明するコミュニケーションツールとして用いられている。農業改良普及事業での講習会や高校で利用された映画・スライドなどと同じ文化財特性を、電子文化財も持っているといえる。

「ＪＡ自己改革」として新規作物の指導や若手営農指導員の増員が行なわれるなか、ＪＡ版の利用は順調に伸びてきた。

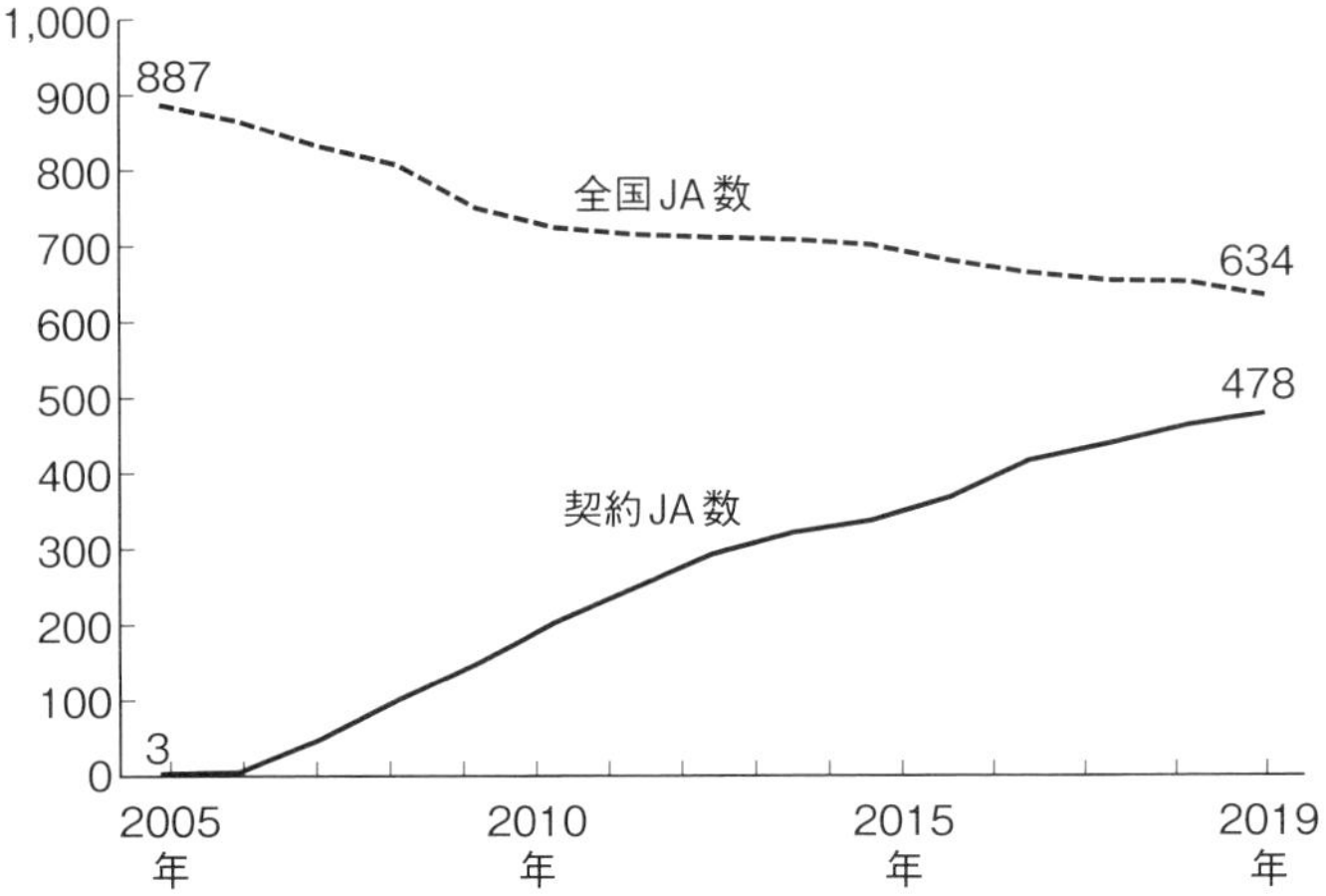

図１　JA版農業電子図書館の契約JA数の推移

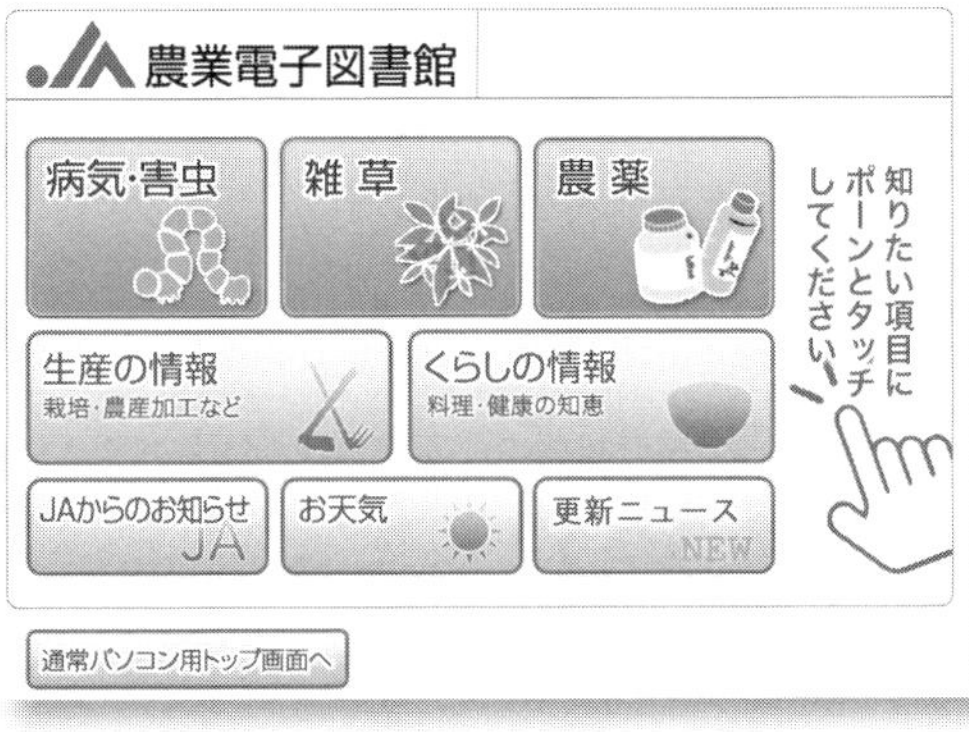

JA版農業電子図書館トップ画面

■直売所の少量多品目生産をサポート

ＪＡ版から開発された機能としては、この間に広がった直売所の営農指導で使える機能の充実があげられる。たとえば、小面積に多品目を作付けする直売所向け生産では、ある作物に対して散布した農薬が隣接する他作物に飛散（ドリフト）してしまう事故がある。そこで、飛散を前提として、あらかじめ隣接する作物にも登録がある農薬を選択できる「ドリフト機能」を追加した。これはＪＡさいたまの営農指導員や愛知県の改良普及員からの切実な要望に応えた機能である。

タブレットを現場に持参し、JA版農業電子図書館で営農指導

ほかに、気候の不順にともなって農薬散布の作業工程が乱れるなかで、複数の病害虫を同時に防除できる農薬を選択したり、あるいは複数農薬を混用する場合のリスクを判断したりできる「農薬混用事例データベース」、正しいローテーション防除を行なうためのRACコード（I－4章2）による農薬選択など、いずれもデータベースでなければ実装できない機能を追加してきている。

また、病害虫診断のアクセス数を分析して、全国、県別、JA別に「現在（ここ1ヶ月）参照が多い病気・害虫」「昨年同時期に参照された病害虫」を紹介する機能は、資材店舗での注意喚起や農薬の仕入れの準備だけでなく、タブレットなどの携帯端末を田畑に持参しての「出向く営農指導」や普及指導の情報提供に利用されている。各種病害虫のビデオや「現代農業」の関連記事もすぐ見られるようにリンクが張られているので、薬剤に頼らない農家的な防除指導にも役立てていただいている。

これらの機能は一般会員向けのルーラル電子図書館にも移植されており、農家個人の利用でも好評である。

■講習会を盛んに開催

この10年は、JA版の利用をサポートするために、希望する単協では資材窓口、営農指導員、直売所や部会など各階層別の利用促進や講習会を多く開いた。東京都や熊本県などのように、中央会が開催する営農指導員の研修会など、県域で研修を行なう例もある。

ルーラル電子図書館には、雑誌のように毎月モノ自体が届くという意味での定期発送（物流）はない。ルーラル電子図書館が実際に利用者の目にとまるのは、インターネットに接続して、使ったときだけである。だから、実際に使ってもらう利用促進がどうしても必要なのである。

また、JAいわて平泉、JAゆうき青森、JA鹿児島県経済連など、ルーラル電子図書館を担い手への情報提供活動として位置づけ、組織を強化する取り組みも始まっている。

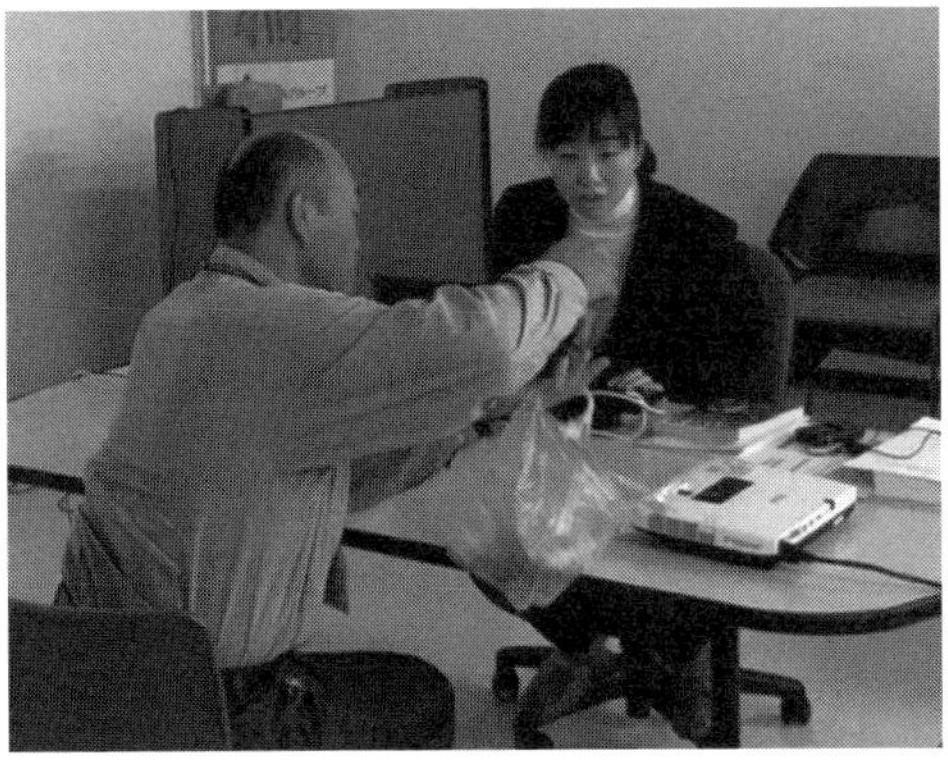

JA資材窓口担当者向け講習会

直売所出荷者向け講習会

■仲間で利用、学習会も

12年秋には、ルーラル電子図書館**「グループ会員」**制度を新規に立ち上げた。たとえばＪＡ（青年部事務局）が親となって、ルーラル電子図書館を利用する会員（青年部員）を組織してもらうのである。学習会などでの組織的な利用によって継続率を高め、農文協職員がこの学習会に加わることで農家に学ぶことが目的だ。

19年度までに、グループ会員制度の利用は全国で241グループ3231名に増えた。そのうち、ＪＡ青年部が154グループ2444名と約8割を占めている。これらグループのところに農文協職員が赴き、「ヤマカワプログラム」「防除作業」など、ルーラル電子図書館に収録した「現代農業」の記事や動画を使っての学習会を各地で開催した。

3 「高校版」・「大学版」で整う学習環境

■農高の授業から部活動までカバー

07年に提供を開始した**「高校版農業電子図書館」**（以下、高校版）も、高校での利用にあわせてトップ画面を構成している。たとえば、農業鑑定競技や日本農業技術検定の対策として、「農業用語を分野別に調べる」コーナーがある。このコーナーでは、造園や農業土木、森林など、従来のルーラル電子図書館のコンテンツにはなかった情報も求められるため、各地の農業高校と協力しながらコンテンツを増やしている。

また、教育現場では電子黒板やタブレットの導入が始まり、農場の各種センサーから得られたデータの処理、ＧＡＰの取り組みなどのプロジェクト学習も行なわれている。高校版は、こうした学習を進めるうえで必要とされるデータベースとなっている。

高校版は、それ以外にも、先生の教材や試験問題づくり、生徒の調べ学習、課題研究のテーマ選びと研究のまとめなど、幅広く使われている。2～3分の作業動画も、実習の際に使えると好評だ。たとえば「鶏のさばき方」などは実習の多くの生徒に見て理解してもらうことは難しいし、何度もやれない。機械作業はうるさくて説明が伝わりにくい。作業前に生徒にビデオをじっくり見せて、手順を頭に入れて実際にやってみるという形で使える」との先生の声がある。さらに、生物同好会の顧問の先生からも、ネタ帳として重宝しているとの声をいただいている。

■大学の学習環境を提供

大学図書館でも、学生向けの学習環境を整備するため、ルーラル電子図書館**「キャンパスプラン」**（農大版、一般大学版）の導入が広がっている。導入数は、09年時点で14

大学だったのが19年には55大学に増えている。農学系学部では、「農業技術大系」「日本農書全集」「農業技術事典（NAROPEDIA）」に加えて、大学としては農村の現場の情報として「現代農業」の利用もすすめている。また、家政系一般大学では、郷土食、食農教育のデータベースとして「日本の食生活全集」「食品加工総覧」「のらのら」を主な利用コンテンツとする「食・くらし館」コーナーの利用が多い。

高校版や大学版が多くの先生・学生・生徒に利用されるよう、農文協職員が授業に赴いての説明会なども開催している。

高校版農業電子図書館トップ画面

この10年のルーラル電子図書館の伸び

	2009年度	2019年度
一般会員	2,903名	2,904名
グループ会員	―	3,231名
JA版	123JA	452JA
大学版	14大学	55大学
高校版	43校	59校
図書館版	32館	117館

4 さまざまな農業関連団体に広がるルーラル電子図書館

地方図書館でも、地域の基盤産業である農業の振興を目的に、ルーラル電子図書館「ライブラリプラン」（図書館版）が導入されている。これも、この10年で導入数は32館（09年）から117館（19年）へと順調に増えてきた。鳥取県立図書館のように、県内各市町村でも利用できる契約を結んだ例や、岩手県の紫波町図書館や三重県の紀宝町立鵜殿図書館のように、ルーラル電子図書館を使って地域特産品の開発や新規就農者向けの情報提供をすすめる図書館や、子供向けの「しらべ学習館」コーナーを中心に、夏休みの子ども向けクイズイベントで利用する大阪市立中央図書館など、多様に利用が広がっている。

また、全国の農業改良普及センターでもルーラル電子図書館は利用されてきた。農業改良普及員によるグループ会員利用は、現在17グループ1190名にまで増え、講習会での話題づくり、直売所向けの野菜栽培の資料づくり、農家からの病害虫の相談対応、資格試験の勉強にと、幅広く利用されている。

普及センターは農業指導の要になる団体である。普及活動などにより便利に使えるよう、普及員個人にそれぞれＩＤを割り振り、現地での利用でも可能な、県一括での契約（**「普及員プラン」**）が始まっている。あわせて、国・県農業試験場での一括利用も同様にすすんでいる。今後、利用場面にあわせて画面構成などを工夫していく。

普及センターや試験場には多くの執筆者がいる。今後は、ルーラル電子図書館の利用を軸にして、執筆者の組織も強化していく計画である。

さらに、県域のＮＯＳＡＩ（農業共済組合）でも、収入保険の開始にともなう農家対応、リスクマネジメント活動、広域組織化における職員教育の強化のため、ルーラル電子図書館**「ＮＯＳＡＩ版」**の導入・開発が始まっている。

（藤井宏一）

ルーラル電子図書館が切り拓いた農村普及の新段階

グループ会員普及元年

２０１３年、「ルーラル電子図書館」（以下、「ルーラル」）をより幅広い層に活用してもらうことを目的に、新たな試みとして「グループ会員」（以下、Ｇ会員）普及が本格的に始まった。この年、北海道支部や九州沖縄支部などを中心に、ＪＡ青年部など若手農家、あるいは法人組織など企業的経営体を主な対象としてＧ会員が組織され、翌年以降、その流れは全国へと波及していった。

農村普及の新展開

15年、「ルーラル」一般会員とＧ会員を合わせた新規売り上げは10～19年の10年間で最多を記録し、画期の年となった。特に、この年の11月にＪＡふらのに入村した北海道支部の実践は、Ｇ会員が切り拓く農村普及の新たな展開を示した。

ＪＡふらのは上川地方南部に位置し、水稲や野菜、畑作物から畜産までさまざまな農畜産物を産出する純農村地帯である。ここに、北海道支部では前年の14年、雑誌を中心とする普及で入村し、89件の『現代農業』新規定期講読を獲得している。この時、ＪＡ管内の在村農家数（１５２頁注）１３４０に対して『現代農業』定期読者数は１６９であった。

これらの定期読者を維持しつつ、大世代交代期を迎えた農村の次世代を担う若手農家と「新たな読者組織」を形成するため15年に実施されたのが、ＪＡふらの青年部に対するＧ会員を基軸とする普及であった。「盟友」（青年部員）２６５名（当時）中１５０名に普及し、過去最多の83名がＧ会員となった。また、『現代農業』とＧ会員を合わせた定期読者数は２４３名となり、専業地帯において在村農家の5人に1人が定期読者となった。それ以降もＪＡふらの管内には18年まで5年連続で入村し、地域の農家と継続的に関わることで、安定した「読者組織」を形成している。18年の普及では『タマネギ大事典』86冊も売り上げた。

この間の集中的なG会員普及により得られた成果として、以下の3点が挙げられる。

①連年普及で地域に定着

G会員普及により、若手など新たな普及対象が広がると同時に、一部の支部では同一地域での連年の普及にも積極的に取り組んだ。電子を基軸に、雑誌や事典、映像作品などを組み込むことで、より深く、より長く一つの地域に定着することができる。

農村は懐が深い。普及する文化財を変え、地域を見る視点を変えれば、それまでとは全く違う側面を見せてくれる。その魅力的な地域の今後を担う若手農家に「会いに行ける」のがG会員普及である。G会員に端を発した連年・地域定着型の普及手法はその後、新体制となった地域普及班にも採用され、16年以降、暮らし・経営・地域の「3視点」で地域を捉える農村普及が始まった。この取り組みを土台に、その後、「むらにいる全ての農家への悉皆《しっかい》普及」「一家族の複数人に普及」「複数名が一地域に同時入村」といった新たな普及手法が開発され、現在にも引き継がれている。

②次の時代を一緒に切り拓く

また、主にJA青年部など若手農家を対象としたG会員普及は、地域の今後を担う若手農家と、農文協の今後を担う若手普及者とが同世代同士、相互に関係し合いながら次の時代を一緒につくっていく（ビジョンを共有していく）普及形態であり、17年には「G会員普及の手引き」が作成された。

③現場の要望を編集に反映

さらに、G会員普及を継続的に行なうなかで、最前線の普及現場（農家・指導機関など）からは「ルーラル」について数多くの意見・要望を受けた。これらの要望を吸い上げ、編集に反映させることを繰り返すことで、「ルーラル」は現場でさらに受け入れられていった。この取り組みは上記のJAふらのでの普及から始まり、実際、「ルーラル」の中身はこのわずか10年で飛躍的な進化を遂げた。徹底した現場主義が文化財の価値を高めた。何よりこれが、この間取り組んできたG会員普及の最大の成果である。

「一般会員」普及へ

これらの成果をもとに、19年、満を持して「一般会員」普及の全面展開が始まった。その先頭に立っているのが関東甲信越支部である。同支部の企画により、「ルーラル」をよりよく、長く利用してもらうための「ルーラル向上委員会」が10月に立ち上がった。電子に関する新たな政策部門の立ち上げも始まった。普及と編集、本部と支部が有機的に連携し合い、次なる新しい時代をつくっていこうとする動きが、「ルーラル」から始まっている。

（濵田佳明）

V 地域に根ざして

農家や地域の人々に文化財を届け、情報をつかむ普及活動。その最前線を担うのが、全国各地方にある支部だ。この10年の間、農家一軒一軒や団体・書店への直接普及に加え、読者のつどいや直売所講習会、電子利用者の組織化など、新しい形での活動が多彩に花開いた。

1章

地方支部の活動から

＊人物の所属・役職等は当時のもの

1 《北海道支部》集落定着・電子普及で新たな支部確立へ

■地域普及グループによる集落定着型の普及

２０１０年は、農家への雑誌の直接普及を主務とする「地域普及グループ」が北海道支部に結成された年である。それまで道内での雑誌普及は、全国から集まっての集中普及を約3年ごとに実施していた。北海道に拠点を置き、支部で計画して農家普及を実施することは、北海道の農家・農村に一層寄り添って活動する使命が与えられたことを意味した。

同年秋、「北海道で活動するには、酪農家を外せない」と、根釧《こんせん》地区での普及を実施。「草地」に注目して普及し、「北矢ケレス友の会」を発見した。当時根釧では栽培が難しいといわれたアルファルファの新品種「ケレス」を定着させ、濃厚飼料への依存を減らしていた酪農グループである。支部企画として編集に提案した結果、『現代農業』11年3月号より「草で搾る」というテーマで7回連載された。

また、酪農家に普及するには酪農の専門書が必要だと、支部内で討議のうえ編集に相談し、11年、『酪農大事典』『草地・飼料作物大事典』の発行に至った。両事典の普及は経営的には成功したとはいえないが、その後の「大事典」シリーズの発行と普及の契機となった。

さらに、「北海道で農業を営んでいる人はすべて普及対象である」という前提で、道東畑作農家を中心に「集落定着普及」に挑戦した。当時、雑誌普及で1日に回る範囲は、在村農家数＊30戸分を標準に計画されていたが、むらにいる全ての農家を普及対象とすることで、15戸分とより小さい範囲を密に回れることを証明した。集落に定着して普及することで畑作農家の関心をつかみ、普及話題にし、さらに定着できるという循環が生まれた。

＊在村農家数……日中、むらにいると推定される農家の戸数。農林業センサスのデータから農文協が独自の基準で求めている。

■小麦増収、普及話題を文化財に

14年、秋小麦「ホクシン」の後継品種「きたほなみ」が栽培開始され約3年が経っていた。評判とは裏腹に、当初は収量が安定しなかった。しかし、徐々に増収に成功する農家がでてきた。

さらにオホーツク管内では、当時農業改良普及員であった髙橋義雄氏を中心に、農業試験場・農業改良普及センター・ＪＡ・生産者・振興局などを交えた「きたほなみ高品質1トン取りプロジェクト」が展開されていた。その焦点になっていたのが、「播種量減」「播種深度を一定にするための圃場鎮圧」である。普及ではおもにこの二つを農家に問い、農家の思いを引き出し、共感し、農家に学んだ。

普及を通して、この技術は北海道の小麦生産農家にぜひ紹介したいと、単行本『小麦1トンどり』の企画を提案。ついに17年、満を持して発刊に至った（Ⅰ－2章2）。この本を一人でも多くの小麦農家に届け、1俵でも多く収量をあげてもらうため、ＪＡ部会を通しての取りまとめ、宣伝とタイアップした書店でのPRなど、支部一丸で普及を展開した。その結果、道内で約１５００冊を販売し、運動・経営両面で成功を収めた。

■土つくり運動の展開

12年は、「土」をめぐる普及で支部が燃えた。「ヤマカワプログラム」（Ⅰ－3章）の『現代農業』誌面登場、ＤＶＤ『土つくり・肥料の基礎と基本技術』全4巻発刊と、「土」をめぐる文化財が立て続けに発行された。

「ヤマカワプログラム」は、耕盤の土を煮出した液「土のスープ」・酵母エキス・光合成細菌の3点セットを畑に散布するだけで「耕盤が抜ける」という、北海道の山川良一氏が考案した技術である。広大な耕作面積を有する北海道の農家にとって、微生物資材を活用しての「土つくり」は、今まで経費的にも労力的にも難しい技術であった。しかし、北海道でも収量低下など深刻な状況が続いており、微生物の世界への関心と同時に、「土つくり」への関心がさらに高まっている時代になったことを実感した。

この動きを加速するため、土つくりなどをテーマに『現代農業』の読み方案内を中心にした「北海道支部通信」を発行した。普及で活用すると同時に、道内の『現代農業』読者に働きかけた。

ＪＡ青年部に対しては、「ヤマカワプログラム」の小冊子を作成し、それを題材に学習会を組織した。

土つくりの視点で『現代農業』や「ルーラル電子図書館」を普及しながら、ＤＶＤ『土つくり・肥料の基礎と基本技術』を徹底して普及した。その結果、19年までの累計で１１８５本と、協会全体の17・2％を売り上げた。

土つくりを普及話題にすることは、農家の経営に迫ることであった。今後の経営をどうしていくか、後継者へどう引き継いでいくかなど、農家と未来を語る普及である。技術＝経営であることを改めて確認した。主業農家普及の肝であり、主業農家を避けて通れない北海道普及の真髄でもある。この取り組みはその後、協会全体の主業農家普及に引き継がれた。

北海道支部通信第3号
（2012年10月発行）

■電子基軸普及で新たな関係を拡げる

13年より、JA青年部を中心とした「ルーラル電子図書館グループ会員」の普及が開始された。北海道支部では他支部に先駆け、普及方法、学習会組織、事務手続きなどを開発した。

15年4月、雑誌普及班を北海道支部には配置しないことになった。しかし、定期読者を維持することが支部経営の基盤である。この理念のもと、「雑誌読者およびルーラル電子図書館一般会員・グループ会員を合わせた定期読者を減らさない」という方針に転換した。グループ会員はこの年に500会員を獲得し、17年には1000会員を突破した。その間、いくつかの普及プロジェクトを企画し、支部職員だけでなく他支部からの参加要請をし、協会全体へのグループ会員普及の波及に努めた。

JA青年部を中心にした若手農業者との関係を構築したことで、その後の『トマト大事典』『原色 雑草診断・防除事典』『タマネギ大事典』『イネ大事典』を基軸にした連年普及も可能になった。

また、普及を通して、ルーラル電子図書館の内容・見せ方をどう改良していけばよいのか、常に班で意見をまとめ、電子編集に発信し続けた。

14年からは、農業改良普及員を対象としたグループ会員組織の立ち上げに挑戦した。道内普及センターでは『農業技術大系』の追録が全て中止になっており、農文協の情報が普及員に届いていない状況であった。そのため、普及センターへの普及自体もこの間できていなかった。14年に十勝普及センターでグループを立ち上げ、19年には全14センター中9センターで約70会員を組織した。これは、北海道の普及員の約1割にあたる。普及員の間でルーラル電子図書館が認知され、普及センターに出入りできる環境をつくり出したことは、今後指導者との関係を構築するうえでも大きな意味を持つ。

ＪＡ版農業電子図書館は10年から本格的に普及を開始し、19年時点で道内34ＪＡに導入されている。この普及でＪＡとの関係ができ、そのうえに前述の『小麦1トンどり』や『農協の大義』『タマネギ大事典』などの取りまとめといった新たな関係を築きつつある。

■**新たな協同・むらづくりの動きに寄り添う**

北海道の販売農家数は、１９９０年農林業センサスの8万6０００戸から、２０１5年センサスでは3万6０００戸と、半減以下になっている。営農の前提になる地域の存続が危ぶまれる。この危機のなか、北海道でも新たな協同営農組織、むら組織が誕生しつつある。また、直売農家なども増えつつある。これらの動きに寄り添う活動が、次期10年の一つの柱になる。

（浅尾芳明）

2　《東北支部》震災からの復興を農家とともに歩む

東北支部は１９６4年に設立され、協会においてもっとも長い歴史を持つ支部であるが、この10年は特に激動の10年だった。２０１1年3月11日に東日本大震災が起きてから9カ年が経つ。つまり東北支部のこの10年は、東日本大震災および原発事故からの復興の歳月とほぼ重なる。この震災で東北支部の寮も半壊となり、その後18年秋に売却を余儀なくされた。

また10年前には、支部普及職員も入会20年を超えるベテラン層が5名おり、平均勤続は15・6年であったが、この間急激に世代交代が進み、また女性職員が増えるなど、職員の構成も大きく変化した。

■**震災被災地に徹底入村**

震災から丸2年が経過した13年3月から、甚大な津波被害を受けた沿岸部、原発の影響もあった被災地での普及を継続的に展開させていった。未曾有の大災害によって被害を受けた農家に対してどのような普及ができるのか、そもそも普及自体ができるのか不安ななか、それでも「いかなるときも農家とともに歩んでいく」という思いでのスタートだった。

田畑や施設、家や家族を失った農家とともに話し、考えて歩いた被災地での普及は、17年4月の宮城県石巻市でひと段落となったが、奇しくも11年3月11日に東日本大震災が起きた当時、入村していたのも石巻市であり、あの日から6年の歳月が流れていた。被災地での普及は岩手・宮城・福島の3県29市町村に及んだ。その後も、十分普及ができなかった被災地へのスポット的な入村は続け、19年3月には、原発事故後にようやく住民の帰還が始まった南相馬市小高地区にて普及を行なった。

■復興イチゴ団地で「環境制御」を話題に

なかでも宮城県亘理《わたり》町・山元町には、『現代農業』や『イチゴ大事典』（I－5章1）の普及に13年8月から15年10月まで3年連続、計4回入村した。この地域は東のイチゴ産地として長い歴史を持つが、震災により壊滅的なダメージを受けた。しかし翌年から本格的に復興支援を受けて大型施設が導入され、震災前の約8割にあたる151戸のイチゴ農家が栽培を再開し、イチゴ団地が形成された。栽培方法は従来の土耕から高設へ、さらには液肥による施肥や大型施設による温度管理など、大きく変わっている。その一つに炭酸ガス装置もあったが、ほとんどの農家は手を付けないでいた。導入済みの農家でも、焚き方は以前から指導されていた「早朝焚き」が主だった。

13年、14年と入村した橋本康範と佐藤嗣高は、『現代農業』13年11月号からの連載「オランダ農業に学ぶ」や、炭酸ガスの「日中ちょっと焚き」という技術を記した14年11月号からの連載「イチゴの環境制御」を農家に紹介。驚きとともに、瞬く間に関心をつかんだ。14年10月の普及時には「日中ちょっと焚き」の話をすると鼻で笑っていた農業改良普及員が、翌年には手のひらを返したように「日中ちょっと焚き」の講習会をやっている、と現地で聞いたときは、何とも言えぬ高揚感があった。

15年11月の普及終了時点で、亘理町・山元町イチゴ団地の農家151戸中、『現代農業』購読者は102戸となり、『イチゴ大事典』は45冊届けることができた。自身もイチゴ農家であるJAみやぎ亘理組合長（当時）から、「農文協の職員が来なかったら環境制御のことなんてわからなかった。ハウスなどの施設ができてもそれが正しく使えなければ、復興もまだまだ先になってしまう」と言われたことは何よりだった。

■肉牛農家普及をリード

15年から、支部地域普及グループの3カ年のテーマとして「米づくりをあきらめない、地域を他人まかせにしない」を掲げ、稲作農家、牛農家、集落営農・多面的機能支払などの地域組織を重点対象とした普及を行なった。なかでも牛農家への普及機運の高まりは、その約1年半前に遡る。『肉牛大事典』（Ⅰ－５章３）は13年11月、おそらく現在の大事典からは想像がつかないほどひっそりと刊行された。当時、肉牛農家への普及と編集が連動していたとはいえず、現地でも肉牛農家の関心把握ができていなかったため、肉牛農家を対象にして普及計画を組むことはなかった。さらに、震災直後に黒毛和牛の子牛価格は30万円台まで落ち込み、その後回復傾向にあったとはいえ、まだまだ不透明な時期でもあった。

しかし同年9月、当時新人だった樋口維史は、岩手県久慈市旧山形村の短角牛を専門に扱う肉屋に、まだ発行前の『肉牛大事典』をパンフレットなしで普及し、受注した。これがその後の協会全体の「肉牛農家普及」の大きなうねりの第一歩であった。

11月には「前沢牛」の地元、JA岩手ふるさとと管内において「『牛』から地域を見る」をテーマに支部全体で牛農家普及に挑み、『肉牛大事典』29冊（1日平均3・2冊）を農家に届けることができた。

東北では稲作との複合をはじめ、少ない頭数で繁殖和牛を営む農家が多い（繁殖和牛農家のうち飼育頭数10頭未満の農家が占める割合は、全国19％、九州15％に対し、東北では29％）。稲作農家に普及するうえでも、肉牛経営の視点が欠かせない。

肉牛農家普及をさらに深め、稲作農家への普及手法も見えてきたのが、16年11月、全国から普及職員を集めて宮城県栗原市を中心とする一帯で行なった『現代農業』定期購読普及プロジェクトである。ここの地域は特に主だった園芸もなく、農林業センサス上の総農家数８２６７に対して『現代農業』読者はたった１４６戸と、県内でも断トツの少なさだった。一方で、県内の肉牛農家の23％がいる地域でもあった。「牛農家が米づくりを救う、地域を救う」をテーマに普及に挑んだ。

このとき、北海道支部から出向で来ていた濵田佳明は、JA栗っこの和牛改良組合が雪印種苗の出雲将之氏を呼んで「子牛の高たんぱく育成」の研修を行なったという情報をいち早くつかんだ。これを受け、同氏の『現代農業』06年11月号記事「なぜ今、高タンパク育成か？」や、16年4月号からの連載「鹿児島発、脱・化粧肉！」の記事とつなげた普及を班全体で行なった。

これらの記事が受け入れられたのは、当時子牛価格が平均80万円を超え、繁殖和牛農家を継ごうとする30代の若手や定年帰農者が多く、世代交代が大きく進んでいたことにも要因がある。また、牛農家を「暮らし」「経営」「地域」の3視点でつかみ、そこから集落営農や大型稲作法人、若手ヘリ防除組合まで普及をつなげていったことは、その後の全国での肉牛農家徹底普及を決定づけた。

こうした肉牛農家普及の一連の流れは、その年9月に行なわれた第11回全国和牛能力共進会宮城大会で5日間を通して『現代農業』の新規定期購読63件、『肉牛大事典』16冊と大成功を収めることでピークを迎えた。この普及は後の17年3月号「産地を歩いて」や、18年4月号、11月号の出雲氏の記事へとつながっていった。

■稲作農家普及に火がついた

このプロジェクト普及によって稲作農家への普及にも勢いが出た。農政施策や情勢によって窮地に追い込まれていく稲作農家を、どうしても応援すべく普及を試みたい……。その前後の16年10月、秋田県大仙市では、肉牛農家に加え、集落営農、土地改良区、多面的機能支払交付金の活動組織など、水田地帯に存在する組織役員への普及を徹底し、実績を安定させた。

特に、定年を間近に控えていたベテラン境弘己は、DVD『多面的機能支払支援シリーズ』（Ⅱ－4章1）を精力的に普及し、最終的に当時協会全体で受注していた約4分の1にあたる910枚ものDVDを販売した。「多面」担当職員と『現代農業』を介して会話をし、研修会などを通してパンフレットを各「多面」組織へ徹底して配り、その後現地普及もしくは電話で受注していく仕掛け方が特徴であった。ときにはDVDを活用して組織への講習会も行なった。

18年には戸別所得補償制度および国による米生産数量目標の配分が廃止され、12月にはTPP11が発効したが、稲作農家は米づくりをあきらめるどころか、世代交代と相まって、食味・収量・多品種とおのおのが自身の関心ごとを見つけだし、さらにやる気が出ていることは、むらを歩いていて確かに感じるところである。そして今年19年度、『イネ大事典』（Ⅰ－2章2）をひっさげて、渡邊紗恵子を中心とする支部一丸での稲作農家応援プロジェクトが始動。大きな成果をあげている。

■東北農家とともに成長を

また、この10年、支部にて大きく飛躍したものに「JA版農業電子図書館」があるが、これには柳島かなたの功績が大変大きい。支部女性職員が単独で仕事づくりをし、実績を安定させていたことは、今後の支部での女性職員の働き方の礎になるであろう。書店に対しては、水野隆史がその地域にあった書籍の導入を心がけ、常に地域普及グループがつかんだ農村話題や報告書を書店へ伝え、その一環として冬の農業書フェアではPOPコンテストも提案し、協会全体の運動へと発展させた。

東北支部には長い目で人を育てる気風がある。それは、稲を育て、繁殖和牛を営み、厳しい自然条件とすり合わせながら生きてきた東北農家の気質から育まれてきたものであろう。支部職員の平均勤続年数を現在の5・1年から15年までは伸ばして、ベテランから若手まで在籍する支部にもう一度なれたらと思う。OBも、たびたび支部を訪れては助言や各種農村行事の連絡をくれるなど、定年後も東北支部を気にかけてくれている。毎年のＯＢとの「芋煮会」を長く続けているのもその表われだと思う。これまで培ってきた支部という小さな拠点を大事にしながら、東北の農家とともに成長していきたい。

（橋本康範）

3　《関東甲信越支部》農家と農協に鍛えられ支えられた10年

支部エリア10県、『現代農業』読者数2万超という全国最大規模の支部を引き継いだのが２０１０年。「農の原点回帰」を掲げ、農家と農村、それを支える関連団体への直接普及を最優先させる方針を明確にした。10年間で前進できたこと、蓄積できたことをいくつかまとめてみた。振り返れば農家と農協に鍛えられ支えられた10年だったと思う。

■農協連携の組織提携型普及の深化

民主党の戸別所得補償から自民党の経営所得安定対策への転換、ＴＰＰ交渉参加をめぐる動き、そして規制改革会議による農業攻撃と、農政も大きく動いた10年間だった。

そのなかでも12年がＪＡ県連・単位ＪＡとの運動的関係を深める画期であった。10年に政府の突然のＴＰＰ交渉参加表明があり、農家をさらなる自由化へ投げ出す政策に危機感が高まった。ＪＡ県連によるＴＰＰ反対キャンペーンと連動し、『ＴＰＰ反対の大義』（Ⅱ－2章、以下2点も）をテキストとして、緊急発行されたＤＶＤ『知ってますか？ＴＰＰの大まちがい』取りまとめ普及を展開。１００セットを超える普及となり、各地の運動を大いに盛り上げた。14年には規制改革会議による農協攻撃への反撃として『農協の大義』を提案し、１０００部を実現した。

地域普及との連動では「ＪＡ版農業電子図書館」が大きな役割を担った。営農事業改革支援の武器として、管内１５０ＪＡのうち１００ＪＡまで導入がすすみ、現場になくてはならないシステムとして定着した。

ＪＡ版農業電子図書館は職員から役員層まで職域を自由に回れる通行手形であり、職員の要望・意見をくみ取りながら使いやすく深化させていく新しいタイプの文化財である。農家・地域と農協をつなぐＪＡエリア普及、職域個人への普及で質的にも大きく飛躍できた。今後とも、雑誌と合わせ継続的関係づくりの最重要文化財になるだろう。

◎農協を核に多くの団体が反TPPで連携

（鈴木 稔）

農民連、全国食健連、日本消費者連盟など各種団体が連帯した国民運動としての反TPPは、支部では農協組織が軸になった。栃木県では農協中央会が「TPPを考えるシンポ」を呼びかけ、民間稲作研究所やよつ葉生協などが「安心安全な食と農を守る集会」でアピール。これまで農業がつくってきた地域の姿を変えてはいけないという農家と、くらしの活動を続けてきた母ちゃんたちの思いが一致したものだ。現場営農指導を担うJA栃木指導員連盟の研修会では『TPP反対の大義』を編集した農文協職員・金成政博の講演会も開かれた。

■主業農家への総合普及の展開

1990年代の『農業技術大系』基軸での普及以降、専作産地における主業農家普及は組織的に展開できなかった。管内には全国有数の専業型産地が多くあり、『現代農業』だけでの読者獲得はかなり厳しい状況であった。

これを打破したのが、2014年からの大事典シリーズの発刊を契機とした総合普及展開である。14年『イチゴ大事典』（栃木県、茨城県）、15年『キク大事典』（栃木県、茨城県）、17年『ブドウ大事典』（山梨県、長野県）18年『ネギ大事典』（茨城県、埼玉県、千葉県）。各品目とも全国トップクラスの大産地に入り込んだ。「文化財視点から対象視点へ」を合言葉に、農家経営全体をおさえた対象把握で複合普及提案を徹底。積極的に振っていく、打率をあげる、長打を狙う「ベースボール式」普及として取り組んだ。これまで厳しかった専業地域での『現代農業』購読決定も同時に伸ばすことができたのも大きな成果だった。19年には『イネ大事典』の普及も開始され、ルーラル電子図書館の普及と複合させた新しい普及方式の開発に挑戦している。

（菊池俊宏）

◎だから主業農家普及はおもしろい

イチゴ農家普及の始まりは、神奈川県海老名市だった。東日本大震災後、「植物工場」華やかなりし時、海老名市や秦野市の直売農家は「水耕栽培？ 冗談じゃない！ それじゃぁ、甘いイチゴはできても、甘くて旨いイチゴはできない‼」と、土を分析するのではなく、土の力を信じていた。農家は誰でも「良いものをつくりたい。たくさんとりたい」と思っている。そう信じて、主業農家普及は本格化した。キク農家普及では、「への字稲作」ならぬ「への字キクづくり」に遭遇。農家の技術に作目は関係ないことが実感できた。

■人の集まる場へ出向く 講習会型普及

JAとの組織提携普及のなかで、12年から直売所支援の新しいかたちとしての講習会型普及＝「『現代農業』出前講座」がスタートした。ＤＶＤ『直売所名人が教える野菜づくりのコツと裏ワザ』の発刊もあり、『現代農業』の人気記事とあわせた構成での提案が「わかりやすくて実用的」とＪＡ直売所を中心に受け入れられた。16年からは図書館、18年からはＪＡ女性部での講習会も本格化し、対象拡大と雑誌の新規読者獲得のできる重要な普及形態として定着してきた。一対一の直接普及の限界を超えて多くの対象に働きかける機会が増えることで、農文協の認知度も高まり、団体との関係強化にもつなげることが可能となった。ただ、連年同一対象での決定率の低下もあり、講座内容の再検討と新規対象拡大が欠かせない段階にきている。

■農家の熱意に支えられた『現代農業』読者のつどい

11年度から、『現代農業』読者の自主的なネットワークづくりを目的に「読者のつどい」を開催。当初目指した読者の自主的運営による話し合いの場づくりという形には至っていないが、『現代農業』執筆者の講演と、テーマ別分科会での話し合いは、読者にとっては新たな出会いの場であり、自らの実践を交流できる貴重な機会になったと思う。

毎回、読者への感謝の意を示すために永年読者、最高齢参加者、遠距離参加への表彰を行なっている。第1回永年読者表彰の新潟県十日町市・竹内貫一さんからのお礼状を紹介させていただく。竹内さんのような読者に支えられて我々の活動が継続できていることをしっかりと認識しておきたい。

（大池俊一）

◎女性部講習会はおもしろい。可能性は無限大

（石山桃子）

きっかけとなったのは、19年4月、ＪＡ佐久浅間女性会公認グループ「やまびこ市」（佐久穂町）の野菜づくり講習会。「トウモロコシのタネはとがった方を下向きに播くといい」「モグラ退治にガムがいい！」などの裏ワザがとてもうけた。母ちゃんたちのネットワーク、口コミでどんどん広まり、長野県内各地から依頼が届く。若い非農家対象の女性大学では全員がスライドをスマホで撮影するほど熱心に受講してくれた。毎回、感想やお礼とともに要望ももらえるので、新しいテーマやスタイルの講習会の可能性が今後拡がっていきそうだ。

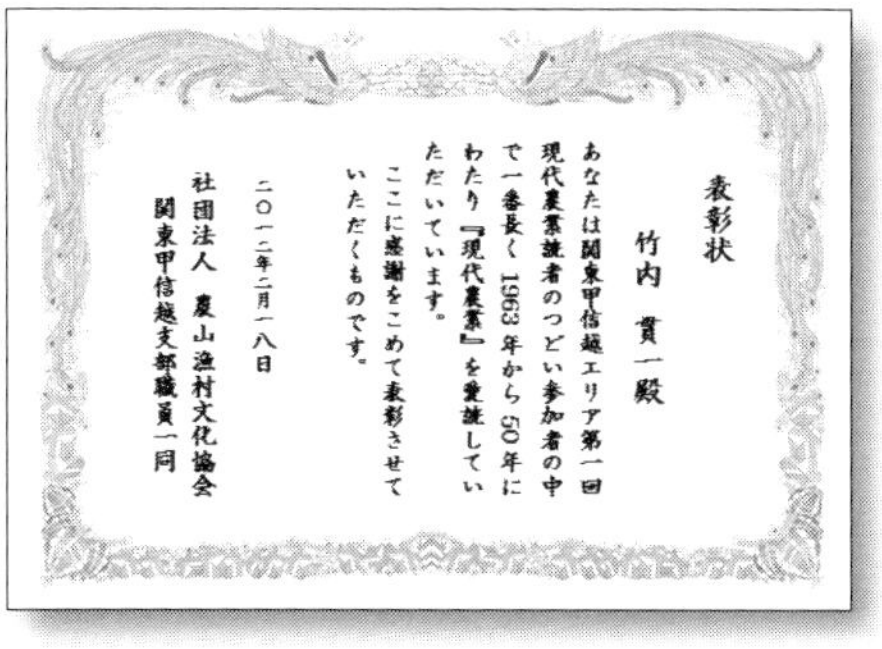
表彰状

竹内　貫一殿

あなたは関東甲信越エリア第一回現代農業読者のつどい参加者の中で一番長く1963年から50年にわたり『現代農業』を愛読していただいています。

ここに感謝をこめて表彰させていただくものです。

二〇一二年二月一八日

社団法人　農山漁村文化協会
関東甲信越支部職員一同

竹内貫一さんへの永年読者表彰状。本人は当日大雪のため参加できず、表彰状は郵送させていただいた

◎竹内貫一さんからのお礼状（2012年2月）

この度は、思いがけない表彰状と講演資料を送付賜り有難うございました。2年連続の大雪となりパイプハウス（地元野菜の青菜）6棟を守る為連日家内と必死の思いでした。（『現代農業』の前身の）『農村文化』を時々書店で求めておりましたが、『現代農業』にかわり定期購読を始めました。農家の跡取りとして近郊野菜と米作りを始めましたが、同輩の農家の長男はほとんど他の仕事につき、また地場産業（織物）の景況もあり一人取り残されたような状態でやっていけるのか不安な時期でした。そんな折に一般世情と異なる目線の農文協と出会い、様々な栽培技術、知識を紙面や書籍から吸収させていただいただけでなく、農村や地方としての意識、コミュニケーションのあり方など他には得がたい情報、モティベーションを授けていただくことができました。おかげ様で今は百姓仕事に前向きに家内と取り組んでいます。

70代も中頃になってしまいましたが、心構えとしては、年齢に関係なく良品を出し続け、年寄りを口実に甘える事無く責任を果たしたいと思います。それでなければ面白くないとも思います。夢にも思わなかった表彰をもうひと頑張りの弾みとさせていただきます。

4 《東海北陸近畿支部》農村と都市の結節点——農村・都市の多様な担い手を支援していく！

■支部の統合

東海北陸近畿支部は2018年6月にそれまでの東海北陸支部と近畿支部が統合するかたちで生まれたが、その前身としては1979年に設置された東海近畿支部（当時は北陸地域は管轄外）があり、設立40年を数えることになる。名古屋市・大阪市・神戸市など大都市圏を抱え、雑誌の拡大に苦労する一方、農村部については、茶、ウメ、花卉など発行文化財の少ない専業農家層をもって立ち上がったこともあり、早くから『現代農業』の産地課題発掘型の普及手法や『農業技術大系』（特に土壌施肥編）の個別農家への普及に取り組んできた。2000年代になっても普及のやりにくさは変わらないが、農村と都市をつなぐ受託出版や、書店と連携した都市部ならではの普及を開発してきた経緯がある。

■直売所と「小さい農業」を核に読者拡大

そんななかで『現代農業』09年8月号に登場した「直売

所農法」は、直売所の設置の動きと絡み合い、大都市圏を抱える地域ならではの大きなうねりをつくり出した。

三重県松阪市の青木恒男さんは１９９３年に脱サラして就農、２００７年に「常識を疑うと——農業はまだまだ儲かる」という連載を執筆。井原豊さんを参考にした独自の経営観や施肥技術などを直売所向けの野菜にも応用して、栽培のおもしろさを全国に広めた。当時の東海北陸支部では13年、15年の2回にわたって「『現代農業』読者のつどい」講師として招聘し、多数の参加者を集めた。また、職員が依頼された視察の相談にも気さくに対応いただくなど、支部と支部職員が情報拠点としての役割を果たすのに大きく貢献いただいている。

また、石川県能美《のみ》市の西田栄喜さんが13年に執筆された連載「就農を目指す人に　小さい農業のすゝめ」も、「ミニマム主義」の言葉とともに、新規就農をめざす人、家庭菜園を始める人、北陸や関西など兼業層が多い地域などでの普及者に勇気を与えた。これまで在村農家数（１５２頁注）の少ない地域では早めに地区を変えるというやり方が定着していたが、16年の重点地区に定めた石川県での普及では、「もっとむら人に近づく」をテーマに、1日に回る範囲をそれまでの在村農家数30戸分から半分の15戸分と狭くし、在村農家としては現われない農家も視野に入れた総農家に対する普及計画を立てた。これにより、バイクでなく徒歩でむらを回る「歩き普及」などの新たな普及スタイルや、それまで普及対象にされていなかった自給母ちゃんや地域役職者にまで対象が広がり、石川県だけでそれまでの入村期間の2倍近い約4カ月入村し、４００を超える新規読者を得た。この地域密着型の普及はその後の地域班の方針にも掲げることになった。西田さんの連載は16年に『小さい農業で稼ぐコツ』というタイトルで単行本にまとめられ、16刷を重ねるベストセラーとなった（Ⅰ－7章）。

■産地普及から主業農家普及へ

一方、15年に刊行された『トマト大事典』に合わせ、特定の作目に絞った産地普及が開始された。17年の『キク大事典』では全国一の生産量を誇る愛知県田原市で全支部から精鋭メンバーを揃えプロジェクト普及を実施した。18年からは地域普及班とは別に主業農家班が協会の体制として組織された。19年に刊行された『タマネギ大事典』では、兵庫県淡路島にて、当支部主業農家班に加え各支部から人員を集めたプロジェクト普及を実施した。

これまで雑誌だけでは足を運ぶ機会のなかった専業農家へ、事典を切り口にして普及できるようになったことは、対象の幅を大きく広げ、事典から雑誌へ、雑誌から事典への好循環を生み出した。

■「多様な担い手」「地域づくり」を集落の話し合いで

兵庫県・滋賀県・北陸など集落営農組織が多いのも当

支部の特徴である。特に兵庫県では集落営農数が08年の５８７組織から19年には９７３組織へと、10年間で３８６組織も増加している。この間、兵庫県立農林水産技術総合センターの林田雅夫さん・森本秀樹さんの著作とその普及もこの動きに大きく寄与したと言える。

ただ、集落営農を設立するだけでは維持していくのが困難で、設立後の課題も出てきている。

そんななか、支部では兵庫県における集落営農のモデルの一つとして加古川市の(農)志方《しかた》東《ひがし》営農組合のやり方を学習して普及に生かした。ここは08年に14営農組合が広域合併し、組合員６０９名、経営面積３０４haの一法人になったところだ。構成員の農業意識、農地意識が低くなることを防ぐため、それぞれの地区のやり方をこわさないように元の営農組合が14の支店として独自の運営を行なうという本支店方式を始めている。また、緑肥の活用で減農薬米を栽培して「志方健やか米」というブランドで販売。「ポン菓子研究部会」「高畑マミーズ」という二つの加工部会もつくった。

また、女性の働きを重視した(農)きすみの営農（小野市）では、地域の女性が立ち上がり「きすみ農Ｇｉｒｌｓ」を設立、農業未経験の女性が日々農業に奮闘している。「人と農地」の問題解決の前に、「多様な担い手の育成」「地域づくり」を集落で話し合うことが大事になってきている。そのためにＤＶＤ『語ろう！　つくろう！　農業の未来を！』、ＤＶＤ『集落営農支援シリーズ　地域再生編』などの上映会や『事例に学ぶ　これからの集落営農』などの書籍の学習会もこれからの課題と言える。

■地域の食と農の拠点、ＪＡとの連携

「ＪＡ版農業電子図書館」はこの10年で管内１５８ＪＡのうち80％にあたる１２５ＪＡで導入された。とりわけ大阪府・京都府・兵庫県などの都市部ＪＡでの導入が進んだのも特徴である。生産緑地の８割が22年に継続期限を迎えるという問題も背景にある。ＪＡとしては農家に営農を継続してもらうためにどうしたらよいのか、まさに死活問題と向き合っている。

そんななか支部で取り組んだＤＶＤ『直売所名人が教える　野菜づくりのコツと裏ワザ』（Ｉ－６章１）を使った直売所講習会や公共図書館での野菜栽培講習会の実践は、直売所出荷農家を励まし、青年部の活動を刺激し、女性部の活動にも新たな面白さを提案した。こうしたことが実を結ぶかたちでＪＡ版農業電子図書館の導入は進んだ。15年以降、大阪府の５ＪＡ、京都府の４ＪＡ、兵庫県の３ＪＡで導入がなされたことは特筆すべきことであった。

ＪＡ共済連からの地域・農業活性化積立金による助成なども大きく寄与しているが、その背景にある都市部ＪＡの持つ危機感を共有し、微力ながら一緒になって課題解決の方策をすすめられたことが大きかったと思う。そしてさら

なる連携活動が大都市部を抱えた支部としてもＪＡとしても求められている。農村と都市の結節点であるＪＡと連携した活動の拡大が今後の課題となっていく。

■自然と人間を結ぶ哲学を農村へ 都市へ

15年12月に完結した「内山節著作集」全15巻（Ⅱ－5章2）の普及は、農文協の教育系への普及を深化させる契機となった。高校の国語教科書や大学入学試験での小論文問題への採用など、内山節さんは現在の高校生に最も読まれている哲学者といっても過言ではない。内山さんの文章は、物事を深掘りすることが困難といわれる現在の中高生にとって、具体的な思考への一助となっていると言われる。よく用いられる「現在と過去との対比」は言い換えれば、「農村と都市との対比」であり、東日本大震災をきっかけとした田舎の再評価や田園回帰の流れに通じるものだ。

14年の九州の国語教育研究会での内山さんの講演会は協会内で話題になったが、近畿支部（当時）においても大いに話題化した。そして15年7月、「大阪国語教育アセンブリー」（ことばの教育について、広く自主的に研鑽しあう集会）で内山さんの講演会が実現した。これは、支部職員と編集部が、主催者である大阪府立今宮高等学校の小山秀樹教諭と内山さんを橋渡しした結果である。さらに16年には兵庫国語科研究会でも内山さんの講演会が実施されるなど、波及していった。

また、毎年開催している近畿エリア『現代農業』読者のつどいにおいても、16年に内山さんを招いて講演会を実施した。大阪国語科教員アセンブリーや教育系普及を通じて得た、国語科教員という新たな人脈を、支部主催企画へと導き、さらには『現代農業』読者などとの交流へと発展させたことで、過去にない横断的なつどいとなった。内山哲学が都市と農村双方をつなげる結果となった。つどいの実施に合わせ、管内の大型書店などで「内山節著作集」完結フェアを実施したことも今までにない取り組みとなった。

高校の授業で内山作品を活用してアクティブラーニングが実践された。生徒がまとめた「作品構造図」

■受託出版について

1999年に愛知県農林部・JA愛知県中央会・県教育委員会と連携して『愛知の農業』を作成した。20年経過した現在でも製作は継続しており、愛知県内の小学生に配布されている。2001年にNOSAI滋賀から受託した『大豆オンデマンド』を皮切りに、この10年は支部全体の取り組みとして『鳥獣害被害対策パンフレット』などを市町村段階まで広げて製作した。近年は新規開拓ができていないが、1995年の『現代農業』『農業技術大系』の電子化以降、普及担当者が先方への提案用に記事の一次編集ができるようになったことが直接の背景になっており、地域出版の可能性や支部普及・編集間の新しい関係についても実践をつくってきたことも特筆しておきたい。

（福留均）

5 《中国四国支部》地域再生のフロンティア、その実践をつかみ発信する

この10年間、中国四国支部の農村と普及者に大きな影響を与えた文化財やテーマ、農家や農家の実践は何か？　それがこれからの10年を見通すヒントにならないだろうか？　何人かの現・旧支部員に聞いた。

■中国四国は地域再生・田園回帰の最先端

2008年から17年まで中国四国支部長を務めた福留均は、冒頭の問いに対しこう始めた。

「鳥獣害だな。DVD『暮らしを守る獣害対策シリーズ』（09年3月発行）や、受託の獣害対策冊子、単行本で、各県や市町村の担当者と関係ができた。香川県では県の方針で、全市町村での設置になった。広島や岡山などの県や市町村で、啓発冊子が大きく利用された。鳥獣被害防止特措法の制定（07年）もあったんだよな」

さらなる取り組みを応援すべく発行したDVD『地域で止める獣害対策シリーズ』（Ⅱ－4章1）が19年度に完結した。

続いて福留は、「シリーズ　地域の再生」第15巻『地域再生のフロンティア』および「シリーズ田園回帰」（Ⅱ－3章）を挙げた。長く中国四国支部に勤める田村斎も「田園回帰1％戦略」という言葉が発明であったと語った。原田順子も、これら一連の文化財はまだまだ当支部管内で普及の余地があると指摘する。これからの課題でもあり、活路でもある。

14年5月のいわゆる「増田レポート」の「消滅可能性市町村」に対抗して出版したこれらの文化財は、農文協の主張そのものであった。「1％戦略」は、たとえば島根県の「小さな拠点づくり」の活動に見えるように広がりを見せている。また『地域おこし協力隊 10年の挑戦』（Ⅱ－3章3）

も地域の活性化にとって重要な出版であった。地域おこし協力隊は、「集落支援員」の制度と並び、今後も地域の担い手として存在感を増していくだろう。

ＤＶＤ『暮らしを守る獣害対策シリーズ』の舞台は島根県美郷町であったし、『田園回帰１％戦略』の著者・藤山浩さんも島根県に拠点を構える。中国四国支部はまさに「フロンティア」を抱える支部として、地域の実践をつかみ、発信する義務を持っているのである。

■天敵から環境制御へ

「高知の天敵から環境制御への流れも興味深かったよな」

高知県を長く担当していた福留は、農家の技術の変化も敏感に感じ取っていた。土着の天敵を活用する天敵活用技術は高知県で大きく進化した。高知から全国へ普及するには時間がかかったが、『天敵活用大事典』（16年発行、Ⅰ－４章１）の前後が、ちょうど広がりつつあった時期である。

■宮本常一に普及者の原点を見る

「周防大島出身の宮本常一という点はもちろん、普及者としての原点も思い起こさせてくれた」と「あるく みる きく双書」や「宮本常一講演選集」（Ⅱ－５章１）を指して福留は言う。普及を通じて、若者の教育者としての宮本、地域活性化の指導者としての宮本の姿が現われてきた。宮本常一の歩いた道をたどると日本地図が真っ赤になるという。農文協の普及職員も同様だと思う。

■普及を通じた実践の循環

長く当支部の団体普及班や地域普及班長を務めた原敬介は、『現代農業』の普及を通じて、同誌の執筆者となる人も発掘してきた。

その一人が15年12月に訪問した岡山県赤磐《あかいわ》市の坂本堅志《かたし》さん。そのときの日報がもとで、16年５月号に「ジャガ芽挿し」で登場。17年３月号巻頭カラーや18年の連載「坂本さんのワクワク自給菜園」などにもつながった。ＤＶＤ『直売所名人が教える 野菜づくりのコツと裏ワザ』第３巻（Ⅰ－６章１）で取り上げられ、講習会などで大人気となった。執筆者の発掘は、普及の醍醐味であり、任務でもある。

17年の連載「ハウスなし、トラクタなしで12ａ ３４０万円稼ぐ」の執筆者・峠田《たおだ》等さん（島根県浜田市）も、同じく普及者の報告から発掘されている。

中国四国支部は、このような自給・直売所向けの暮らし記事が発掘される土壌なのである。気を引き締めて発信に務めたい。

■産地と向き合ったブドウ農家普及

「岡山のブドウ農家が、地区ごとにぜんぜん違う土づくりの関心を見せてくれとてもおもしろかったです」（原）

17年に発売された『ブドウ大事典』の普及を通じて、中国四国支部は、ブドウの大産地・岡山県としっかりと向き合う機会を持てた。JA岡山西、JA岡山東とは、『ブドウ大事典』をJAを通じて組合員に取りまとめ販売したりと、たくさんの収穫のあったブドウ農家普及であった。

■関係性の哲学に普及も触発された

内山節さんの著作は、中国四国支部の農村普及にも影響を与えた。中山間地域を集中的に回っていた15年前後、私たちは「川を上り、一番集落の奥まで行ってみると元気な人がいる説」を見つけた。時を同じくして発行の始まった「内山節著作集」（Ⅱ－5章2）の学習を通じて、「関係性の哲学」を学んだ。川を下って平野に行くと都市ができ、人との関係性が生まれる。川を上って集落を一番奥までいったそこには、一番豊かな自然との関係性が存在するのではないか？ そんなことを考え、納得がいった。内山さんの文章は、具体的な力を、農村に生きる人々に与えてくれるのである。14年度の読者のつどいで内山さんにお越しいただいたのも、そのような皆の想いが一致したからであったと思う。

■JAエリア普及の始まり

10年7月、広島県JA三次《みよし》にて、「JA版農業電子図書館」の利用促進と管内の農家への直接普及を組み合わせた新しい形態の普及を行なった。これが中国四国支部で初めての「JAエリア普及」であった。このなかから以下のような、今につながるたくさんの実践が生まれてきた。

■映像で講習会型普及が大きく成長

当支部における講習会型普及は、10年時点では影も形もなかったが、現在、支部活動の大きな柱に成長している。これも、JAエリア普及という挑戦の場で生まれてきた。きっかけは11年8月、高知県JAコスモス（当時）のアグリミドルスクールでの見本配布であった。『季刊地域』にも登場した人気講師がしっかりPRしてくれたおかげか、10分のPRで普段の倍の読者を獲得でき驚いた。「『現代農業』の話題で講師をして人に集まってもらい、それで仕事をつくれれば」と皆で話したのを覚えている。

次のチャンスは12年12月、香川県琴平町で行なわれた第15回野菜育苗協会総会での講演。初めて約1時間の枠をもらい、パワーポイントと写真を用いて一生懸命プレゼンした。書籍販売の結果は出なかったが、とにかくこれを端緒に「講演会ができます」と積極的に提案した。

このとき役立ったのが映像文化財のDVDブック『えひめAIの作り方・使い方』（Ⅰ－3章）。DVD『直売所名人が教える 野菜づくりのコツと裏ワザ』（Ⅰ－6章1）なども講習会型普及の幅を広げた。

この10年、映像による情報発信は急激に進んだ。様々な媒体で農家に情報を届け、明日は今日よりいい実践をしてもらう、ここが大切なことではないかと感じる。

■グループ会員普及で若手の動き・関心をつかむ

また、各地のＪＡ青壮年部に対し、「ルーラル電子図書館グループ会員」普及も積極的に展開した。これを通じて、『現代農業』普及だけでは捉えきれなかった若手の動きや関心、人脈をつかむことができた。

今でも覚えているのが、14年のＪＡ香川県の青壮年部への普及である。関心の一つが「畑の排水性」だった。耕し方と土の物理性の関係は、人によって千差万別であった。ここでつかんだ話題は『現代農業』15年９月号「水田裏作の耕し方 大きなゴロ土で排水バッグン」（観音寺市・細川克彦さん）として形になった。同時に、微生物の力で排水を良くする「ヤマカワプログラム」（Ⅰ－３章）も話題になっており、実践している部会の役員もいた。

もう一つの柱は「防除技術の向上」。外国人実習生を受け入れている法人経営の多い香川県では、技術教育が課題となっていた。13年６月号に掲載の農薬散布法「歩くブームスプレーヤ方式」を紹介したところ、観音寺市の若手農家・川上悟史さんが実際に取り入れてくれて、16年６月号の記事「『歩くブームスプレーヤ方式』なら研修生でも散布ムラなし」になったのはうれしかった。

多くの研修生を抱える経営者である彼らは、若手同士よく集まり、情報交換を熱心にしていた。その姿はとても農家らしく、「小農は経営の規模ではない」とはっきり気づくことができた。

■直売所の「朝駆け」もＪＡ版から生まれた

直売所に早朝の出荷時にブースを構え、『現代農業』の購読を勧める「朝駆け」も、ＪＡ版農業電子図書館の利用促進を核とする普及の中で生まれた。

直売所に積極的に関わろうという方針の下、10年11月、西日本随一の直売所、愛媛県ＪＡおちいまばりの「さいさいきてや」へ交渉に行った。「出荷者みんなに『現代農業』を届けさせてもらいたい」という要望はかなわなかったが、代わりに「それじゃあ朝の搬入のときに来たらいいよ」と誘っていただいた。中国四国支部における初の「朝駆け」であった。朝の出荷時間は戦争のようだったが、ある九州直売所リーダーから「朝の出荷時を見なければ視察にならない」と言われていたとおり、自慢の荷姿も見られるし、普及者の成長にもつながるとてもいい仕事だと思った。

◇

ＪＡ版農業電子図書館を接点とした「ＪＡエリア普及」は挑戦の場であった。挑戦が始まって数年間でつかんだ兆しは10年たった今、大きく花開きつつある。（向井道彦）

6 《九州沖縄支部》家族読み、そして地域読みを追求した10年

定期購読を始めた農家、その家族、その地域で『現代農業』の話題が毎日飛び交う空気をつくるのが理想だ。そんな「家族読み」「地域読み」を目指し、多様な普及形態でむらへ働きかけ続けたのがこの10年間だった。

九州の農家普及は、在村農家（152頁注）が多いこともあり、同じ地域を3年に1回普及するペースで進行している。だが、それまでの一過性の普及を変えたいとの想いから、2012年に宮崎県対策委員会をつくった。入村する宮崎県を重点県とし、テーマを「えひめAI」（I－3章）に定めて農家、役場、保育園の活用事例を集めた。宮崎県の元気な声を九州全体へ届ける仕掛けづくりとしてまとめたのが「きゅうたま」第1号である。農家の元気な声を熱いうちに団体へ届けるために、これを使って普及した。「きゅうたま」や読者のつどいを始めたのは、『現代農業』の地域読みと定着をはかるためである。

また、地域読みを直接普及で組織しようと、支部職員の吉野隆祐発案の「F普及」を試みた。英語で「定着する」という意味のfixからとったもので、一度普及した地域へ8カ月後、中止連絡が届く前に再度入村するという普及である。1年での購読中止を防ぎつつ新たな対象を広げることを目的に取り組んだ。この普及は、読者に『現代農業』の話題を再度紹介し、記事の活用と購読の定着を促す意味では効果があったが、それ以降は継続できなかった。しかし、F普及自体が終わったのではなく、もっと効率的に多くの農家に会える形態を追及したのが、直売所を拠点にした「朝駆け」や講習会である。さらに、雑誌基軸だけでは

宮崎県のえひめAIの話題を集めた「きゅうたま」第1号（2012年12月発行）。「九州のたまげる話、たまらない話」という意味を込めてつくった

どうしても苦戦しがちな主業地帯を連年で普及するため、ルーラル電子図書館グループ会員普及や事典基軸普及がスタートした。農家へのアプローチの手法は変わっても、我々のやるべき普及は、あらゆる視点で継続的に地域に関わり続けるという地域読みの追求だった。

■農家の元気な声を集めて発信する

牛農家への普及は楽しい‼――今でこそ優先対象になっているが、10年前の普及では避けていた対象といっても過言ではない。変わったきっかけは、12年に宮崎県を普及していた柳島かなたの牛知識メモだ。そこにはたとえばこう記してある。

「削蹄用語『引き出し』――飼い主がいなくても、牛舎から牛を出して、削蹄すること。『今日は、引き出し込みでお願いね』などと農家に頼まれるようです。ちなみに、削蹄のときはボロ（糞）を出さないほうが、爪が湿っていて削蹄がしやすいという削蹄師もいます」

農家から直接聞いて教わることがモチベーションになって、牛知識を支部内で共有した。牛普及が今日のストロングポイントになっている原点である。

農家普及に完成形はないと言われるが、19年5月に入村したＪＡ高千穂地区管内の普及は10カ年の集大成的な要素が詰まっている。香川貴文が「むらまるごと拠点化」をテーマに掲げた。農家の家産の知を汲み尽くす普及で「知る」「楽しむ」をたくさん集めた。たとえば、「知る」では「牛舎の神様『やまこうじん』。どこの牛舎にも必ず祭壇がある。祭られている像は家によって顔が違う」。「楽しむ」では「クラシックがかかる牛舎があった」など。実績だけでなく普及の質もアップさせることで、班員自らが主体性を持った普及に取り組めた。主な実践として牛のセリの場に出向く「セリ駆け普及」、複数人で農家を訪問する「組普及」、農家との交流（バーベキュー）、首長やＪＡ組合長へのトップ普及、地域普及班と団体普及班の職員が同行し、農家情報を活かした図書館や高校の教育系普及、『現代農業』の「あっちの話こっちの話」コーナーに載せる記事の量産……と盛りだくさん。むらの話題を集めるインプットと情報を団体へ還すアウトプットを両立した普及は、これからも立ち返る実践である。

■専業型産地こそ連年普及

「ルーラル電子図書館グループ会員」普及の目的は単なる会員化ではなく、ＪＡ青年部のグループ会員を軸にＪＡ管内へ継続的に関わることである。対象は後継者が多い地域で、トマトの大産地であるＪＡ玉名青壮年部もその一つだ。地域班が13年7月に雑誌普及した6カ月後の14年1月に横山宗和と田中亨が入村。後に『現代農業』に登場することになる岱明《たいめい》支部の吉田純さんや倉野尾英樹さんと知り合い、岱明地区の歴史ある農業者クラブ「コスモス会」にも参加させてもらった。さらに1年後の15年2月に『トマト大事典』普及で入村した佐藤圭は、コスモス会やその懇親会で意気投合していた倉野尾さんからトマトの誘引ヒモを下ろす小力技術（42頁注）を教えてもらった。新しい文化財を持つことで連年入村が可能になり、地域へ継続的に関わることができる。

読者のつどいの内山節氏講演会
（2015年11月、大分県日田市にて）

■生き方指導としての全集普及

「私は、ここで暮らす」。15年11月に開いた「第5回読者のつどい（内山節氏講演会）」のタイトルである。同氏の著作集の発売当初は、「難しそうな15巻もある全集を誰が買うのか？」と普及に消極的だった。しかし、支部員の竹内謙太郎が考案した「内山節氏対比表」の出現で状況が一変した。内山氏の言葉を「昔（里）⇕今（都市）」を対比しながら考察すると、わかりやすく整理されて自分のものになる。普及者自らが拡販資料をつくり、話題も積み上げる普及が一番盛り上がると学んだ。

対比表の言葉は、有名な「仕事（里）⇕稼ぎ（都市）」や、「自分たちの労働や生活にあった時間（里）⇕時計が刻む時間（都市）」などたくさんある。支部の研修会の日に支部職員で項目を出し合ったのもよかった。農家に対比表の言葉を投げかけると反応がポンポン返ってくる。たとえば「旬の野菜があってつくる料理（昔）⇕レシピがあってつくる料理（今）」や「ナイフは必需品・ナイフで遊ぶ（里）⇕ナイフで遊ぶと危険（都市）」など。「昔（里）」は主体性や共同、「今（都市）」は受動性や個人主義に関連するワードになる。

ポイントは、ただ昔はよかったというノスタルジックな話で終わってしまうのではなく、農家と一緒に１００年後の家族とその地域を考えること。すると、たとえ条件不利地のむらであっても農家自身がそこで暮らす意味を考え、自信を持ち、前向きな気持ちになるのである。そうなると結果的に受注も取れた。

特に15年8月の宮崎県高千穂町・諸塚村普及班は、2週間で「内山節著作集」を11セットも取ることができた。「内山節著作集」（根）＋「シリーズ田園回帰」（幹）＋『季刊地域』（葉）を大樹の図に表現するモデルを、竹内から触発された遠川千聡がつくった。

また教育系でも内山色に染まったのが14年秋である。熊本市で開催する高等学校国語研究会で内山氏が講演するという情報を前出の田中がつかんだ。これを機に、今まで対象ではなかった国語科教諭にも足を運んだ。本を売ることはもちろん大事だが、普及の成果は、内山氏の文章がただ小論文に登場するからという受験対策ではなく、多感な高校生の生き方指導として読んでほしいという先生方の想いを引き出せたことだった。農村や教育現場でも効率性を求められる今だから、内山氏の言葉は強く心に響くのである。普及をリードした竹内は、「内山節著作集」を大分市内の普通高校で一日に6セット決定するという驚異的な実践をつくった。

■農家が集まる場へ出向く――新しい仕事づくり

16年7月の全国会議で、「いま講習会型がとれる！」というタイトルで佐藤が報告した。直売所の講習会は地域普及班が早くから入村地で行なっていたが、従来の講習会は、依頼を受ければ対応するという点的な展開だった。これに対し、農家が集まる場へ積極的に出向くという面的な拡大を進めたのが支部の講習会型普及である。

最初は13年3月に佐藤と横山が行なった福岡県宗像市の「かのこの里」である。その1カ月前に発売されたＤＶＤ『直売所名人が教える　野菜づくりのコツと裏ワザ』、地域普及班が編み出した「現代農業川柳」、黄色いバケツ*やコショウ*の現物が効果的だった。また、支部の講習会担当を佐藤や伊藤照手に決めて、女性職員の新たな仕事をつくった点でも画期的な取り組みになっている。

じつは講習会の前身は昔もあった。九州支部の文化係を長く務めた千葉孝志の話によると、昔、長崎県南島原市の「ながさき南部生産組合」にて、スライドを使った学習会を開催したという。今取り組んでいる講習会は、当時のスライド上映会の形を変えたものではないかと納得した。

さらに文化財による文化運動を前進させるため、公共図書館にも講習会を広げた。公共図書館の場合は、文化財の使い方指導が目的なので、最初は販売実績も気にせず、とにかくやってみよう精神でスタートした。それが16年6月の福岡県広川町立図書館では、『現代農業』の定期購読申し込み8件というすばらしい結果になった。通常の農家普及では出会わない新たな対象が発掘でき、農文協・図書館・利用者にとって三方よしの実践になった。

（青田浩明）

*黄色いバケツ……黄色いバケツに水、食用油、乳酸菌飲料などを入れて畑に置くだけで、害虫を引き寄せて溺死させることができるという、『現代農業』でたびたび取り上げた話題のワザ。

*コショウ……トウモロコシのヒゲにコショウをかけるとカラスやハクビシンなどの鳥獣に食べられないという。同じく『現代農業』で紹介。

2章

東京本部の活動から

＊人物の所属・役職等は当時のもの

1 《農業書センター》日本で唯一の農業書専門書店、開設25周年

■東京のど真ん中で「農」の文化を発信

農業書センターが開設されたのは1994年6月。2019年に25周年、四半世紀を迎えた。開設当時、全国3234市町村のうち、図書館も書店もないところが787、図書館はあるが書店のないところは928あるといわれた（JPIC（出版文化産業振興財団）調べ）。しかもそれらの市町村は中山間地域に集中していた。

農文協は、農村・農家こそ文化の創造者であり、文化の担い手であるとの思いから、「中山間地域にこそ読書環境を整えよう、農家が必要とする本を届けよう、農村から都市に向けた文化発信の拠点をつくろう」と、農業書全点を陳列する農業書専門店を東京都千代田区大手町のJAビルにオープンした。農業書協会の『日本農業書総目録』に掲載される書籍約6000冊の書誌データのデジタル化も進めた。一般書店では購入することの難しい自費出版本や地方流通本、農業団体や行政機関が発行する書籍、農業系学会誌などを独自に仕入れての販売も行なった。これらは『一般に流通していない農業書リスト』となり、農業書センターの最大の特徴となった。そして、本の通販サービスを行なう「田舎の本屋さん」をスタートさせ、全国どこへでも宅配便で即座に届けることが可能となった。農家が求める本のアドバイスやレファレンスサービスも充実させた。

■SNS、イベントや写真展も

14年3月、現在の千代田区神田神保町に店舗を移転した。新しい店には「農・園芸、食、地域づくりの専門書店」の看板を掲げ、ホームページやフェイスブック、ツイッター等のソーシャル・ネットワーキング・サービス（SNS）

での情報発信を開始した。

　それまではおもに農家やＪＡなどの利用に支えられてきたが、本の街・神保町に移ってからは、全国の農家をはじめとして、各種農業団体や地方行政団体、一般市民、大学の先生や学生、農業関連企業などのほか、中国・韓国・台湾など海外からも多くのお客様が来店するようになり、客層は多種多彩に拡大した。また、新聞・雑誌・テレビなどでユニークな書店として取り上げられることも増えた。さらに、出版社と連携しての著者トークイベントを数々開催したり、階段スペースを利用した出版社や読者の写真展、ベランダでの蜜蜂飼育と観察会、農産加工のカリスマ・小池芳子さん（Ｉ－６章３）の漬物やジュースなどの販売、自然農法で自家採種したタネの販売、地元の神保町ブックフェスティバルへの出展、隣接する岩波ホールの映画上映との連携ブックフェアなどを通じて、東京のど真ん中で、「農」を中心とした読者が集まるようになった。

農業書センターの著者トークイベント

■反新自由主義のうねりに呼応

　この10年間の販売書籍の傾向は、農業や園芸などの技術書がメインとはなるが、地域農業を破壊するＴＰＰや種子法廃止、新自由主義に抗した書籍の継続的なブックフェアを行なったり、日本農業新聞やＪＡ全国女性組織協議会とタイアップした書籍販売なども行ない、大きな反響があった。主なものとして、農文協ブックレット『ＴＰＰ反対の大義』１３０１部、同『種子法廃止でどうなる？』１８６部、『規制改革会議の農業・農協攻撃をはねかえす』（農業・農協問題研究所）５１１部、堤未果著『政府は必ず嘘をつく増補版』（ＫＡＤＯＫＡＷＡ）４３１部、『政府はもう嘘をつけない』（同）２３６部を販売した。

　11年3月11日の東日本大震災以降は、自然（自給）エネルギー関係の本も多く売れた。たとえば、愛媛県今治市の曽我部正美氏の自費出版本『自分でできる打ち抜き井戸の掘り方』、日本ロケットストーブ普及協会が発行する『ロケットストーブ』（絶版）は、この10年間でそれぞれ２０２部、２０６部（改訂版含む）販売するなど、農業書センターならではの書籍として評判となった。

さらに新規就農や田園回帰の動きと相まって、「農学基礎セミナー」や農業高校検定教科書の販売も多かった。

■著名文化人もハマった

作家・高橋源一郎氏は朝日新聞で、「ぼくは、この雑誌（『のらのら』）を『日本で唯一の農業書専門の本屋』農文協・農業書センターで見つけた。そして、他にも、不思議なものを。震災・原発・TPP（環太平洋経済連携協定）関係の書籍や雑誌ばかりを集めた大きな棚だ。一見、関係なさそうな『震災・原発』と『TPP』が、この小さな本屋の棚では、深い関連の下に展示されている」と農業書センターを紹介している（『ぼくらの民主主義なんだぜ』朝日新書収録）。

また、脳科学者の茂木健一郎氏も、東北地方の駅前書店で『現代農業』と出会ったのがきっかけで農業書センターに来店した。「（『現代農業』を）帰りの新幹線の中で夢中になって読んだ。実践的かつオタクな知識が詰め込まれていて、今こそ読むべき雑誌だと感じた」「（農業書センターに）上がると、そこはもう『パラダイス』！　明るい店内に、農業書の充実したラインアップがいきなり目に飛び込んできて、私の心は狂気乱舞し始めたのだった。とにかく店内がワンダーランドで、いくら見ても飽きない」と『本の雑誌』18年12月号に訪問記を書いている。

■検定・研修テキストも好調

店売以外にも農業書センターでは、各種団体への斡旋販売や専売図書の取り扱いを行なっている。これらは、この10年間で売り上げの大きな柱に成長した。

特に、JA全中が実施する農協内部監査士や農協監査士の資格認定試験テキストは、10年間で合計19万5553部を販売した。他にも、全国農業高等学校長協会による日本農業技術検定のテキスト（各級合計2217部）、日本土壌協会による土壌医検定のテキスト（各級合計3101部）などが売れている。

また、全国町村会の「地域農政未来塾」、日本農業機械化協会の各種研修、日本協同組合連携機構（JCA）の「食育ソムリエ養成講座」など、各種団体の研修会テキストの一括採用も好調だ（それぞれ2352部、3101部、6191部）。JAや市民グループが行なっている「田んぼの生きもの調査」での教材採用も、『ポケット版 田んぼの生きもの図鑑』動物編1万7854部、植物編8776部（改訂版含む）と、飛躍的に増えた。

■農の応援団づくりをめざして

平成から令和に移り、書店業界はますます厳しさを増している。書店調査会社のアルメディアによると、1999年に2万3000店ほどあった書店は、2019年5月には1万2000店を切った。特に町村部の書店数の減少が激しい。アマゾンなどのネット書店の隆盛も脅威である。スマートフォンの普及により、読書習慣の衰退と図書購入費の縮小も社会問題となっている。

しかし、日本で唯一の農業書専門書店の優位性や現物を手にとれるリアル書店の強みを生かして、今後も農家が必要とする本を届けるために、農村と都市を結び、農の応援団づくりの書店を模索したいと考える。

また、農文協の直営書店として、読者はどんな本を求めているのか、読者にどんな本を届けるのか、支部や編集部への情報発信を行ない、農家と農文協を結ぶ最前線としての役割を果たしたいと考える。

（荒井操）

2 《JA－IT研究会（JA総合営農研究会）》JA営農経済事業改革のうねりをリード、そして地域再生へ

■早朝の出荷風景から

朝6時台の野菜集出荷場。外にはもう農家の軽トラックがずらっと並び、集荷開始を今か今かと待ち構えている。時計が7時を刻むや、堰を切ったように構内へ。若手も女性も80代の農家も、コンテナを行き先別の所定のパレットに次々と並べていく。地方卸売市場顔負けの豊富な種類と物量だ。これらの野菜は首都圏の量販店や生協約50店舗のインショップに向けて送られ、開店と同時に並ぶ。農家は皆、活き活きと楽しそう。群馬県JA甘楽富岡の毎朝の風景だ。

この現場を回すJA職員はなんと1人！「出荷のルールは組合員が自分たちで決め、自分たちで守っているから」だという黒澤賢治さん（同JAの元営農事業本部長で、JA－IT研究会副代表委員）の説明に、ハッとする視察者たち。協同組合の理念に則った究極のコストカットだ。

ここはもともと養蚕とコンニャクの専作型大産地だった。1990年代、この2品目がいずれも輸入自由化で壊滅した。この危機にJAはこれまでの事業方式を大転換。小規模の自給的農家、高齢者・女性など多様な担い手が活躍する、少量多品目の周年野菜産地として復活を遂げた。また、直売所を入口に、これら農家が技術・経営を順次ステップアップしていく仕組みも形づくった。『現代農業』2000年1月号は、この直売所の大きな役割とその活況ぶりを、定年帰農で花つくりに精を出す農家の「死ぬのを忘れてやってます」という声とともに大きく取り上げている。

そして2001年、このJA甘楽富岡の実践を一つのモデルに、生産・流通・消費の大きな変化に対応した営農経済事業の革新と地域農業の再興を目指すJA役職員の自主的な研究会「JA－IT研究会」（代表＝今村奈良臣東京

大学名誉教授）が発足。以来約20年にわたり、全国の単位ＪＡがフラットな立場で参画し優良事例を学び合う公開研究会などの活動を積み重ねてきた。農文協はＪＡ全中（19年からはＪＡ全農も）と共同で事務局を担っている。

■農協改革の嵐に揺られ

その歴史の後半にあたるこの10年間は、政府主導の「農協改革」の嵐が吹き荒れ、そのなかで、それまでにない形で営農経済事業が注目を浴びるようになった。

14年5月、政府の規制改革会議は、ＪＡ全中の一般社団法人化、ＪＡ全農の株式会社化、信用・共済事業の代理店化、准組合員の利用量規制などを求める「農業改革に関する意見」を発表。この意向を大きく反映した改正農協法が15年8月に成立した。さらに同会議の後継である規制改革推進会議は16年11月、「農産物の委託販売を廃止し全量買い取り販売に転換せよ」「生産資材の点数を絞り込め」など、経済事業の具体的あり方にまで踏み込んだ「農協改革に関する意見」を発表した。

しかしＪＡの事業方式の転換が必要なことは、何も政府に言われるまでもないことである。15年の第27回ＪＡ全国大会において、「農業者の所得増大」「農業生産の拡大」「地域の活性化」を基本目標とする「創造的自己改革」に取り組むとする決議が採択され、買い取り方式を含む新たな販売方式の開発、直販型のマーケティング展開、購買品の価格引き下げなどが提起された。

一方、金融の大幅緩和やマイナス金利政策のもと、これまで屋台骨だった信用・共済事業の収益が大幅に悪化。その面からも営農経済事業の収支均衡がいよいよ待ったなしとなった。

■ＪＡ改革は協同組合のアイデンティティに則ってこそ

この営農経済事業改革こそまさに、ＪＡ－ＩＴ研究会がその設立以来さまざまな切り口から追求してきたことであった。研究会では、直販型マーケティング展開、生産者手取り最優先を実現する事業システム、法人と連携しての利用施設運営など、さまざまな角度から事例報告と討論を積み重ね、参加ＪＡでは着実に改革を実現してきた。

その際、一貫して追求してきたことは、協同組合としてのアイデンティティを踏まえた改革でなければならないということだ。「協同活動をベースにしたＪＡ改革の実践」をテーマにした第47回公開研究会（17年11月）の開催趣意書は、次のように述べている。

「これまで『自己改革』のメニューは、企業の『お客様』に対する『サービス向上』のように行なわれてきた傾向があったように思われます。（略）これでは、単に資材価格を安くするといった小手先の改革に終わってしまいかねません。（略）いま本当に求められているのは、販路や生産資材価格などの事業課題を、農協だけで解決しようとするのではなく、組合員と一緒に悩み、解決することではないでしょうか。組合員は『お客様』ではなく、事業に参画し、自ら役割と責任を果たす協同の仲間である――この原点に今こそ立ち帰り、参画と民主主義をベースにした事業改革へ舵を切らなければならないと考えます。そのためには、集落座談会や担い手協議会などでの徹底したコミュニケーション活動をつうじた、農協から組合員への情報開示と課題意識の共有、組合員の合意形成が欠かせません。（略）組合員とＪＡとの〈協同組合としての関係性〉を再構築し、そのうえに事業を改革していく道筋はどうあるべきか、実践報告と討論をつうじて徹底的に掘り下げたいと思います」

　こうした視点でＪＡ－ＩＴ研究会が議論してきた改革路線が、現在の「自己改革」の方向性をリードしているとの評価もある。

■地域コミュニティ再生へ

　この間、１県１ＪＡ化を含むＪＡの大型合併や支店・支所統廃合も雪崩を打って進んだ。全国のＪＡ支店数は２０００年の１万３７９３から16年には７８２８に。他方、平成の市町村合併も進み、住民サービス機能の低下が指摘されるとともに、行政主導型の地域政策の限界も見えてきた。

　その一方、住民自身が新しい協同やネットワークを組み直そうとする動き、共助・住民自治による地域づくりの取り組みが広がってきた。営農面だけでなく生活面も含めて事業展開する地域貢献型の集落営農や、廃ＪＡ支所等を拠点にガソリンスタンドやミニ購買店舗を運営する地域運営組織などである（Ⅱ－４章）。第28回ＪＡ全国大会（19年３月）の決議は、これら組織との積極的な連携を掲げた。

　研究会のほうでも、19年６月に「地域コミュニティの再生とＪＡ」というテーマで第52回公開研究会を開催。地域商社や集落営農法人のすぐれた事例もまじえて報告と討論を交わした。営農経済を主軸にしながら、「地域コミュニティこそＪＡの組織・事業の基盤。そこにどう向き合うか」という視点を深めてきたのである。

■ＪＡ営農経済事業の中核実践人材を輩出

「10年前、このセミナーに出て、やる気、元気、勇気をもらいました」

　19年９月、この研究会がＪＡ甘楽富岡管内で毎年開催している２泊３日の「人材養成セミナー」最終日。全国の約20人の「後輩」を前にこう話すのは、新潟県ＪＡえちご上越営農部長の岩崎健二さん。米単作、豪雪地帯ながら、園芸振興で農家の所得を確保しようとつくった直売所「あるるん畑」や、それを発展させた食と農のテーマパーク「上越あるるん村」の企画・設置・運営に一貫して携わってきた元営農指導員だ。09年に開催した第１回セミナーの修了生であり、以後、本研究会の常連参加者である。

身を賭してＪＡの新しい事業に取り組んできた岩崎さんは、当初、「モノが売れない→お客さんが減る→農家が出荷してくれなくなる→……」という悪循環を経験。「農家がつくってくれたものは絶対に売り切る」という非常な熱意と努力でそれを乗り越えたものの、今度は「農家が前向きになっているのにＪＡ職員の意識が変わらない」という壁にぶち当たった。そんなとき出会ったのが09年のＪＡ－ＩＴ研究会第１回人材養成セミナーだった。

ＪＡ営農経済事業の中核を担う職員を育成しようと始めたこのセミナー、主対象はＪＡ営農・販売部門の若手〜中堅の職員で、３日間缶詰めになってみっちりと学ぶ。研究会内外の講師陣による、「新しい米生産販売戦略のポイント」「業務用・加工用野菜など野菜の需要の変化と販売戦略」「６次産業化の要諦」等々といった充実の講義に加え、車座でのワークショップや模擬商談も。冒頭のＪＡ甘楽富岡の視察もこのセミナーのプログラムの一つだ。

岩崎さんもこの場で大いに学び、自身の悩みを語り、「気づいたなら、自分が動け」「ＪＡ組織の出過ぎた杭になれ」「ビジョンを持ちプランを立てろ」と叱咤激励されながら、園芸販売強化の具体的手法を学んできた。

これまでを振り返って岩崎さんは、「平坦な道のりではなかった。組合員や地域のために何をしなければならないのか、事業をどのように組み立て進めるのか、思いをどう経営者に伝えるのか……。さまざま悩みながらも、米単作ＪＡで園芸を拡大していく方策を示すことができた。そうして学んだノウハウを米や地域振興にも活かしたい」と語る。

その言葉のとおりＪＡえちご上越では今、ＪＡ甘楽富岡の手法に学びながら、ＪＡの収支状況を組合員に開示し、組合員との話し合いのうえで手数料アップによる収支改善を実現するなど、「協同活動をベースにしたＪＡ改革」が実践に移されつつある。

◇

ＪＡ－ＩＴ研究会は18年10月の第50回公開研究会開催を機に、「ＪＡ総合営農研究会」へと改称。名実ともに営農経済事業の革新による地域農業活性化、ひいては地域コミュニティ再生をめざす研究会として新たなスタートを切った。

20年前にごく少数のＪＡから始まった営農経済事業革新の運動は、それに続く多くのＪＡとその中核的な担い手を生み、大きなうねりに成長した。今、このうねりに農家、組合員、そして地域を巻き込み、地域コミュニティ再生の大波を起こすときが来ている。

（嶋川亮）

3
《日中農業交流》「農家の技術」と「協同」を手がかりに
——2村2鎮との定点交流

およそ35年の歴史を重ねた農文協の日中農業交流事業。この10年は、2カ所の行政村と2カ所の鎮（大きな町に相当）を拠点とした、定点での継続的な交流を柱としてきた。それは、GDP世界第2位の大国と言われる中国の、その足元である農家・農村・農業の素顔というものを見つめながら、農業交流のあり方と方向性というものを改めて問い直してみたいと思ったからである。

■戴庄村の実践

その素顔に触れる大きな契機となったのが、2015年に日本の研究者（楠本雅弘氏、中島紀一氏）とともに取り組んだ、中国江南・句容《くよう》市戴庄《たいしょう》村の地域実態調査である。戴庄村は、元鎮江農科所所長等を歴任した趙亜夫《ちょうあふ》氏（1941年生まれ）が定年退職後のボランティアとして2001年に振興支援に入った村。かつては米麦、綿花をつくるも、句容市で最も貧しいと言われた村である。趙亜夫氏はこの村で有機農業を広め、中国では稀有な「全村民参加型」の有機農業合作社を組織する。農業所得の向上と地域環境の保全にも成果を挙げ、「中国三農政策（農業・農村・農民の三つを意味する）」のモデルとして全人代（日本の国会に相当）でも注目されていた。

この15年間の実践を、「農法・農業技術」と「むら・協同組合」の二つの視点から、土・作物・家畜を見、農家と語り、村指導者へのヒアリングを重ねて、農家・農村・農業を解析・活写したのが『ともに豊かになる有機農業の村——中国江南・戴庄村の実践』（18年発行）である。

調査を通じて私たちは、農家・農村を支えるシステムというものの違いを痛感する。四半世紀に及ぶ人民公社制度が1982年に解体し、生産の主体は小農＝農家生産請負制に移行したものの、日本の協同組合法にあたる「農民専業合作社法」制定が2007年と遅れた中国。しかも、市場本来の機能を果たさない公設市場、野菜・果樹等の商品作物の生産を支援するための公的指導体制の未整備（公的

『ともに豊かになる有機農業の村』

機関は米麦・油糧作物の指導に偏重）など、小農が生産・販売し農業で暮らすための社会的なインフラが極めて脆弱な実態であった。

そのような中国・江南にあって趙亜夫氏が戴庄村の地域振興の手掛かりとしているのは、１９８２年の訪日研修で出会った雑誌『現代農業』と、日本の農協の組織・事業である。つまり、有機栽培の基軸には「小力技術」（42頁注）と表現された日本の「農家の技術」を据え、その地域的な展開は農協の「小農＝家族経営を支える協同のしくみ」を手掛かりとして、「中国三農政策のモデル」に取り組んでいるのである。この事実、意味合いは重い。

■産地再生の取り組みを日本の農協に学ぶ

産地の再編・地域農業振興においても、日本の農協の経験は大きな意義を持っている。「２村２鎮」の一つ句容市茅山鎮《もうざんちん》は、90年代からブドウ栽培に取り組んできた先発産地。生産農家は１９２７戸、栽培面積は2万ムー（１３３０ha）に及ぶのだが、その生産構造は、９社の「専門合作社」（大規模農家主導の組織）と4戸の「家庭農場」（大規模法人経営）の一方、大部分は平均10ムー（約70ａ）前後の中小零細農家である。農協のない中国では、資材の購入や技術の習得あるいは販売の面でも、圧倒的多数の中小零細農家は、専門合作社や家庭農場に依拠せざるを得ない状況である。しかしそれでは、産地としてのブランドや品質・規格の統一、協同購入・共同販売の規模のメリットも追求できない。急増する中国のブドウ生産は、全国で66万ha、江蘇省でも4万haに及んでいるのだ。

茅山鎮政府の肝いりで「茅山鎮丁庄万ムー合作連合社」（鎮レベルの組織だが、丁庄が有名なため命名）を立ち上げたのが２０１５年8月。大規模法人と中小零細農家の連携を図りながら共販あるいは地域ブランド確立をめざす、産地を守る協同化への着手である。17年1月に開始されたＪＡフルーツ山梨への若手農家（ブドウ2代目）の派遣研修は、こういう経過から始まったものだった。

日中間での品種問題や技術流出、輸出競合などの報道が喧しいなかでの研修は、特にＪＡの側にナイーブな課題はあったものの、産地を守る技術・指導・システムの重要性を熟知されている中澤組合長以下、ＪＡ役職員の協力により充実したものとなる。

特に、土づくりの重要性、収量コントロールによる品質の向上、栽培技術の地域化・標準化、規格の統一など数回にわたる真摯な研修を体験したことにより、研修生は茅山鎮のブドウづくりを客観的に見直すこととなり、かけがえのない経験となっている。とかく新品種に依拠し、多収で収益増に走りがちな中国農業の気風のなか、土づくりを含めた栽培技術の土台を習得し品質というものの重要性を認識した研修生は、その後、合作連合社の技術指導員に任命され、管内農家を指導するまでになっている。

ブドウ畑での「葡二代」研修（山梨県）

このような一連の経緯は、「葡二代」（葡萄２代目）という言葉を生み、農業の明るい話題として全国的なニュースにもなる。「改革開放」以降、栽培作物の変動が激しい中国にあって、同じ作物の２代目が地域に揃い、先進地・日本に学び管内農家の支援に取り組むさまは、とても喜ばしいことであるからだ。

■交流のなかの「商標問題」

このような交流のなかでは、国際的な「商標問題」も意外な展開となる場合がある。17年６月に発覚した、上海の業者による中国国内での「山梨桃」の商標登録申請がその一例である。この報道を知った茅山鎮政府は事実関係を調査し、この件が両国および双方の農業交流に対し深刻な影響を及ぼす恐れがあると認識。鎮政府として、句容市工商局や上級の工商部門と連絡を取りながら、独自に「異議申立書」を国家商標総局に提出するなど尽力。この商標登録申請は却下され、再審請求もなく無効となっている。何よりも茅山鎮政府が、この問題を「中国と日本の問題」としてではなく「中国国内の問題」としてとらえ尽力していることに、農業における「国際問題」解決に向けた方向性が示されているように思うのだ。

■定点交流の中国側窓口＝亜夫チーム事務室の設立

紙幅の都合で触れていないが、鎮江市江心《こうしん》鎮（揚子江の中洲にあるカンキツの北限産地）、張家港《ちょうかこう》市善港《ぜんこう》村（蘇州エリアにある都市近郊地域）の、特徴と課題を持った４定点での、検証と実体化を試みたこの10年。中国で「地域という観点」を育み、「協同という仕組み」を構築するためには、日本の農業協同組合の組織・事業とその経験が果たす役割が大きいと、改めて感じた10年であった。それは、中国三農問題への糧とも言えるものであろう。

18年５月には「亜夫チーム事務室」が設立された。趙亜夫氏が１９８２年以来志してきたこれらの事柄を、組織的に取り組み継続させるため、鎮江・句容の組織をあげて体制を整備し、設立に至ったものである。東アジアの農業で向き合う中国側の窓口が、ようやくできあがった。新たな段階へ、そして、そこに対応できる日本側の窓口を構想することが、次の10年の課題となる。

（皆川隆三）

続　農家に学び、地域とともに

農文協出版史で綴る農家力・地域力2010－2019

2020年3月25日　第1刷発行

編者◉一般社団法人 農山漁村文化協会

発行所◉一般社団法人 農山漁村文化協会
〒107-8668　東京都港区赤坂7丁目6-1
電話／03(3585)1142(営業)　03(3585)1145(編集)
FAX／03(3585)3668　　振替／00120-3-144478
URL／http://www.ruralnet.or.jp/

ISBN978-4-540-19202-9
〈検印廃止〉

DTP制作／(株)農文協プロダクション
印刷・製本／凸版印刷(株)
定価はカバーに表示
乱丁・落丁本はお取り替えいたします。

◉農文協発行図書年表

2010年4月～2020年3月

＊「定価」は発行当時の税抜き本体定価。発行後の改定は反映していない。

Ⅰ）雑誌

＊2010年1月～2020年3月

1. 月刊 現代農業（月刊、A5判、866号まで378頁、867号から338頁、定価762円）

発行年・号		特集タイトル
2010年	1月号（759号）	こうじ菌バンザイ
	2月号（760号）	品種選び大特集
	3月号（761号）	発芽名人になる！
	4月号（762号）	乳酸菌大活躍
	5月号（763号）	耕耘・代かき　もっと名人になる
	6月号（764号）	尿素で減農薬　探せ！“クスリを減らせる混用”
	7月号（765号）	草と葉っぱの売り方ノウハウ
	8月号（766号）	自然農法が知りたい
	9月号（767号）	山が好き！
	10月号（768号）	地力探偵団が行く
	11月号（769号）	トラクタを120％使いこなす
	12月号（770号）	じゃんじゃんやいてじゃんじゃん使う炭
2011年	1月号（771号）	直売所最前線
	2月号（772号）	冷春・激夏で見えた品種力
	3月号（773号）	軽トラ活用術
	4月号（774号）	今年はもう鳥獣になめられない！！
	5月号（775号）	管理機名人になる！
	6月号（776号）	納豆菌で減農薬
	7月号（777号）	痛快！農家の水＆エネルギー自給
	8月号（778号）	いま、昔の農業をヒントにする
	9月号（779号）	農家直伝　ヒモ＆ロープの結び方
	10月号（780号）	液肥を自分で作る
	11月号（781号）	ユズVSカキ
	12月号（782号）	燃料自給　なんでも薪に！
2012年	1月号（783号）	農の仕事は刃が命
	2月号（784号）	イモ品種大全
	3月号（785号）	続　トラクタを120％使いこなす
	4月号（786号）	技あり！植え方でガラリッ
	5月号（787号）	ジュースを搾る　エキスをいただく
	6月号（788号）	農家が見る病害虫写真館
	7月号（789号）	ラクラク度急上昇　草刈り・草取り
	8月号（790号）	遅出しで当てる
	9月号（791号）	塩 vs 糖
	10月号（792号）	畑の耕盤 攻める守る
	11月号（793号）	無敵のマイハウス
	12月号（794号）	秘伝公開！至福の漬物

2013年	1月号(795号)	えひめAI　列島増殖中
	2月号(796号)	愛しきマメ品種
	3月号(797号)	発芽名人になる！　2
	4月号(798号)	ウネ立て名人になる！
	5月号(799号)	春、野山が私を呼んでいる
	6月号(800号)	防除機器を120%使いこなす
	7月号(801号)	限界突破のトウモロコシ
	8月号(802号)	夏！香辛野菜が主役
	9月号(803号)	重いはイヤだ
	10月号(804号)	ケイ酸vsカルシウム
	11月号(805号)	足場パイプ vs 塩ビパイプ
	12月号(806号)	味噌に惚れた！
2014年	1月号(807号)	根はいいヤツだ
	2月号(808号)	色品種の便利帖
	3月号(809号)	マルチ&トンネル　コツと裏ワザ
	4月号(810号)	春、今年は排水のいい畑にする
	5月号(811号)	タマネギに感涙
	6月号(812号)	病害虫写真館2
	7月号(813号)	積極かん水のためのノウハウ
	8月号(814号)	アク・シブ・ヤニこそ役に立つ
	9月号(815号)	キャベツの底力
	10月号(816号)	根腐れしない畑って？
	11月号(817号)	コンテナ大活躍
	12月号(818号)	貯蔵・保存のワザ拝見
2015年	1月号(819号)	資材・機械　農家のかしこい買い物術
	2月号(820号)	イタリアンナスVS日本のナス
	3月号(821号)	元肥でトクする百科
	4月号(822号)	天気を読む　暦を活かす
	5月号(823号)	トラクタでトクする百科
	6月号(824号)	農薬のラベルに「系統」の表示が必要だ
	7月号(825号)	追肥でトクする百科
	8月号(826号)	体にしみるぜ！夏ドリンク
	9月号(827号)	カット野菜・カットフルーツで切り込む
	10月号(828号)	チッソ肥料を使いこなす
	11月号(829号)	今ひそかにネギがブーム
	12月号(830号)	スープと鍋
2016年	1月号(831号)	新規就農者を育てるノウハウ
	2月号(832号)	人気沸騰！カラフルピーマン
	3月号(833号)	穴掘りで診断、解決！
	4月号(834号)	やっぱりスゴイ！米ヌカ&竹パウダー
	5月号(835号)	挿し芽&わき芽でまる儲け
	6月号(836号)	アザミウマ　うまく叩く
	7月号(837号)	土寄せでガラリッ
	8月号(838号)	海藻で田畑がノリノリ／もっと使える光合成細菌
	9月号(839号)	直売所名人になる！ 2016
	10月号(840号)	いざ、畑をモミガラ天国に
	11月号(841号)	米の力！ 無限大
	12月号(842号)	畑の菌力　強化大作戦

2017年	1月号(843号)	ニワトリのいる農業
	2月号(844号)	香辛野菜&スパイス作物
	3月号(845号)	病気に強くなる　至極の育苗培土
	4月号(846号)	春の地温アップ大作戦
	5月号(847号)	初期除草の知恵
	6月号(848号)	アブラムシ　かしこく叩く
	7月号(849号)	エダマメに乾杯！
	8月号(850号)	夏の石灰欠乏に挑む
	9月号(851号)	田畑のイベント上手になる
	10月号(852号)	土肥特集2017
	11月号(853号)	洗うをラクにおもしろく
	12月号(854号)	落ち葉&せん定枝
2018年	1月号(855号)	モミガラくん炭最前線
	2月号(856号)	今さら聞けないタネと品種の話
	3月号(857号)	耕耘新時代
	4月号(858号)	密播・密植に動きあり
	5月号(859号)	モグラ　ネズミ　カラスと対決
	6月号(860号)	今さら聞けない農薬の話
	7月号(861号)	草刈りが意外と楽しくなる工夫集2018
	8月号(862号)	台風・豪雨、猛暑に立ち向かう
	9月号(863号)	秋、キノコにわくわく
	10月号(864号)	今さら聞けない　肥料選びの話
	11月号(865号)	農家のモミガラ大活用
	12月号(866号)	農機の才能　完全発揮　メンテと使い方
2019年	1月号(867号)	農家は菌と仲良しだ
	2月号(868号)	農家の自家増殖バンザイ！　タネの大交換会
	3月号(869号)	もしかして間違ってる！？　タネの播き方
	4月号(870号)	切って　食べて　竹やぶを減らす
	5月号(871号)	浅水さっくりスピード代かき法
	6月号(872号)	もしかして間違ってる！？　農薬のまき方
	7月号(873号)	野山で見つかる薬草ガイド　身体にいい草、すごい草
	8月号(874号)	増客増収！　夏の直売所
	9月号(875号)	農家の腰痛回避術　収穫作業編
	10月号(876号)	連作障害ってホントはなに？
	11月号(877号)	野山から売れる　枝物・葉っぱ図鑑
	12月号(878号)	放ったら果樹　手の入れ方&活用術
2020年	1月号(879号)	畑も人も貧血！？　見えてきた鉄を効かせる方法
	2月号(880号)	世界のヤミツキ野菜が激アツ！
	3月号(881号)	もっと使える農家の軽トラ
	4月号(882号)	可能性は無限大　野菜の非常識栽培

2. 別冊 現代農業(B5判)

発行年・号		特集タイトル	判型	頁数	定価
2010年	1月号	農家が教える　わが家の農産加工	B5	196	1,143
	4月号	農家が教える　雑穀・ソバ　育て方・食べ方	B5	196	1,143
	7月号	石灰で防ぐ病気と害虫	B5	168	1,143
	12月号	肥料を知る　土を知る	B5	196	1,143
2011年	1月号	農家が教える　米粉　とことん活用読本	B5	196	1,143
	4月号	土をみる　生育をみる	B5	196	1,143
	7月号	油作物　とことん活用読本	B5	172	1,143
	10月号	品種　とことん活用読本	B5	180	1,143
2012年	1月号	農家が教える自給エネルギー　とことん活用読本	B5	172	1,143
	4月号	農家が教える　光合成細菌	B5	160	1,143
	7月号	農家が教える　続・発酵食の知恵	B5	176	1,143
	10月号	農家が教える　ラクラク草刈り・草取り術	B5	192	1,143
2013年	1月号	農家が教える　微生物パワー	B5	180	1,143
	4月号	有機・無農薬のおいしい野菜つくり　1	B5	136	1,143
	7月号	農家が教えるトマトつくり	B5	180	1,143
	10月号	農家が教えるジャガイモ・サツマイモつくり	B5	180	1,143
2014年	1月号	いのち育む手づくり自然食	B5	164	1,200
	4月号	農家が教える　桐島畑の絶品野菜づくり2	B5	144	1,500
	7月号	農家が教えるイチゴつくり	B5	180	1,200
	10月号	農家が教えるキュウリ・ウリ類つくり	B5	196	1,400
2015年	1月号	農家が教える　手づくり加工・保存の知恵と技	B5	148	1,400
	3月号	とことんつくる 使う　飼料米・飼料イネ	B5	172	1,400
	7月号	農家が教える　ナスつくり	B5	180	1,400
	10月号	農家が教える　無敵のマイハウス	B5	160	1,400
2016年	1月号	農家が教える　マルチ&トンネル	B5	148	1,500
	4月号	直売所名人が教える　花つくりスゴ技集	B5	156	1,500
	7月号	農家が教える　自然農法	B5	156	1,500
2017年	1月号	農家が教える　もち百珍	B5	132	1,500
	4月号	農家が教える　梅づくし	B5	132	1,500
	7月号	農家が教える　ドリンク・ジュース・スムージー百珍	B5	132	1,500
	12月号	農家が教える　軽トラ&バックホー	B5	148	1,800
2018年	4月号	農家が教える　野菜づくりのコツと裏ワザ	B5	132	1,500
	7月号	農家が教える　鳥獣害対策	B5	148	1,800
	10月号	農家が教える　タネと皮活用百科	B5	124	1,600
2019年	4月号	農家が教える　野菜の発芽・育苗　コツと裏ワザ	B5	144	1,600
	7月号	今さら聞けない　農薬の話　きほんのき	A5	148	1,500
	10月号	農家が教える　痛快キノコつくり	B5	128	1,600
	12月号	今さら聞けない　肥料の話	A5	148	1,500
2020年	1月号	農家が教える　「天気を読む」知恵とワザ	B5	164	1,600
	3月号	今さら聞けない　タネと品種の話	A5	160	1,500

3. 現代農業特選シリーズ（DVDブック）（A4判64～68頁、No.5まで1,714円、No.6から1,800円）

発行年・号		特集タイトル	DVD
2010年	10月号（No. 1）	DVDブック　モミガラを使いこなす	55分
2011年	3月号（No. 2）	DVDブック　えひめAIの作り方・使い方	50分
	12月号（No. 3）	DVDブック　炭をやく　炭を使う	63分
2012年	3月号（No. 4）	DVDブック　竹　徹底活用術	67分
	9月号（No. 5）	DVDブック　ヒモ＆ロープの結び方	100分
2013年	3月号（No. 6）	DVDブック　野山の薬草	50分
	12月号（No. 7）	DVDブック　最高！ 薪＆ロケットストーブ	59分
2014年	3月号（No. 8）	DVDブック　飼うぞ殖やすぞミツバチ	76分
	12月号（No. 9）	DVDブック　これなら獲れる！ワナのしくみと仕掛け方	52分
2015年	4月号（No.10）	DVDブック　なるほど便利　手づくり農機具アイデア集	62分
	12月号（No.11）	DVDブック　農の仕事は刃が命	44分
2016年	3月号（No.12）	DVDブック　トラクタ名人になる！	48分
2020年	4月号（No.13）	DVDブック　代かき名人になる！	56分

4. 季刊地域（増刊 現代農業）（季刊、29号までA4判130頁、30号からB5判150頁、定価857円）

発行年・号		特集タイトル
2010年	春号（No. 1）	農産物デフレ／地元学でおこす「あと3万円」の仕事
	夏号（No. 2）	高齢者応援ビジネス／定年前・定年帰農
	秋号（No. 3）	空き家を宝に／戸別所得補償どう生かす？
2011年	冬号（No. 4）	廃校どう生かす？／宮本常一と『あるくみるきく』日本
	春号（No. 5）	TPPでどうなる日本？
	夏号（No. 6）	大震災・原発災害　東北（ふるさと）はあきらめない！
	秋号（No. 7）	いまこそ農村力発電
2012年	冬号（No. 8）	後継者が育つ農産物直売所
	春号（No. 9）	耕作放棄地と楽しくつきあう／現場からの「森林・林業再生プラン」
	夏号（No.10）	「人・農地プラン」を人減らしのプランにしない／原発再稼働　私たちは許さない
	秋号（No.11）	地エネ時代／祭りの復活と継承
2013年	冬号（No.12）	薪で元気になる！／買い物不便なむらが立ち上がる
	春号（No.13）	地あぶら・廃油・ガソリンスタンド／アベノミクスとTPP・道州制
	夏号（No.14）	農村はアベノミクスにだまされない／むらの葬式／もっと使える水の力
	秋号（No.15）	獣の恵み　皮・角・肉を利用する／農家・農村は、企業とどうつきあうか
2014年	冬号（No.16）	新春！ドブロクこそ規制緩和を／山、見て見ぬふりをやめるとき
	春号（No.17）	「むらの婚活」がアツい／飼料米 地域の所得アップにつなげたい
	夏号（No.18）	地域おこし協力隊をむらにとりこむ／新農政改革をうまく使う
	秋号（No.19）	地域資源だ 荒れ地のカヤ／「木は切ってもカネにならない」は本当か？

2015年	冬号(No.20)	米価下落に反撃開始！　お米の流通読本2015
	春号(No.21)	草刈りを担うのは誰だ／廃校にさせてたまるか
	夏号(No.22)	にぎやかなむらに！　空き家徹底活用ガイド／荒れた竹林、何とかするぞ！
	秋号(No.23)	地ワイン・地ビール・地酒　日本列島　ほろ酔い自給圏構想／山の仕事で田園回帰
2016年	冬号(No.24)	熱エネあったか自給圏構想／農村がTPPに反対する本当の理由
	春号(No.25)	田舎でのパンとピザの可能性／「農村は優遇されてる」にA子が反論！
	夏号(No.26)	小農の使命　むらに農家を増やすこと／墓がつなぐ地元との関係
	秋号(No.27)	移動・物流・エコカー&地エネ　むらの足　最新事情／自然栽培・聖地化プロジェクト
2017年	冬号(No.28)	農家の土木・基礎講座／石積みの技／古民家の宿やってます
	春号(No.29)	NPO・一社・株式会社・LLP……むらの仕事のカタチ／馬と働く
	夏号(No.30)	赤トンボとホタルの増やし方、そしてミツバチ／30号記念　農村力発見事典
	秋号(No.31)	農産加工　上手に稼ぐ、続けていく／種子を引き継ぐ
2018年	冬号(No.32)	山で稼ぐ！　小さい林業ここにあり／雪かきを担うのは誰だ
	春号(No.33)	継業　むらに必要な職業　誰が、どう継ぐ？／これでホントに農業競争力強化？
	夏号(No.34)	地域力がものを言う獣害対策／TPP11・日欧EPA　地方記者の視点
	秋号(No.35)	転作・遊休地・山で小さく稼ぐ　農の手仕事／諫早湾干拓訴訟　農漁業共存へ
2019年	冬号(No.36)	小さいエネルギーで地域強靭化　太陽光・小水力・バイオガス・薪…の防災力
	春号(No.37)	ごみ処理は地方が一歩先を行く／東海第二原発の再稼動を許さない
	夏号(No.38)	水路・ため池・川　防災と恵み／小農宣言の意義
	秋号(No.39)	スマート農業を農家を減らす農業にしない／広葉樹の山で稼ぐ
2020年	冬号(No.40)	気になる不在地主問題／進む再小農化

5. 季刊うかたま（季刊、A4変判130頁、定価743円）

発行年・号		特集タイトル
2010年	冬号(No.17)	酒の友
	春号(No.18)	昔ごはん
	夏号(No.19)	市場パラダイス
	秋号(No.20)	旅ごはん
2011年	冬号(No.21)	おやつノート
	春号(No.22)	男弁当　女子弁当
	夏号(No.23)	食べて体を調える
	秋号(No.24)	おうちで発酵食堂
2012年	冬号(No.25)	和豆・洋豆の定番料理
	春号(No.26)	つくっておいしい麺ワールド
	夏号(No.27)	食べてもっと体を調える
	秋号(No.28)	味噌だからおいしい。
2013年	冬号(No.29)	おいしい火加減。
	春号(No.30)	ずーっとつくる。ずーっとおいしい。100年レシピ
	夏号(No.31)	夏のおまじない　梅と醤
	秋号(No.32)	わけるあげる　みんなのおやつ

2014年	冬号(No.33)	スープと煮込み
	春号(No.34)	ニッポンの定食
	夏号(No.35)	日本とアジアのぶっかけごはん
	秋号(No.36)	行楽ごはん
2015年	冬号(No.37)	冬のごちそう
	春号(No.38)	100人の朝ごはん　ふたたび
	夏号(No.39)	カレー&ピース
	秋号(No.40)	編集部がつくって 食べて おいしかった レシピ集
2016年	冬号(No.41)	いもはエライ！
	春号(No.42)	料理上手のストック
	夏号(No.43)	おいしい郷土食　夏の巻
	秋号(No.44)	これ、台所でつくれます。
2017年	冬号(No.45)	パンとパン友
	春号(No.46)	ハレの日のごはん
	夏号(No.47)	夏だからおやつ！
	秋号(No.48)	秋のおかず手帖
2018年	冬号(No.49)	冬にやりたい100の「食べごと」
	春号(No.50)	春からトマト
	夏号(No.51)	夏の草ノート
	秋号(No.52)	野山のナッツ　畑のナッツ
2019年	冬号(No.53)	冬のおいしい贈り物
	春号(No.54)	青空おやつ
	夏号(No.55)	夏色キッチン
	秋号(No.56)	むらの小さな秋祭り
2020年	冬号(No.57)	これ、自分で直せます
	春号(No.58)	天然素材でつつむ・くるむ

6. 別冊うかたま、増刊うかたま（うかたまBOOKS）

発行年	タイトル	判型	頁数	定価
2010年	別冊　農家が教える　季節の食卓レシピ	B5	96	952
	増刊　手づくりのたれ・ソース・調味料	A4変	96	1,143
2011年	別冊　木の家リフォームを勉強する本	A4変	184	1,800
	別冊　農家に教わる　暮らし術	B5	128	1,143
	別冊　自然の力で夏をのりきる暮らし術	B5変	136	933
	別冊　台所防災術	B5変	144	1,143
2012年	増刊　うかたまのおやつ本	A4変	96	1,143
2013年	別冊　農家が教える　至福の漬物	A5	252	1,238
	別冊　子どもを守る自然な手当て	A4	104	1,200
2014年	別冊　家庭でできる　ラクラク介助法(DVD70分付)	B5	64	1,800
	別冊　農家が教える　産地のイチおし旬レシピ	B5	112	1,100
2015年	別冊　手づくりする　果物のお酒	B5	80	1,200

7. 伝え継ぐ　日本の家庭料理（別冊うかたま）

（一社・日本調理科学会企画・編集、季刊、B5変判128頁、定価1,600円）

発行年	巻数・タイトル
2017年	3　すし　ちらしずし・巻きずし・押しずしなど
2018年	8　肉・豆腐・麸のおかず
	13　小麦・いも・豆のおやつ
	6　魚のおかず　いわし・さばなど
	10　野菜のおかず　秋から冬
2019年	1　炊きこみご飯・おにぎり
	12　米のおやつともち
	14　漬物・佃煮・なめ味噌
	5　汁もの
2020年	4　そば・うどん・粉もの

8. 食農教育（季刊、B5判160頁、定価762円）、のらのら（季刊、B5判96頁、定価762円）

発行年・号		特集タイトル
2010年	1月号（No.72）	まだまだ使える！　調理クズ・食べ残し
	3月号（No.73）	オドロキいっぱい！　マイ野菜
	5月号（No.74）	米づくり体験　コツのコツ
	7月号（No.75）	おもしろ野菜で“緑のカーテン”
	9月号（No.76）	子どもあそび、復権！
	11月号（No.77）	麦をまこう！
2011年	1月号（No.78）	土とあそぼう！
	3月号（No.79）	園芸絵本『そだててあそぼう』大特集！
	5月号（No.80）	農業少年大集合！
	8月号（No.81）	こども農業はじめよう！
2011年秋より『のらのら』に改題		
2011年	秋号（No. 1）	いま、“のら”がおもしろい
2012年	冬号（No. 2）	なんでも発芽！
	春号（No. 3）	夏野菜でビックリ栽培
	夏号（No. 4）	野菜がよろこぶ“魔法の液体”
	秋号（No .5）	100％本気！　プランター栽培
2013年	春号（No. 6）	発酵パワーでぬくぬく！　野菜の温床カーペット
	夏号（No. 7）	きみにもできる！　あこがれのスイカ＆メロン栽培
	秋号（No. 8）	美人ダイコン vs おもしろダイコン
	冬号（No. 9）	手づくりしよう　発酵肥料
2014年	春号（No.10）	春のいちおし！　みんなのタネ
	夏号（No.11）	おうちで、畑で“魔法の液体”PART2
	秋号（No.12）	草となかよく！ 自然菜園
	冬号（No.13）	畑がよろこぶ　生ゴミマジック

2015年	春号（No.14）	みつけた！　つよいタネ
	夏号（No.15）	害虫はまかせろ！　畑のヒーロー参上
	秋号（No.16）	おひさまオーブンで干し野菜！
	冬号（No.17）	土着菌をつかまえろ！
2016年	春号（No.18）	技あり！　夢あり！　ぼくらの菜園プラン
	夏号（No.19）	犯人をさがせ！　夜の害虫探偵団
	秋号（No.20）	つかえるぞ！　秋の草
	冬号（No.21）	やるぞ！　開墾　荒れ地や庭を畑に
2017年	春号（No.22）	たべるぞ！　春の草
	夏号（No.23）	植物パワーをミカタに！　つくろう“魔法の液体”

（以降休刊）

9. その他の雑誌

技術教室（産業教育研究連盟編、月刊、A5判96頁、定価686円）

発行年	号・特集タイトル
2010年	●1月号（No.690）：こう変わる今後の情報教育　●2月号（No.691）：こうやりたい「生物育成」の授業　●3月号（No.692）：木材・金属・布の学習のポイント　●4月号（No.693）：新学習指導要領へ向けた年間計画　●5月号（No.694）：体験と実感で学ぶ食物学習　●6月号（No.695）：技術・家庭科でねらうもの　●7月号（No.696）：環境問題から見える現代社会　●8月号（No.697）：家庭科でどんな力をつけるか　●9月号（No.698）：エネルギー変換を面白くする教材・教具　●10月号（No.699）：授業に広がりを与える工夫　●11月号（No.700）：未来に伝えたい私の実践　●12月号（No.701）：魅力ある教材で楽しい授業
2011年	●1月号（No.702）：魅力ある「生物育成」　●2月号（No.703）：私のねらう情報教育はこれだ　●3月号（No.704）：子どもにつけたい力　●4月号（No.705）：よくわかる楽しい授業のコツ伝授　●5月号（No.706）：作って食べて考える食物学習　●6月号（No.707）：技術・家庭科の学習とものづくり　●7月号（No.708）：エネルギー変換の授業のポイント　●8月号（No.709）：製作学習における道具・機械の役割　●9月号（No.710）：原発事故後の環境教育と技術・家庭科　●10月号（No.711）：授業のなかでの教材・教具の活用　●11月号（No.712）：確かな学力を保障する教育課程づくりを　●12月号（No.713）：未来へつなぐ技術・家庭科の実践

（以降休刊）

保健室（全国養護教諭サークル協議編、隔月刊、A5判96頁、定価667円）

発行年	号・特集タイトル
2010年	●2月号（146号）：思春期を共に生きる　●4月号（147号）：私の居場所がわからない　●6月号（148号）：養護教諭の仕事を創造する　●8月号（149号）：アナフィラキシーとエピペン　●10月号（150号）：「体温」から何がわかるの？　●12月号（151号）：思春期の不定愁訴
2011年	●2月号（152号）：健康診断のヒントと工夫　●4月号（153号）：先生、だれにも言わないで　●6月号（154号）：つながる喜び、つながる力—岡山の実践から学ぶ　●8月号（155号）：東日本大震災今できること　●10月号（156号）：性的虐待　●12月号（157号）：うんこは語る

2012年	●2月号（158号）：どうつくる？　本音の出せる保健室　●4月号（159号）：学校保健委員会　あの手この手　●6月号（160号）：格差を越える希望の実践－神奈川の実践から学ぶ　●8月号（161号）：被災地から、いま伝えたいこと　●10月号（162号）：多様な性と生きる　●12月号（163号）：子どもの目を守り育てる
2013年	●2月号（164号）：睡眠が脳を育てる　●4月号（165号）：大丈夫？　ネット世界の子どもたち　●6月号（166号）：一人やないから、へこたれへんで！！―大阪の実践から学ぶ―　●8月号（167号）：放射線から子どもを守る―福島とともに、今できること―　●10月号（168号）：今だから保健だより　●12月号（169号）：アナフィラキシーにどう対処する？
2014年	●2月号（170号）：防止法でいじめはなくせるか　●4月号（171号）：命を守る防災―東日本大震災の教訓　●6月号（172号）：私の保健室―先輩から後輩へ　●8月号（173号）：発達障害―思春期の日々を支える　●10月号（174号）：先生もつらいよ　●12月号（175号）：見た目が大事？―チョットおかしな健康観
2015年	●2月号（176号）：子どものからだにこだわる　●4月号（177号）：東日本大震災後を生きる　●6月号（178号）：子どもの成長と運動　●8月号（179号）：学校を越える子育て　●10月号（180号）：創刊30周年記念

（以降休刊）

初等理科教室（日本初等理科教育研究会編、月刊、B5判72頁、定価667円）

発行年	号・特集タイトル
2010年	●1月号（No.548）：学ぶ喜びのある授業　●2月号（No.549）：理科と「言語活動」　●3月号（No.550）：子どもの問いかけをどう組織化するか　●4月号（No.551）：新学習指導要領で授業はこう変わる　●5月号（No.552）：生命・地球「B区分」の魅力にせまりたい　●6月号（No.553）：「A区分」新内容・新教材　こう授業する　●7月号（No.554）：子どもの学びと実験・観察　●8月号（No.555）：教科をつなぐ理科　●9月号（No.556）：メディアと問題解決　●10月号（No.557）：確かな学力を育む理科の系統性（エネルギー・粒子）　●11月号（No.558）：系統性を重視した指導（生命・地球）　●12月号（No.559）：理科における言語活動の充実
2011年	●1月号（No.560）：言語活動の「評価」　●2月号（No.561）：評価のしかたで授業が変わる―関心・意欲・態度　●3月号（No.562）：活用型授業と理解深化　●4月号（No.563）：新学習指導要領「理科」で育つ子どもの姿　●5月号（No.564）：イメージ化の有効性　●6月号（No.565）：子どもを引きつける新しい「終末指導」の考え方　●7月号（No.566）：実感を伴った理解　●8月号（No.567）：ものづくりと問題解決　●9月号（No.568）：子どもの思考を深める板書　●10月号（No.569）：未来を拓く問題解決　第50回全国大会　●11月号（No.570）：推論する能力を育てる　●12月号（No.571）：新単元の成果と課題
2012年	●1月号（No.572）：理科における言語活動のあり方　●2月号（No.573）：評価の仕方で授業が変わる「思考・表現」　●3月号（No.574）：外部との連携で理科の楽しさアップ！　●4月号（No.575）：「科学的な思考・表現」を評価する　●5月号（No.576）：理科の授業作りが楽しくなる3つの方策　●6月号（No.577）：理科授業に生きるおもしろ観察・実験　●7月号（No.578）：自然を体験して理科の楽しさアップ！　●8月号（No.579）：エネルギー・環境教育を考える　●9月号（No.580）：理科における言語活動　●10月号（No.581）：言語力を鍛えるノート指導のアイデア　●11月号（No.582）：学力調査から見えた理科の学力　●12月号（No.583）：問題解決再考

2013年	●1月号(No.584)：言語活動を生かした問題解決を考える　●2月号(No.585)：子どもの問いが生まれる導入の工夫　●3月号(No.586)：活用を促す課題のあり方とその効果　●4月号(No.587)：全国学力・学習状況調査を踏まえた授業改善　●5月号(No.588)：観察実験の技能向上策　●6月号(No.589)：B区分の問題解決はこれだ！　●7月号(No.590)：考察、まとめ指導のあり方　●8月号(No.591)：深い理解を促す活用型理科授業　●9月号(No.592)：批判的に思考する力の育成　●10月号(No.593)：科学的思考力を高める言語活動　●11月号(No.594)：理科指導力の向上策　●12月号(No.595)：理科授業の指導と評価
2014年	●1月号(No.596)：科学的思考力を鍛える系統性の考え方　●2月号(No.597)：問題解決を通して、達成感・自己効力感・有用感を高める　●3月号(No.598)：問題解決、形骸化を打破！

（以降休刊）

住む。（泰文館発行・農文協発売、季刊、A4変判160頁、定価1,143円）

発行年	号・特集タイトル
2010年	●冬号(No.32)：改修の楽しみ、修理の技。　●春号(No.33)：つくる、育てる、簡素な家。　●夏号(No.34)：内と外のあいだに／「畳」という素材　●秋号(No.35)：小さな「農」に向かう。
2011年	●冬号(No.36)：静かな、木の家具　●春号(No.37)：時をつなぐ、たしかな改修。　●夏号(No.38)：自然の恵み、手の力　●秋号(No.39)：小さな畑と台所。
2012年	●冬号(No.40)：「基本」にかえる。　●春号(No.41)：今あるものを、生かす。／特別企画：再生可能エネルギー入門　●夏号(No.42)：新・向う三軒両隣(集まって、住む)　●秋号(No.43)：「食」の周辺
2013年	●冬号(No.44)：手間ひまかけて家づくり。(特集)／働く薪ストーブ。(小特集)　●春号(No.45)：借家に暮らす。　●夏号(No.46)：仕事場のある、小さな家　●秋号(No.47)：育てる庭、安心の家。
2014年	●冬号(No.48)：日本の生活道具／平屋のすすめ　●春号(No.49)：再生主義　●夏号(No.50)：木の家、木の家具、木の話。　●秋号(No.51)：家と緑と、そのあいだに。／本のある場所
2015年	●冬号(No.52)：「日本の家」の住まい方。　●春号(No.53)：よみがえる、古い家。　●夏号(No.54)：時代を住み継ぐ家。　●秋号(No.55)：働く場。
2016年	●冬号(No.56)：里海山の恵みを食卓へ。　●春号(No.57)：子どもの居場所。　●夏号(No.58)：樹から木、そして家へ。　●秋号(No.59)：この家に、住む。
2017年	●冬号(No.60)：家の改修、直すところ、残すもの。　●春号(No.61)：毎日の台所と食卓。　●夏号(No.62)：内と外をつなぐ家。　●秋号(No.63)：自分たちでつくる家
2018年	●冬号(No.64)：民家の住み方、直し方。　●春号(No.65)：自在に直す集合住宅。　●夏号(No.66)：木の家づくり、木の家暮らし。　●秋号(No.67)：家と庭の愉しみ。
2019年	●冬号(No.68)：日々の暮らしはこの街で。　●春号(No.69)：木造平屋の住み心地。　●夏号(No.70)：骨太の家で。　●秋号(No.71)：小屋と農のある生活。
2020年	●冬号(No.72)：古い家を改修するには。　●春号(No.73)：好きな道具と毎日の器。

vesta（味の素食の文化センター発行・農文協発売、季刊、B5判72頁、定価714円）

発行年	号・特集タイトル
2010年	●冬号（No.77）：世界の食を言語する　●春号（No.78）：郷土食の読み方　●夏号（No.79）：虫を食べる　食文化　●秋号（No.80）：デザート文化
2011年	●冬号（No.81）：みんなの朝ごはん　日本の食の形をさぐる　●春号（No.82）：ソースの文化論　●夏号（No.83）：世界の餃子とその仲間　●秋号（No.84）：鍋の美味学（ガストロノミー）―火味の道具だて
2012年	●冬号（No.85）：はじまりの酒　●春号（No.86）：世界のスパゲッティ　●夏号（No.87）：料理書を「料理」する－世界のクックブック　●秋号（No.88）：世界の魚食文化
2013年	●冬号（No.89）：“おいしい”って何？　●春号（No.90）：花を食べる　●夏号（No.91）：1962年の食（責任編集　前川健一）　●秋号（No.92）：生きのびる食
2014年	●冬号（No.93）：料理とメディア　●春号（No.94）：和食のクライテリア（枠組み）　●夏号（No.95）：現代日本人の食文化　●秋号（No.96）：日本の粉もん文化―小麦粉七変化
2015年	●冬号（No.97）：やわらかい食　●春号（No.98）：におい　●夏号（No.99）：やわらかい飲み物　●秋号（No.100）：共食－食のコミュニケーション
2016年	●冬号（No.101）：世界の食文化無形文化遺産　●春号（No.102）：食とからだ・こころ　●夏号（No.103）：カフェという別世界　●秋号（No.104）：日本と世界の学校給食
2017年	●冬号（No.105）：宗教的タブーとおもてなし　●春号（No.106）：酒と食　●夏号（No.107）：海の野菜を食べる－海藻の食文化－　●秋号（No.108）：肉食と人
2018年	●冬号（No.109）：つけもの文化　●春号（No.110）：これからの日本茶　●夏号（No.111）：食の分岐点　●秋号（No.112）：食文化のサステナビリティ
2019年	●冬号（No.113）：食をめぐる「もったいない」　●春号（No.114）：平成の食　●夏号（No.115）：刺激的な味－日本の辛い食べもの　●秋号（No.116）：調味料でめぐる各国の食
2020年	●冬号（No.117）：食を「包む」

生物科学（日本生物科学者協会編、B5判128頁、定価1,333円）

発行年	号・特集タイトル
2010年	●Vol.61, No.2：カニの求愛行動と配偶者選択　●Vol.61, No.3：生物がつくる構造物：延長された表現型　●Vol.61, No.4：好蟻性昆虫の隠れた多様性　●Vol.62, No.1：色と模様の生物学
2011年	●Vol.62, No.2：追悼　日高敏隆　●Vol.62, No.3：もう1つの多様性：海に生きる小さなものたち　●Vol.62, No.4：性差と脳　●Vol.63, No.1：共生と共進化
2012年	●Vol.63, No.2：植物界に見られる共通性・統一性　●Vol.63, No.3：複合適応形質進化の遺伝子基盤　●Vol.63, No.4：極限環境に生きる生物　そのメカニズムと応用への可能性　●Vol.64, No.1：ニッチ構築としての動物の“巣”
2013年	●Vol.64, No.2：霊長類野外研究の現在　●Vol.64, No.3：次世代シーケンサーで何ができるか？　●Vol.64, No.4：生物の成長と休眠　●Vol.65, No.1：生命現象は物理学や化学で説明し尽くされるか　●Vol.65, No.2：生物音響学の最前線―生物ソナー，聴覚と工学的応用
2014年	●Vol.65, No.3：性決定メカニズムの多様性と進化　●Vol.65, No.4：人類進化学の現在　●Vol.66, No.1：哺乳動物の「島嶼効果」：日本列島からの証拠

I）雑誌

2015年	●Vol.66, No.2：クモ研究の現在―新たな技術と視点から―　●Vol.66, No.3：昆虫食　●Vol.66, No.4：葉緑体を介した植物の細胞内情報伝達　●Vol.67, No.1：トランスポンゾがもたらす進化
2016年	●Vol.67, No.2：味覚研究の最前線－生理学から進化学、味覚センサ開発まで－　●Vol.67, No.3：動物の成熟　●Vol.67, No.4：サンゴの生物学　上　●Vol.68, No.1：サンゴの生物学　下　●Vol.68, No.2：伊藤嘉昭さん追悼
2017年	●Vol.68, No.3：シロアリ研究の現在　●Vol.68, No.4：植物RNA代謝制御研究の最前線：植物の在り方をRNAから読み　●Vol.69, No.1：大震災と生物学研究者
2018年	●Vol.69, No.2：新しい学問としての動物看護学　●Vol.69, No.3：★日本の理系学部での生物学教育と生物史ほか　●Vol.69, No.4：海洋における光合成共生研究と深海の栄養共生研究のクロストーク
2019年	●Vol.70, No.1：生物系統地理学と地質学からせまる日本列島の生物多様性の起源　●Vol.70, No.2：カイヤドリウミグモ：大発生からの研究動向　●Vol.70, No.3：平和を構築する条件－よりよい社会を作るための人間行動学的理解　●Vol.70, No.4：里山を理解するために草山から考える

（以降休刊）

Ⅱ）全書・百科・事典、全集、絵本

＊2010年4月～2020年3月

最新農業技術（年1巻発行）

発行年度・号	特集タイトル	判型	頁数	定価
■野菜				
2010（Vol. 3）	トマト　オランダ・日本の超多収技術	B5	330	5,714
2011（Vol. 4）	新規就農者、直売経営の人気野菜	B5	318	5,714
2012（Vol. 5）	イチゴ促成栽培の新技術	B5	304	5,714
2013（Vol. 6）	イチゴ8tどりへ　栃木・3名人の技術	B5	256	5,714
2014（Vol. 7）	もっと知りたい環境制御技術	B5	276	6,000
2015（Vol. 8）	ここまで見えた環境制御技術	B5	260	6,000
2016（Vol. 9）	これなら稼げる！　野菜の新作型	B5	264	6,000
2017（Vol.10）	イタリア野菜の生理と栽培	B5	332	6,000
2018（Vol.11）	ネギ・ニラ・ホウレンソウの安定多収技術	B5	240	6,000
2019（Vol.12）	タマネギ・ネギ・アスパラガスの安定生産	B5	280	6,000
■作物				
2010（Vol. 3）	新規需要米　飼料イネ、米粉	B5	304	5,714
2011（Vol. 4）	イネの直播栽培	B5	280	5,714
2012（Vol. 5）	転作ダイズの増収技術	B5	288	5,714
2013（Vol. 6）	飼料用米の多収技術	B5	272	5,714
2014（Vol. 7）	白未熟粒（シラタ）を減らす	B5	260	6,000
2015（Vol. 8）	追究・イネの直播栽培	B5	260	6,000
2016（Vol. 9）	水田雑草／イネ多収品種	B5	260	6,000
2017（Vol.10）	稲作名人に学ぶ　大粒多収・省力、有利販売	B5	244	6,000
2018（Vol.11）	業務・加工用と飼料用の水稲品種	B5	258	6,000
2019（Vol.12）	米の乾燥・調製・貯蔵・出荷技術	B5	240	6,000
■畜産				
2010（Vol. 3）	乳牛を健全・健康に飼う	B5	304	5,714
2011（Vol. 4）	もっと牛肉を！	B5	288	5,714
2012（Vol. 5）	アニマルウェルフェア	B5	288	5,714
2013（Vol. 6）	肉牛の行動制御（ハンドリング）	B5	272	5,714
2014（Vol. 7）	飼料用米の持ち味を活かす	B5	272	6,000
2015（Vol. 8）	乳牛を長生きさせたい	B5	260	6,000
2016（Vol. 9）	飼料作物便覧	B5	256	6,000
2017（Vol.10）	黒毛和種の種雄牛情報	B5	288	6,000
2018（Vol.11）	乳牛改良で長命連産	B5	240	6,000
2019（Vol.12）	受精卵移植――基本技術から最新情報まで	B5	208	6,000

■ **果樹**				
2010（Vol. 3）	消費低迷を打ち破るトップ生産者16人の技術と経営	B5	296	5,714
2011（Vol. 4）	用途が広がった植物調整剤、新発送の道具と機械・省力栽培法	B5	284	5,714
2012（Vol. 5）	有望品種・低コスト栽培法・園地再生	B5	284	5,714
2013（Vol. 6）	リンゴ高密植、カキわい化、ウメ・ナシの摘心整枝、クリ	B5	280	5,714
2014（Vol. 7）	ブドウ‘シャインマスカット’と熱帯特産果樹	B5	324	6,000
2015（Vol. 8）	ブドウ、スモモの基礎・基本技術	B5	290	6,000
2016（Vol. 9）	ブドウの基礎技術、温帯でつくるアボガド・アテモヤ・イチジク新技術ほか	B5	302	6,000
2017（Vol.10）	ブドウ　シャインマスカットつくりこなしの新技術ほか	B5	274	6,000
2018（Vol.11）	モモ生理、品種と基本の技術ほか	B5	256	6,000
2019（Vol.12）	モモ、スモモ　安定発芽、貯蔵・鮮度保持ほか	B5	220	6,000
■ **土壌施肥**				
2010（Vol. 3）	緑肥　リビングマルチ、カバークロップ、草生栽培ほか	B5	288	5,714
2011（Vol. 4）	東日本大震災の農地汚染に挑む	B5	288	5,714
2012（Vol. 5）	土壌病害を防ぐ	B5	304	5,714
2013（Vol. 6）	緑肥・輪作、堆肥窒素、リンの有効化で肥料代を減らす	B5	256	5,714
2014（Vol. 7）	堆肥連用の課題と対策	B5	244	6,000
2015（Vol. 8）	地球規模で進む土壌劣化	B5	276	6,000
2016（Vol. 9）	有機栽培の新研究　輪作、緑肥、落ち葉堆肥	B5	244	6,000
2017（Vol.10）	作物・土壌の活性化資材	B5	256	6,000
2018（Vol.11）	安定永続経営の施肥・土作り事例集	B5	192	6,000
2019（Vol.12）	環境ストレスに強くするバイオスティミュラント	B5	254	6,000
■ **花卉**				
2010（Vol. 3）	「日持ち保証販売」で変わる小売現場と栽培技術	B5	308	5,714
2011（Vol. 4）	香りと新花色の魅力で消費者をひきつける	B5	292	5,714
2012（Vol. 5）	切り花で新境地をひらく　アジサイ、ダリア、ラナンキュラス、ユーストマ	B5	260	5,714
2013（Vol. 6）	ホームユース用新商材の生産技術	B5	260	5,714
2014（Vol. 7）	進化する「日持ち保証」の栽培技術	B5	260	6,000
2015（Vol. 8）	EOD変温管理で省エネ・高品質	B5	208	6,000
2016（Vol. 9）	小ギク＆スプレーギク栽培最前線	B5	308	6,000
2017（Vol.10）	切り花ダリア栽培最前線	B5	324	6,000
2018（Vol.11）	これからおもしろい枝もの栽培	B5	236	6,000
2019（Vol.12）	花の環境制御技術、ICT活用	B5	234	6,000

全書・百科・事典

シリーズ名・書名	著者・編者	判型	頁数	定価
■地域食材大百科				
《2010年度》				
2　野菜	農文協編	B5	576	13,000
3　果樹・木の実、ハーブ	農文協編	B5	508	13,000
4　乳・肉・卵、昆虫、山菜・野草、きのこ	農文協編	B5	524	11,000
5　魚介類、海藻	農文協編	B5	432	12,000
《2011年度》				
6　もち、米粉、米粉パン、すし、加工米飯、澱粉	農文協編	B5	424	13,000
■地域食材大百科　第2期				
《2012年度》				
7　小麦粉、パン、うどん、ほうとう類、中華麺、パスタ、麩、そば、こんにゃく	農文協編	B5	424	10,500
8　惣菜、漬物、梅漬・梅干しほか果実漬物	農文協編	B5	348	11,500
9　豆乳、豆腐、湯葉、乾物、乾燥野菜・果実、ふりかけ	農文協編	B5	364	12,000
10　こうじ、味噌、醤油、納豆、テンペ	農文協編	B5	428	13,000
■地域食材大百科　第3期				
《2013年度》				
11　乳製品、卵製品	農文協編	B5	472	13,000
12　ジュース・果汁、茶、飲料、酒類、食酢	農文協編	B5	516	13,000
13　ハム・ソーセージ・ベーコン、食用油脂、調味料・香辛料	農文協編	B5	564	13,000
14　菓子類、あん、ジャム・マーマレード	農文協編	B5	404	11,000
《2014年度》				
15　水産製品	農文協編	B5	520	13,000
《2015年度》				
地域素材活用　生活工芸大百科	農文協編	B5	600	18,000
■花・庭木病害虫大百科				
《2019年度》				
1　草花①（ア～キ）	農文協編	A5	1108	18,500
2　草花②（ク～テ）	農文協編	A5	1062	16,500
3　草花③（ト～ワ）	農文協編	A5	1066	17,000
4　シクラメン・球根類	農文協編	A5	874	14,000
5　ラン・観葉・サボテン・多肉植物・シバ	農文協編	A5	1088	16,500
6　花木・庭木・緑化樹①（ア～ツ）	農文協編	A5	1288	19,000
7　花木・庭木・緑化樹②（ツ～ワ）	農文協編	A5	1108	18,500
■事典				
《2010年度》				
酪農大事典	農文協編	B5	1204	20,000
草地・飼料作物大事典	農文協編	B5	1120	20,000
《2012年度》				
農薬・防除便覧	米山伸吾・近岡一郎・梅本清作編	A5	1960	20,000
《2013年度》				
肉牛大事典	農文協編	B5	1144	20,000

《2014年度》				
原色　雑草診断・防除事典	森田弘彦・浅井元朗	編著	596	10,000
トマト大事典	農文協編	B5	1188	20,000
原色　野菜の病害虫診断事典	農文協編	B5変	784	16,000
《2015年度》				
原色　果樹の病害虫診断事典	農文協編	B5変	800	14,000
イチゴ大事典	農文協編	B5	764	20,000
《2016年度》				
天敵活用大事典	農文協編	B5	824	23,000
キク大事典	農文協編	B5	984	20,000
《2017年度》				
ブドウ大事典	農文協編	B5	1348	22,000
《2018年度》				
ネギ大事典	農文協編	B5	756	15,000
タマネギ大事典	農文協編	B5	736	15,000
《2019年度》				
イネ大事典	農文協編	B5	2178	30,000

全集

シリーズ名・書名	著者・編者	判型	頁数	定価
■シリーズ　地域の再生				
《2010年度》				
4　食料主権のグランドデザイン	村田武編著	四六	272	2,600
7　進化する集落営農	楠本雅弘著	四六	288	2,600
12　場の教育	岩崎正弥・高野孝子著	四六	288	2,600
16　水田活用新時代	谷口信和ほか著	四六	352	2,600
21　百姓学宣言	宇根豊著	四六	352	2,600
《2011年度》				
5　地域農業の担い手群像	田代洋一著	四六	344	2,600
9　地域農業の再生と農地制度	原田純孝編著	四六	336	2,600
17　里山・遊休農地を生かす	野田公夫ほか著	四六	324	2,600
《2012年度》				
8　復興の息吹き	田代洋一・岡田知弘編著	四六	336	2,600
10　農協は地域になにができるか	石田正昭著	四六	304	2,600
13　コミュニティ・エネルギー	室田武・倉阪秀史・小林久他著	四六	292	2,600
19　海業の時代	婁小波著	四六	360	2,600
20　有機農業の技術とは何か	中島紀一著	四六	272	2,600
《2013年度》				
3　グローバリズムの終焉	関曠野・藤澤雄一郎著	四六	280	2,600
6　福島 農からの日本再生	守友裕一・大谷尚之・神代英昭編著	四六	356	2,600
14　農の福祉力	池上甲一著	四六	252	2,600
15　地域再生のフロンティア	小田切徳美・藤山浩他編著	四六	352	2,600

《2014年度》				
11　家族・集落・女性の底力	徳野貞雄・柏尾珠紀著	四六	352	2,600
18　林業新時代	佐藤宣子・興梠克久・家中茂著	四六	296	2,600
■大絵馬ものがたり				
《2010年度》				
5　昔話と伝説の人びと	須藤功著	AB	192	5,000
■あるく みる きく 双書 宮本常一とあるいた昭和の日本				
《2010年度》				
2　九州1	田村善次郎・宮本千晴監修	B5変	224	2,800
6　中国四国3	田村善次郎・宮本千晴監修	B5変	224	2,800
8　近畿2	田村善次郎・宮本千晴監修	B5変	224	2,800
10　東海北陸2	田村善次郎・宮本千晴監修	B5変	224	2,800
11　関東甲信越1	田村善次郎・宮本千晴監修	B5変	224	2,800
14　東北1	田村善次郎・宮本千晴監修	B5変	224	2,800
17　北海道1	田村善次郎・宮本千晴監修	B5変	224	2,800
《2011年度》				
1　奄美沖縄	田村善次郎・宮本千晴監修	B5変	224	2,800
3　九州2	田村善次郎・宮本千晴監修	B5変	224	2,800
4　中国四国1	田村善次郎・宮本千晴監修	B5変	224	2,800
5　中国四国2	田村善次郎・宮本千晴監修	B5変	224	2,800
7　近畿1	田村善次郎・宮本千晴監修	B5変	224	2,800
9　東海北陸1	田村善次郎・宮本千晴監修	B5変	224	2,800
12　関東甲信越2	田村善次郎・宮本千晴監修	B5変	224	2,800
13　関東甲信越3	田村善次郎・宮本千晴監修	B5変	224	2,800
15　東北2	田村善次郎・宮本千晴監修	B5変	224	2,800
16　東北3	田村善次郎・宮本千晴監修	B5変	224	2,800
18　北海道2	田村善次郎・宮本千晴監修	B5変	224	2,800
21　織物と染物	田村善次郎・宮本千晴監修	B5変	224	2,800
《2012年度》				
19　焼き物と竹細工	田村善次郎・宮本千晴監修	B5変	224	2,800
22　けもの風土記	田村善次郎・宮本千晴監修	B5変	224	2,800
23　漆・柿渋と木工	田村善次郎・宮本千晴監修	B5変	224	2,800
24　祈りの旅	田村善次郎・宮本千晴監修	B5変	224	2,800
25　青春彷徨	田村善次郎・宮本千晴監修	B5変	256	2,800
20　祭と芸能	田村善次郎・宮本千晴監修	B5変	224	2,800
■名著に学ぶ地域の個性				
《2011年度》				
1　〈農村と国民〉柳田國男の国民農業論	牛島史彦著	四六	240	2,700
2　〈市場と農民〉「生活」「経営」「地域」の主体形成	野本京子著	四六	224	2,600
3　〈家と村〉日本伝統社会と経済発展	坂根嘉弘著	四六	292	2,900
《2012年度》				
5　〈歴史と社会〉日本農業の発展論理	野田公夫著	四六	296	2,900
■宮本常一講演選集				
《2013年度》				
1　民衆の生活文化	田村善次郎編	四六	340	2,800
2　日本人の知恵再考	田村善次郎編	四六	356	2,800

3　都会文化と農村文化	田村善次郎編	四六	368	2,800
4　郷土を見るまなざし　離島を中心に	田村善次郎編	四六	332	2,800
《2014年度》				
5　旅と観光　移動する民衆	田村善次郎編	四六	368	2,800
6　日本文化の形成　講義1	田村善次郎編	四六	376	2,800
7　日本文化の形成　講義2	田村善次郎編	四六	376	2,800
8　日本人の歩いてきた道	田村善次郎編	四六	344	2,800
■内山節著作集				
《2014年度》				
1　労働過程論ノート	内山節著	四六	364	2,900
2　山里の釣りから	内山節著	四六	336	2,900
5　自然と労働	内山節著	四六	352	2,800
6　自然と人間の哲学	内山節著	四六	344	2,900
8　戦後思想の旅から	内山節著	四六	276	2,700
11　子どもたちの時間	内山節著	四六	284	2,700
《2015年度》				
3　戦後日本の労働過程	内山節著	四六	356	2,900
4　哲学の冒険	内山節著	四六	312	2,800
7　続・哲学の冒険	内山節著	四六	312	2,700
9　時間についての十二章	内山節著	四六	316	2,800
10　森にかよう道	内山節著	四六	364	2,800
12　貨幣の思想史	内山節著	四六	344	2,800
13　里の在処	内山節著	四六	272	2,700
14　戦争という仕事	内山節著	四六	352	2,900
15　増補　共同体の基礎理論	内山節著	四六	260	2,700
■シリーズ田園回帰				
《2015年度》				
1　田園回帰1％戦略	藤山浩著	四六	236	2,200
2　人口減少に立ち向かう市町村	『季刊地域』編集部編	四六	248	2,200
3　田園回帰の過去・現在・未来	小田切徳美・筒井一伸編著	四六	232	2,200
4　交響する都市と農山村	沼尾波子編著	四六	236	2,200
《2016年度》				
5　ローカルに生きる　ソーシャルに働く	松永桂子・尾野寛明編著	四六	240	2,200
6　新規就農・就林への道	『季刊地域』編集部編	四六	236	2,200
7　地域文化が若者を育てる	佐藤一子著	四六	228	2,200
8　世界の田園回帰	大森彌・小田切徳美・藤山浩編著	四六	268	2,200
■地域資源を活かす　生活工芸双書				
《2017年度》				
桐（きり）	八重樫良暉、猪ノ原武史ほか著	B5	136	3,000
漆（うるし）1	室瀬和美・田端雅進監修／阿部芳郎・宮腰哲雄ほか著	B5	152	3,000
《2018年度》				
楮（こうぞ）・三椏（みつまた）	田中求・宍倉佐敏・冨樫朗著	B5	152	3,000
苧（からむし）	菅家博昭著	B5	136	3,000
萱（かや）	柳沢直、竹田勝博ほか著	B5	152	3,000
竹（たけ）	内村悦三、近藤幸男ほか著	B5	152	3,000
棉（わた）	森和彦、松下隆ほか著	B5	152	3,000

《2019年度》				
大麻(あさ)	倉井耕一、赤星栄志ほか著	B5	128	3,000
藍(あい)	吉原均、山崎和樹ほか著	B5	136	3,000
漆(うるし)2	岡輝樹、久保島吉貴ほか著	B5	128	3,000
■図解でわかる　田園回帰1％戦略				
《2017年度》				
「循環型経済」をつくる	藤山浩編著	B5	132	2,600
《2018年度》				
「地域人口ビジョン」をつくる	藤山浩編著	B5	140	2,600
《2019年度》				
「小さな拠点」をつくる	藤山浩編著	B5	128	2,600
■全集　伝え継ぐ　日本の家庭料理	(一社)日本調理科学会企画・編集	B5変	130	2,800
《2019年度》				
炊きこみご飯・おにぎり				
すし　ちらしずし・巻きずし・押しずし				
魚のおかず　いわし・さばなど				
肉・豆腐・麩のおかず				
野菜のおかず　秋から冬				
小麦・いも・豆のおやつ				

絵本

シリーズ名・書名	著者・編者	判型	頁数	定価
■田んぼの生きものたち		AB	56	2,500
《2010年度》				
ホタル	大場信義文・写真			
タニシ	増田修文・写真			
《2011年度》				
カエル	福山欣司文／前田憲男写真			
ツバメ	神山和夫・渡辺仁文／佐藤信敏文写真			
《2012年度》				
メダカ・フナ・ドジョウ	市川憲平文・写真／津田英治写真			
《2014年度》				
ナマズ	前畑政善文・写真			
クモ	新海栄一・緒方清人文・写真			
■そだててあそぼう第19集　全5巻		AB	36	1,800
《2010年度》				
91　赤米・黒米の絵本	猪谷富雄編／スギワカユウコ絵			
92　山菜の絵本	藤嶋勇編／アヤ井アキコ絵			
93　きのこの絵本	小出博志編／高岡洋介絵			
94　ウサギの絵本	武田琉璃子編／やまぐちめぐみ絵			
95　コイ・フナの絵本	高見澤今朝雄編／菊池日出夫絵			

■そだててあそぼう第20集　全5巻		AB	36	1,800
《2010年度》				
96　農作業の絵本①　栽培計画と畑の準備	川城英夫編／陣崎草子絵			
97　農作業の絵本②　タネまき・育苗・植えつけ	川城英夫編／陣崎草子絵			
98　農作業の絵本③　野菜の栽培と診断	川城英夫編／陣崎草子絵			
99　農作業の絵本④　果樹の栽培とせん定	高橋国昭編／陣崎草子絵			
100　農作業の絵本⑤　収穫・保存・タネとり	川城英夫編／陣崎草子絵			
■そだててあそぼう第21集　全5巻	藤原俊六郎監／農文協編／高岡洋介絵	AB	36	1,800
《2013年度》				
101　肥料と土つくりの絵本①　身近な有機物を生かそう				
102　肥料と土つくりの絵本②　有機質肥料を生かそう				
103　肥料と土つくりの絵本③　化学肥料を生かそう				
104　肥料と土つくりの絵本④　発酵肥料を生かそう				
105　肥料と土つくりの絵本⑤　いろんな資材を生かそう				
■つくってあそぼう第8集　全5巻		AB	36	1,800
《2011年度》				
36　保存食の絵本1　野菜	小清水正美編／亀澤裕也絵			
37　保存食の絵本2　くだもの	小清水正美編／植田真絵			
38　保存食の絵本3　米・麦・豆・いも	小清水正美編／岡田里絵			
39　保存食の絵本4　乳・肉	小清水正美編／ヒロミチイト絵			
40　保存食の絵本5　魚介	小清水正美編／川上和生絵			
■五感をみがくあそびシリーズ　全5巻	山田卓三監修／奥山英治絵	AB変	32	2,200
《2010年度》				
1　野原であそぼう				
2　水辺であそぼう				
3　里山であそぼう				
4　里海であそぼう				
5　自然のおくりもの　つくる・たべる・あそぶ				
■シリーズ　鳥獣害を考える　全6巻		A4変	40	2,500
《2010年度》				
1　カラス	杉田昭栄監修			
2　イノシシ	江口祐輔監修			
3　シカ	井上雅央・金森弘樹監修			
4　サル	井上雅央監修			
5　モグラ	井上雅央・秋山雅世監修			
6　ハクビシン・アライグマ	古谷益朗監修			
■シリーズ　はたらく農業機械　全5巻	高井宗宏監修／こどもくらぶ編	A4変	32	2,200
《2011年度》				
1　トラクタ				
2　田植機				
3　管理機				
4　防除機				
5　コンバイン				

■いのちつぐ「みとりびと」第1集　全4巻 《2011年度》 1　恋ちゃんはじめての看取り 2　月になったナミばあちゃん 3　白衣をぬいだドクター花戸 4　いのちのバトンを受けとって	國森康弘写真・文	AB	32	1,800
■いのちつぐ「みとりびと」第2集　全4巻 《2013年度》 5　歩未とばあやんのシャボン玉 6　華蓮ちゃんさいごの家族旅行 7　ぼくはクマムシになりたかった 8　まちに飛び出したドクターたち	國森康弘写真・文	AB	32	1,800
■いのちつぐ「みとりびと」第3集　全4巻 《2016年度》 9　「もうひとつのお家」ができたよ 10　よかった、お友だちになれて 11　さいごまで自分らしく、美しく 12　みんなでつくる「とも暮らし」	國森康弘写真・文	AB	32	1,800
■農家になろう第1集　全5巻 《2012年度》 1　乳牛とともに 2　ミツバチとともに 3　イネとともに 4　トマトとともに 5　リンゴとともに	 みやこうせい写真／農文協編 大西暢夫写真／農文協編 倉持正実写真／農文協編 依田恭司郎写真／農文協編 石井和彦写真／農文協編	AB	36	1,900
■農家になろう第2集　全5巻 《2014年度》 6　バラとともに 7　チャとともに 8　シイタケとともに 9　ジャガイモとともに 10　ニワトリとともに	 白石ちえこ 写真／農文協 編 瀬戸山玄 写真／農文協 編 大西暢夫 写真／農文協 編 小椋哲也 写真／農文協 編 常見藤代 写真／農文協 編	AB	36	1,900
■シリーズ昔の農具　全3巻 《2012年度》 1　くわ・すき・田打車 2　かま・千歯・とうみ 3　うす・きね・水車	小川直之監修／こどもくらぶ編	A4変	32	2,200
■動物たちのビックリ事件簿　全4巻 《2013年度》 1　春の野山で大いそがし 2　夏の夜のふしぎなできごと 3　実りの秋のごちそうバトル 4　冬にみつかるおもしろサイン	宮崎学写真・文	AB	36	2,400

■地球のくらしの絵本	四井真治著／宮崎秀人立体美術／畑口和功写真	A4変	32	2,500
《2015年度》				
1　自然に学ぶくらしのデザイン				
2　土とつながる知恵				
3　水をめぐらす知恵				
4　火をあつかう知恵				
《2016年度》				
5　自然エネルギーをいかす技				
■まるごと発見！校庭の木・野山の木		AB	40	2,700
《2015年度》				
1　サクラの絵本	勝木俊雄編／森谷明子絵			
2　イチョウの絵本	濱野周泰編／竹内通雅絵			
3　マツの絵本	福田健二編／深津真也絵			
4　カエデ(モミジ)の絵本	田中浩編／むらいゆうこ絵			
■まるごと発見！校庭の木・野山の木　第2集		AB	40	2,700
《2016年度》				
5　ドングリ(コナラ)の絵本	大久保達弘編／アヤ井アキコ絵			
6　ブナの絵本	大久保達弘編／城芽ハヤト絵			
7　スギの絵本	正木隆編／宇野信哉絵			
8　ケヤキの絵本	横井秀一編／川上和生絵			
■道具からみる昔のくらしと子どもたち	須藤功編	AB	32	2,500
《2015年度》				
1　家の仕事				
2　あそび				
3　のら仕事				
■道具からみる昔のくらしと子どもたち　第2集	須藤功編	AB	32	2,500
《2016年度》				
4　年中行事				
5　まつり				
6　まなび				
■イチからつくる		AB	36	2,500
《2017年度》				
カレーライス	関野吉晴編／中川洋典絵			
チョコレート	APLA・ATJ編／バンチハル絵			
ワタの糸と布	大石尚子編／杉田比呂美絵			
《2018年度》				
鉄	永田和宏編／山﨑克己絵			
あめ	本間祐子・眞鍋久編／赤池佳江子絵			
ポテトチップス	岩井菊之編／中谷靖彦絵			
《2019年度》				
のり(接着剤《せっちゃくざい》)	早川典子・宇髙健太郎編／水上みのり絵			
プラスチック	岩田忠久編／内田かずひろ絵			
えんぴつ	杉谷龍一編／河本徹朗絵			

■まるごと探究！　世界の作物		A4変	56	3,500
《2017年度》				
ムギの大百科	吉田久編			
《2018年度》				
イネの大百科	堀江武編			
ダイズの大百科	国分牧衛編			
トウモロコシの大百科	濃沼圭一編			
《2019年度》				
ジャガイモの大百科	森元幸編			
トマトの大百科	中野明正編			
■菌の絵本		A4変	32	2,500
《2017年度》				
なっとう菌	木村啓太郎監修／高部晴市絵			
こうじ菌	北垣浩志監修／早川純子絵			
《2018年度》				
かび・きのこ	白水貴監修／山福朱実絵			
にゅうさん菌	佐々木泰子監修／ヒロミチイト絵			
こうぼ	浜本牧子監修／堀川理万子絵			
ねん菌（へんけい菌）	川上新一監修／新井文彦写真／加藤休ミ絵			
■それでも「ふるさと」	豊田直巳写真・文	AB	32	2,000
《2017年度》				
「牛が消えた村」で種をまく				
「負けてられねぇ」と今日も畑に				
「孫たちは帰らない」けれど				
《2012年度》				
ビジュアル大事典　農業と人間	西尾敏彦編・農水省技術会議事務局	A4変	340	9,000
《2014年度》				
かこさとし　あそびの大事典　大宇宙編	かこさとし著	AB	500	15,000
■世界の食事		AB	32	2,500
《2019年度》				
ブルガリアのごはん	銀城康子文／萩原亜紀子絵			
日本のごはん	銀城康子文／高松良己絵			
ハンガリーのごはん	銀城康子文／山本正子絵			
ポリネシアのごはん	銀城康子文／マルタン・フェノ絵			
エチオピアのごはん	銀城康子文／加藤タカ絵			

Ⅲ）単行本

＊2010年4月～2020年3月

《2010年度》

ジャンル・書名	著者・編者	判型	頁数	定価
【経営・技術書】				
カーネーションをつくりこなす	宇田明編著	A5	248	2,800
ナメクジ　おもしろ生態とかしこい防ぎ方	田中寛・宇高寛子著	A5	124	1,700
図解　ナシをつくりこなす	田村文男・吉田亮・池田隆政著	B5	120	1,900
カキの多収栽培	小ノ上喜三著	A5	136	1,800
ヒメ、農民になる	農山漁村女性・生活活動支援協会編	A5	160	1,500
農家日記　2011年版	農文協編	A5	452	1,333
ブロッコリー・カリフラワーの作業便利帳	藤目幸擴著	A5	140	1,900
中晩柑をつくりこなす	農文協編	A5	228	2,500
合鴨ドリーム	古野隆雄著	A5	192	1,900
ピーマン・カラーピーマンの作業便利帳	布村伊著	A5	176	1,900
有機栽培の果樹・茶つくり	小祝政明著	A5	224	2,200
農家が教える　石灰で防ぐ　病気と害虫	農文協編	B5	168	1,143
農家が教える　イネつくりコツのコツ	農文協編	B5	192	1,143
夏秋トマト栽培マニュアル	後藤敏美著	A4	148	2,000
ミヨビ農法	禿泰雄著	B6	156	1,600
【園芸書】				
だれでも飼える　日本ミツバチ	藤原誠太著	A5	144	1,700
アジサイの魅力	高橋章著	B5変	80	1,400
モグラ　おもしろ生態とかしこい防ぎ方	井上雅央・秋山雅世著	A5	104	1,200
農家が教える　病害虫防除ハンドブック	農文協編	B5	192	1,143
農家が教える　家庭菜園　秋冬編	農文協編	B5	192	1,143
カラー図解　庭木の手入れコツのコツ	船越亮二著	B5変	184	1,500
フロントガーデン	宇田川佳子・丸山美夏著	A5	96	1,400
農家が教える　雑穀・ソバ　育て方・食べ方	農文協編	B5	192	1,143
家庭菜園レベルアップ教室　葉菜3	大西忠男・八鍬利郎・大場貞信著	B5	156	1,800
里庭ガーデニング	神保賢一路・神保優子著	B5変	104	1,500
【農政・一般教養書】				
緑のふるさと協力隊	農山村再生・若者白書2010編集委員会編	B5	212	1,900
信州いいやま　暮らしの風土記	飯山市社会福祉協議会編	A5	168	1,600
里海探偵団が行く！	寺本潔・佐々木剛・角田美枝子編著	A5	168	1,800
〈図説〉生物多様性と現代社会	小島望著	A5	248	1,900
食生活と身体の退化	W. A. プライス著／片山恒夫訳	B5	506	4,000
未来のシナリオ	D.ホルムグレン著／R.タナカ訳	B6	176	1,200
農文協ブックレット　TPP反対の大義	農文協編	A5	144	800
新　家族経営の農業簿記ソフト	林田雅夫著	B5	232	2,800
新　農家の税金　第8版	鈴木武・林田雅夫・須飼剛朗著	B6	228	1,400
食の検定食農1級　公式テキストブック	食の検定協会編	A5	256	3,000

熊楠の森―神島	後藤伸・玉井済夫・中瀬喜陽著	A5	204	2,000
クラスづくりの極意	岩瀬直樹著	A5	184	1,800
響き合う！　集落と若者	農山村再生・若者白書編集委員会編	B5	200	1,900
食の検定　食農3級公式テキストブック2版	食の検定協会編	A5	224	2,500
【生活書】				
楽健寺酵母でパンを焼く	山内宥厳著	A5	80	1,200
農家が教える　季節の食卓レシピ	農文協編	B5	96	952
農家が教える　わが家の農産加工	農文協編	B5	192	1,143
農家直伝　豆をトコトン楽しむ	農文協編	B5	198	1,143
農家が教える　自由自在のパンづくり	農文協編	B5	192	1,143
米粉ランチ	サカイ優佳子・田平恵美著	A5	80	1,300
塩麹と甘酒のおいしいレシピ	タカコ・ナカムラ著	A5	96	1,400
【健康書】				
図解　アトピーを治して妊娠する本	植松光子・植松未来著	A5	112	1,300
【人間選書】				
昭和農業技術史への証言　第八集	昭和農業技術研究会・西尾敏彦編	B6	288	2,400
【児童書】				
いのちのしずく	川嶋康男著	A5	148	1,314
【専門書】				
中国農業の現在を知る、学ぶ	農文協・亜細亜農業技術交流協会編	A4	80	952
人は土をどうとらえてきたか	ジャン・ブレーヌ著／永塚鎮男訳	A5	440	4,700
農商工連携の戦略	斎藤修著	A5	312	3,400
農林水産政策研究叢書10貿易交渉の多層化と農産物貿易問題	福田竜一著	A5	352	3,780

《2011年度》

ジャンル・書名	著者・編者	判型	頁数	定価
【経営・技術書】				
イノシシを獲る	小寺祐二編著	A5	136	1,600
新特産　ラッカセイ	鈴木一男著	B6	104	1,300
イチゴの炭疽病、萎黄病	石川成寿著	A5	152	1,900
トマト・メロンの自然流栽培	小川光著	A5	132	1,700
農家が教える　イネの有機栽培	農文協編	B5	194	1,143
イネの高温障害と対策	森田敏著	A5	148	2,000
「植えない」森づくり	大内正伸著	A5	208	1,900
肥料を知る　土を知る	農文協編	B5	192	1,143
キクをつくりこなす	大石一史編著	A5	220	2,600
農家日記　2012年版	農文協編	A5	452	1,333
農家が教える　米粉　とことん活用読本	農文協編	B5	176	1,143
農産加工便利帳1　こうじ、味噌、納豆、テンペ、甘酒	小清水正美著	A5	140	1,600
エンドファイトの働きと使い方	成澤才彦著	A5	120	1,600
有機栽培の病気と害虫	小祝政明著	A5	152	1,800
図解　リンゴの整枝せん定と栽培	塩崎雄之輔著	B5	112	1,900

土をみる　生育をみる	農文協編	B5	192	1,143
作物はなぜ有機物・難溶解成分を吸収できるのか	阿江教治・松本真悟著	A5	256	2,500
法人化塾　第3版	森剛一著／JA全中企画・編集	B5	232	2,000
鶏糞を使いこなす	村上圭一・藤原俊六郎著	A5	116	1,500
イネの深水栽培	大江真道著	A5	120	1,600
新特産シリーズ　サトイモ	松本美枝子著	B6	192	1,700
トマト　オランダの多収技術と理論	フゥーヴェリンク編著／中野明正監訳	A5	354	3,000
スイカの作業便利帳	中山淳・町田剛史著	A5	144	1,700
モンキードッグ	吉田洋著	A5	128	1,600
地下水位制御システム　FOEAS	藤森新作・小野寺恒雄編著	B5	116	1,900
地球温暖化でも冷害はなくならない	下野裕之著	A5	114	1,700
農産加工機器の選び方・使い方	高木敏弘著	B5	136	2,600
うまいぞ！シカ肉	松井賢一・藤木徳彦ほか著	A5	144	1,800
【園芸書】				
新版　家庭菜園の病気と害虫	米山伸吾・木村裕著	A5	276	2,600
もっと上手に市民農園	斎藤進著	A5	108	1,200
【農政・一般教養書】				
ゼミナール　農林水産業が未来をひらく	大隈満他編著	A5	232	1,700
農文協ブックレット2　TPPと日本の論点	農文協編	A5	176	762
異常な契約　TPPの仮面を剥ぐ！	ジェーン・ケルシー編著	A5	320	2,600
写真ルポルタージュ3. 11	橋本紘二著	B5変	96	1,400
農家に学び　地域とともに	農文協編	B5変	486	3,500
玉川上水 武蔵野　ふしぎ散歩	福田恵一著	A5	132	1,700
中国農村改革の父　杜潤生自述	杜潤生著／白石和良・菅沼圭輔・浜口義曠訳	A5	368	4,500
成功する「生ごみ資源化」	中村修・遠藤はる奈著	A5	136	1,700
農文協ブックレット3　復興の大義	農文協編	A5	180	900
奇跡のむらの物語	辻英之編著	四六	280	1,700
老人必用養草	香月牛山原著／中村節子翻刻・訳注	A5	208	1,500
ドキュメント　口蹄疫	宮崎日日新聞社著	四六	284	1,900
新　農家の税金　第9版	鈴木武・林田雅夫・須飼剛朗著	B6	240	1,400
農文協ブックレット4　よくわかるTPP48のまちがい	鈴木宣弘・木下順子著	A5	124	800
写真ルポルタージュ3. 11大震災・原発災害の記録Ⅱ　復興への一年	橋本紘二著	B5変	96	1,600
ローカリズム原論	内山節著	A5	184	1,800
緑のふるさと協力隊　若者たちの震災復興	農山村再生・若者白書2012編集委員会編	B5	204	1,900
放射性廃棄物のアポリア	土井淑平著	B6	224	1,600
写真ルポ　イマドキの野生動物	宮崎学著	B5変	144	2,400
生きものを育む　田園自然の再生	地域環境資源センター企画	B5	224	2,800
【生活書】				
手づくりのたれ・ソース・調味料	農文協編	A4変	96	1,143
木の家リフォームを勉強する本	「木の家リフォーム」プロジェクト編	A4変	184	1,800
農家に教わる　暮らし術	農文協編	B5変	130	1,143
酒粕のおいしいレシピ	なかじ著	A5	88	1,300
乾物・豆・ごはんの給食レシピ	奥瑞恵著	A5	80	1,200
にんにく・しょうが・ねぎ・とうがらしの薬膳レシピ	パン・ウェイ著	B5変	80	1,400

【健康書】				
農家が教える　とことん健康術	農文協編	B5	192	1,143
ミネラルの働きと人間の健康	渡辺和彦著	A5	186	1,600
脳が若返る　かみ合わせ健康法	丸山剛郎・澤口俊之著	A5	112	1,300
インフルエンザと闘うな！	臼田篤伸著	B6	164	1,200
【人間選書】				
昭和農業技術史への証言　第九集	昭和農業技術研究会・西尾敏彦編	B6	288	2,600
【専門書】				
暮らしの革命	田中宣一編著	四六	452	3,400
【ルーラルブックス】				
耕地整理の父	福田久治・安藤由貴子文／沼本正義絵	A4	40	1,500
むらさき染に魅せられて	大河内ただし著	A5	168	1,900

《2012年度》

ジャンル・書名	著者・編者	判型	頁数	定価
【経営・技術書】				
農家が教える　手づくり油読本	農文協編	B5	168	1,143
農家が教える　品種選び読本	農文協編	B5	180	1,143
DVDブック　炭をやく炭を使う（DVD63分付）	農文協編	A4	64	1,800
土と施肥の新知識	渡辺和彦他著	B5	264	2,000
DVDブック　竹　徹底活用術（DVD67分付）	農文協編	A4	64	1,800
タマネギの作業便利帳	大西忠男・田中静幸著	A5	128	1,700
農家日記　2013年版	農文協編	A5	452	1,333
農家が教える　光合成細菌	農文協編	B5	156	1,143
農業法人 設立と運営のすべて	井出万仁著	A5	512	3,600
スモモの作業便利帳	小川孝郎著	B5	132	2,200
レベルアップのアスパラガス栽培	重松武著	A5	160	1,900
リンゴの歩んだ道	富士田金輔著	A5	224	1,800
農家・法人の労務管理	福島邦子・福島公夫著	A5	132	1,700
新版　図解　土壌の基礎知識	藤原俊六郎著	A5	176	1,800
DVDブック　ヒモ&ロープの結び方（DVD100分付）	農文協編	A4	64	1,800
イチゴつくりの基礎と実際	齋藤弥生子著	A5	168	1,700
ヒエ、アワ、キビ	星野次汪・武田純一著	A5	188	2,400
農家が教える　ラクラク草刈り・草取り術	農文協編	B5	192	1,200
木質資源　とことん活用読本	熊崎実・沢辺攻編著	B5	164	2,200
ナス栽培の基礎と実際	河野隆道著	A5	128	1,600
地域の植生管理	静岡県農林技術研究所編	B5	116	2,000
【園芸書】				
田んぼの生きもの調査　下敷き＆ガイド　春編	自然環境研究センター著	A4	8	500
同　初夏編				
同　盛夏～秋編				
これならできる！自然菜園	竹内孝功著	B5	176	1,700

種から育てる花つくりハンドブック	渡辺とも子著	B5	124	1,400
大判　庭先でつくる果樹33種	赤井昭雄著	AB	194	1,700
花屋さんが知っておきたい　花の小事典	宇田明・桐生進著	A5	224	2,143
【農政・一般教養書】				
農文協ブックレット5　脱原発の大義	農文協編	A5	172	800
壊国の契約　NAFTA下 メキシコの苦悩と抵抗	E. フィッティング著／里見実訳	A5	284	2,600
農文協ブックレット6　恐怖の契約　米韓FTA	宋基昊著／金哲洙・姜暻求訳	A5	108	800
いのちを見つめて歯から治す	丸橋賢著	四六	228	1,800
農文協ブックレット7　原発事故後の日本を生きるということ	小出裕章・中嶌哲演・槌田劭著	A5	108	800
新　農家の税金（第10版）	鈴木武・林田雅夫・須飼剛朗著	B6	248	1,400
日本人は災害からどう復興したか	渡辺尚志著	四六	244	2,000
職漁師伝　渓流に生きた最後の名人たち	戸門秀雄著	四六	332	2,800
在来作物を受け継ぐ人々	増田昭子著	B6	260	2,300
エクセルでできる　かんたん営農地図ソフト	林田雅夫著	B5	176	2,500
【生活書】				
台所防災術	坂本廣子・坂本佳奈著	B5変	146	1,143
夏をのりきる暮らし術	農文協編	B5変	138	933
農家が教える　自給エネルギー　とことん活用読本	農文協編	B5	168	1,143
うかたまのおやつ本	農文協編	A4変	96	1,143
酒粕おやつ	南智美著	A5	96	1,200
農家が教える　続発酵食の知恵	農文協編	B5	176	1,143
囲炉裏と薪火暮らしの本	大内正伸著	AB	144	2,600
【健康書】				
知っていますか？　シックスクール	近藤博一著	A5	204	1,600
正しい「歯の矯正」の本	海老澤博著	A5	152	1,400
【人間選書】				
昭和農業技術史への証言　第十集	昭和農業技術研究会・西尾敏彦編	B6	432	3,200
【児童書】				
北限の稲作にいどむ	川嶋康男著	A5	128	1,300
うちは精肉店	本橋成一著	AB	36	1,600
【専門書】				
日本における近代農学の成立と伝統農法	内田和義著	A5	208	3,200
園芸学の基礎	鈴木正彦編著	B5	196	3,800
作物学の基礎Ⅰ　食用作物	後藤雄佐・新田洋司・中村聡著	B5	208	3,800

《2013年度》

ジャンル・書名	著者・編者	判型	頁数	定価
【経営・技術書】				
直売所レストラン成功のレシピ	農文協プロダクション「チーム穂」編	A5	96	1,500
おもしろ生態とかしこい防ぎ方　ナシ黒星病	梅本清作著	A5	116	1,600
農家が教える　微生物パワーとことん活用読本	農文協編	B5	176	1,200

土は土である	松中照夫著	A5	216	1,800
麦の高品質多収技術	渡邊好昭・藤田雅也・柳沢貴司編著	A5	272	2,600
農家が教える　桐島畑の絶品野菜づくり1	桐島正一著	B5	136	1,200
こまった、教えて　農産加工便利帳　漬物	小清水正美著	A5	116	1,600
農家日記　2014年版	農文協編	A5	452	1,333
DVDブック見つける·使う　野山の薬草(DVD50分付)	農文協編	A4	66	1,800
実践！有機栽培の施肥設計	小祝政明著	B5	184	3,100
農家が教える　トマトつくり	農文協編	B5	176	1,200
図解　手づくり施工の農村環境整備	地域環境資源センター企画	B5	140	2,200
新版　野菜の作業便利帳	川﨑重治著	B5	200	2,200
新特産　マコモタケ	西嶋政和著	B6	176	1,700
菌根菌の働きと使い方	石井孝昭著	A5	108	1,700
農家が教える　ジャガイモ・サツマイモつくり	農文協編	B5	176	1,200
【園芸書】				
花も実もある よくばり！ 緑のカーテン	サカタのタネ緑のカーテン普及チーム著	B5	64	1,500
決定版　図解　菊つくりコツのコツ	上村遙著	B5変	208	2,500
カラーリーフ	中野嘉明著	B5	136	2,200
庭先でつくる トロピカルフルーツ	米本仁巳著	B5	128	2,200
キヨミさんの 庭づくりの小さなアイデア	長澤淨美著	B5	112	1,600
超豪快イネつくり	薄井勝利監修／農文協編	B5	80	1,400
大　プランター菜園コツのコツ	上岡誉富著	AB	160	1,800
プランターで有機栽培1土つくり	安藤康夫著	B5	80	1,400
プランターで有機栽培2種類別育て方	安藤康夫著	B5	96	1,500
【農政・一般教養書】				
農文協ブックレット8　アベノミクスと日本の論点	農文協編	A5	156	800
二万年の奇跡を生きた鳥　ライチョウ	中村浩志著	四六	272	2,500
JAのフードシステム戦略	斎藤修・松岡公明編著	A5	300	2,800
信州ながの　食の風土記	長野県農村文化協会編	A5	288	2,000
富士山は里山である	中山正典著	A5	216	2,400
新　農家の税金(第11版)	鈴木武・林田雅夫・須飼剛朗著	B6	248	1,400
棚田の歴史	吉村豊雄著	A5	216	3,000
家族農業が世界の未来を拓く	FAO著家族農業研究会·農中総研訳	A5	192	2,000
宮崎牛物語	宮崎日日新聞社著	四六	276	1,800
農文協ブックレット9　ポストTPP農政	田代洋一・小田切徳美・池上甲一著	A5	132	900
【生活書】				
農家が教える　至福の漬物	農文協編	A5	248	1,400
新版　野菜はともだち	使い捨て時代を考える会ほか編著	A5	208	1,500
わが家の漬物革命	大島貞雄著	A5	64	1,300
【健康書】				
ここがポイント！　学校救急処置	全養サ書籍編集委員会著	B5	192	2,500
子どもを守る自然な手当て	山口温子・望月索企画	A4変	104	1,200
昭和の暮らしで 写真回想法　全3巻(DVD付)	鈴木正典・須藤功・萩原裕子著	各B5	136	3,200
1　子どもと遊び				
2　家事と娯楽				
3　農・山・漁の仕事				
お産を楽しむ本	椎野まりこ・上原有砂山著	A5	128	1,200

【児童書】				
うんこはごちそう	伊沢正名写真・文／山口マオ絵	AB	36	1,600
てまえみそのうた（DVD付）	小倉ヒラク＆コージーズ著	B5変	36	1,500
【専門書】				
果樹園芸学の基礎	伴野潔・山田寿・平智著	B5	208	4,000
新版　茶の機能	日本茶業中央会企画／衛藤英男他編	B5	592	7,000
野菜園芸学の基礎	篠原温・糟谷明・寺林敏ほか編著	B5	200	4,000
【ルーラルブックス】				
川崎の大地に生きる植物	高橋英著	A5	148	1,500
一人でできる健康操体	阿部康子著	A5	140	1,400
未完のたたかい	島田隆著	四六	352	2,000
静電場スクリーンによる農作物防除システム	豊田秀吉・松田克礼著	B5	256	3,800

《2014年度》

ジャンル・書名	著者・編者	判型	頁数	定価
【経営・技術書】				
これからの酪農経営と草地管理	佐々木章晴著	A5	144	1,700
よくわかる 土と肥料のハンドブック　土壌改良編	JA全農肥料農薬部編	A4	236	2,800
よくわかる 土と肥料のハンドブック　肥料・施肥編	JA全農肥料農薬部編	A4	304	2,700
四季の料理 保存のワザ	西村文子著	B5	160	1,200
緑肥作物 とことん活用読本	橋爪健著	A5	212	2,400
トマトの作業便利帳	白木己歳著	B5	132	2,000
決定版！獣害対策	井上雅央著	A5	152	1,800
農家日記　2015年版	農文協編	A5	452	1,400
DVDブック　飼うぞ殖やすぞ　ミツバチ（DVD76分付）	農文協編	A4	66	1,800
ブルーベリーをつくりこなす	江澤貞雄著	A5	104	1,600
農家が教える　桐島畑の絶品野菜づくり2	桐島正一著	B5	144	1,500
DVDブック　最高薪&ロケットストーブ（DVD59分付）	農文協編	A4	66	1,800
農家が教える　イチゴつくり	農文協編	B5	176	1,200
農家が教える　キュウリ・ウリ類つくり	農文協編	B5	192	1,400
新版　夏秋トマト栽培マニュアル	後藤敏美著	A4	176	2,100
【園芸書】				
室内植物があなたを救う	ソン・キチョル著／豊田正博日本版監	A5	180	2,200
カラー図解　詳解　庭木の仕立て方	石田宵三著	B5変	192	1,800
カラー図解　詳解　庭のつくり方	石田宵三著	B5変	144	1,800
プランターの田畑リレー栽培	中島康甫著	B5	112	1,600
【農政・一般教養書】				
集落・地域ビジョンづくり	農文協編著／楠本雅弘解説	A5	220	1,600
主権はどこにあるか	内山節著	A5	48	600
農文協ブックレット10　農協の大義	太田原高昭著	A5	100	800
農文協ブックレット11　規制改革会議の「農業改革」20氏の意見	農文協編	A5	144	900
増補版　日本めん食文化の一三〇〇年	奥村彪生著	A5	568	4,000

新　農家の税金（第12版）	鈴木武・林田雅夫・須飼剛朗著	B6	248	1,400
雪国春耕	橋本紘二著	B5	144	3,600
養護教諭が語る東日本大震災	藤田和也著	A5	320	2,000
解題増補「新みずほの国」構想	角田重三郎著	四六	240	1,600
農文協ブックレット12　はじまった田園回帰	小田切徳美・藤山浩・石橋良治・土屋紀子著	A5	100	900
愛国心と愛郷心	宇根豊著	四六	332	2,400
糧は野に在り	かくまつとむ著	四六	320	2,700
和食の基本がわかる本	奥村彪生監修／農文協編	A4	68	2,000
ご飯が食べられなくなったらどうしますか？	花戸貴司文／國森康弘写真	A5	220	1,800
信州鬼無里　食の風土記	「鬼無里食の風土記」編纂委員会編	A5	172	1,600
農林水産物・飲食品の地理的表示	高橋梯二著	A5	164	1,800
私の地方創生論	今村奈良臣著	四六	264	1,800
【生活書】				
山菜・野草の食いしん坊図鑑	松本則行編著	B5	112	1,700
ひらめき！食べもの加工	岡本靖史著	A5	80	1,400
焼きいもが、好き！	日本いも類研究会企画編集	A5	128	1,500
手づくりベーコン・ハム・ソーセージ	杉山博茂著	A5	112	1,600
【健康書】				
バランス操体法	久光正太郎著	A5	136	1,400
ブレインジム	神田誠一郎著	A5	156	1,400
家庭でできる　ラクラク介助法（DVD70分付）	坂本洋子監修・実技指導	B5	64	1,800
【児童書】				
かまきりとしましまあおむし	澤口たまみ文　降矢なな絵	A4変	32	1,300
アラヤシキの住人たち	本橋成一写真と文	A4変	36	1,600
【専門書】				
花卉園芸学の基礎	腰岡政二編著	B5	200	4,000
【ルーラルブックス】				
守農太神と呼ばれた男　小説安藤昌益	伊澤芳子著	四六	320	1,700
安藤昌益に魅せられた人びと	近藤悦夫著	四六	384	2,000
武蔵野・江戸を潤した多摩川	安富六郎著	A5	212	1,700

《2015年度》

ジャンル・書名	著者・編者	判型	頁数	定価
【経営・技術書】				
有機野菜ビックリ教室	東山広幸著	A5	168	1,600
DVDブック　これなら獲れる!ワナのしくみと仕掛け方（DVD52分付）	農文協編	A4	66	1,800
ネギの安定多収栽培	松本美枝子著	A5	148	1,800
施設園芸・植物工場ハンドブック	日本施設園芸協会企画編集	A5	576	6,800
イチジクの作業便利帳	真野隆司編著	B5	128	2,200
人を健康にする施肥	国際植物栄養協会・国際肥料協会編著	B5	320	5,000
農家が教える　手づくり加工・保存の知恵と技	農文協編	B5	257	1,400
農家日記　2016年版	農文協編	A5	452	1,400

DVDブック　なるほど便利　手づくり農機具アイデア集（DVD62分付）	農文協編	A4	66	1,800
ハウスの環境制御ガイドブック	斉藤章著	A5	120	1,800
光合成細菌　採る・増やす・とことん使う	佐々木健・佐々木慧著	A5	144	1,800
果樹　高品質多収の樹 とせん定	高橋国昭著	B5	136	2,600
野菜の作 と品種生態	山川邦夫著	A4	96	2,200
生きものを育む　田んぼビオトープづくり	農文協編	A4	16	400
グラウンドカバープランツ植栽による法面・畦畔管理法	農文協編	A4	12	400
法面・畦畔・休耕田の雑草管理法	農文協編	A4	12	400
アザミウマ防除ハンドブック	柴尾学著	A5	152	2,200
飼料米・飼料イネ　活用ガイドブック	農文協編	B5	168	1,400
小さい農業で稼ぐコツ	西田栄喜著	A5	152	1,700
だれにもできる　土の物理性診断と改良	JA全農肥料農薬部編／安西徹郎著	A4	96	2,000
【園芸書】				
手軽に楽しむ	苔園芸コツのコツ	B5変	96	1,600
はじめてのイタリア野菜	藤目幸擴著	B5変	96	1,800
カラー図解　ミニ庭園つくりコツのコツ	岡田文夫著	B5変	128	1,800
カラー図解　群境介のミニ盆栽コツのコツ	群境介著	B5変	160	2,000
カメムシ　おもしろ生態と上手なつきあい方	野澤雅美著	A5	112	1,600
【農政・一般教養書】				
農文協ブックレット13　「岩盤規制」の大義	鈴木宣弘著	A5	88	800
世界の土・日本の土は今	日本土壌肥料学会編	A5	128	1,000
日本国憲法の大義	農文協編	A5	152	1,000
物語る「棚田のむら」	久保昭男著	四六	264	2,200
心と身体の病と闘う	丸橋賢著	A5	160	1,500
農文協ブックレット14　農協 准組合員制度の大義	農文協編	A5	108	900
無音の叫び声	原村政樹編著	四六	264	2,400
むらと原発	猪瀬浩平著	四六	276	2,000
伝統野菜をつくった人々	阿部希望著	四六	264	3,500
新　農家の税金（第13版）	鈴木武・林田雅夫・須飼剛朗著	B6	248	1,500
農文協ブックレット15　TPP反対は次世代への責任	農文協編	A5	120	1,000
海と人と魚　日本漁業の最前線	上野敏彦著	四六	268	2,400
農地を守るとはどういうことか	楜澤能生著	四六	152	1,700
都市農業必携ガイド	小野淳・松澤龍人・本木賢太郎著	A5	176	2,700
地域農業の持続システム	田代洋一著	A5	296	3,000
【生活書】				
いけるね！シカ肉　おいしいレシピ60	松井賢一著	A5	136	2,100
農家が教える　産地のイチおし旬レシピ	農文協編	B5	112	1,200
猟師が教える　シカ・イノシシ利用大全	田中康弘著	AB	112	2,500
農家の手づくり野良着	農文協編	B5	88	1,400
リンゴのお酒　シードルをつくる	アドバンストブルーイング著	B5	80	1,200
手づくりビール読本	笠倉暁夫著	A5	164	1,800
「囲炉裏暖炉」のある家づくり	大内正伸著	AB	136	2,600
【児童書】				
おうちでかんたん　こうじづくり（DVD付）	小倉ヒラク＆コージーズ著	B5変	36	1,500
【専門書】				
アジア・アフリカの稲作	堀江武編著	A5	276	3,800

作物学の基礎Ⅱ　資源作物・飼料作物	中村聡・後藤雄佐・新田洋司著	B5	216	4,500
草地学の基礎	松中照夫・三枝俊哉著	B5	180	3,800
【ルーラルブックス】				
山村留学	青木孝安著	A5	160	1,600
シカの飼い方・活かし方	宮崎昭・丹治藤治著	A5	176	2,200
農に生きる　信州・伊那の暮らし	宮原達明著	A5	236	1,600
小児必用養育草	香月牛山原著／中村節子翻刻・訳注	A5	248	1,600
安藤昌益の痛快漢字解	吉田徳壽著	A5	216	1,800
安藤昌益の実像	山﨑庸男著	四六	288	1,800

《2016年度》

ジャンル・書名	著者・編者	判型	頁数	定価
【経営・技術書】				
農家が教える　ナスつくり	農文協編	B5	176	1,400
DVDブック　農の仕事は刃が命（DVD44分付）	農文協編	A4	66	1,800
天敵利用の基礎と実際	根本久・和田哲夫編著	B5	192	2,800
農家が教える　ハウス・温室　無敵のメンテ術	農文協編	B5	160	1,500
農家日記　2017年版	農文協編	A5	452	1,400
草刈り必携マニュアル	農文協編	A4	20	500
ポストハーベスト技術で活かす　お米の力	佐々木泰弘著	A5	216	2,500
日英対訳　農業技術の教科書	アグリイノベーション大学校監修編著	B5	192	3,300
トマトの長期多段どり栽培	吉田剛著	A5	180	2,200
農家が教える　マルチ&トンネル	農文協編	B5	144	1,500
DVDブック　トラクタ名人になる！（DVD48分付）	農文協編	A4	66	1,800
図解でよくわかる　トマトつくり極意	若梅健司著	A5	144	1,600
写真でわかる　イネの反射シート&プール育苗のコツ	農文協編	A5	72	1,500
農家が教える　自然農法	農文協編	B5	152	1,700
リンゴの高密植栽培	小池洋男著	B5	144	2,600
切り花の日持ち技術	市村一雄編著	B5	144	3,500
環境制御のための植物生理	フゥーヴェリンク他著／中野明正監訳	B5	228	4,900
【園芸書】				
自家採種コツのコツ	自然農法国際研究開発センター編	B5	128	1,800
ドクター古藤（コトー）の家庭菜園診療所	古藤俊二著	B5	128	1,500
農家が教える　切り花40種	農文協編	B5	152	1,700
鹿沼土だけで楽しむ洋ラン・ミニ観葉	宮原俊一著	B5変	80	1,400
【農政・一般教養書】				
日本料理とは何か	奥村彪生著	A5	608	5,000
農文協ブックレット16　農業への影響を品目別に精査する	三島徳三著	A5	144	1,200
日本のクリエイティブ・クラス	小田切徳美・藤山浩・伊藤洋志・尾野寛明・髙木千歩著	四六	168	1,800
脱・限界集落はスイスに学べ	川村匡由著	四六	200	2,300
新　農家の税金（第14版）	鈴木武・林田雅夫・須飼剛朗著	B6	248	1,500
新　明日の農協	太田原高昭著	四六	264	2,500
和食を伝え継ぐとはどういうことか	木村信夫著	四六	212	2,000

聞く力、つなぐ力	日本農業普及学会編著／古川勉ほか著	四六	252	1,000
農家の相続税	藤崎幸子著／高久悟増補・校訂	B6	268	2,000
大規模水田農業への挑戦	(公社)大日本農会編著	B5変	280	2,800
【生活書】				
柿づくし	濵崎貞弘著	A5	96	1,600
つくって楽しむ　わら工芸	瀧本広子編／大浦佳代取材・執筆	B5	80	1,800
パッシブデザインの住まいと暮らし	野池政宏・小林伸吾・清水康弘著	B5変	240	1,800
【健康書】				
新版　インドの生命科学　アーユルヴェーダ	上馬場和夫・西川眞知子著	A5	308	4,300
よく治る全人的歯周病治療	丸橋賢著	A5	56	600
心身の健康を取り戻す新しい歯列矯正法	海老澤博著	A5	60	600
頭痛、肩コリ、腰痛を咬み合わせで治す！	亀井琢正著	A5	68	600
【専門書】				
作物生産生理学の基礎	平沢正・大杉立編著	B5	176	4,800

《2017年度》

ジャンル・書名	著者・編者	判型	頁数	定価
【経営・技術書】				
事例に学ぶ これからの集落営農	農文協編	A5	192	1,800
ウンカ　防除ハンドブック	松村正哉著	A5	104	1,800
新　エクセルで農業青色申告　第2版	塩光輝著	B5	242	3,200
農業用施設の点検・機能診断と補修	農文協企画	A4	56	800
小麦1トンどり	髙橋義雄編著	A5	128	2,000
和牛の飼い方　コツと裏ワザ	農文協編	B5	160	2,300
小さい林業で稼ぐコツ	農文協編	B5	128	2,000
農家日記　2018年版	農文協編	A5	452	1,500
林ヲ営ム	赤堀楠雄著	A5	216	2,000
農家が教える　もち百珍	農文協編	B5	128	1,800
小さい畜産で稼ぐコツ	上垣康成著	A5	120	1,700
まんがでわかる　土と肥料	村上敏文著	A5	112	1,400
基礎からわかる　おいしいモモ栽培	富田晃著	B5	120	2,200
【園芸書】				
私にもできる！　自然農法入門	MOA自然農法文化事業団編	B5	128	1,800
シロウト夫婦のきょうも畑日和	金田妙著	四六	256	1500
カラー図解　群境介のミニ盆栽　クロマツ	群境介著	B5変	96	1,800
【農政・一般教養書】				
信州ちくま　食の風土記	千曲市食の風土記編纂委員会編	A5	194	1,600
農文協ブックレット17　地方紙の眼力	農文協編	A5	164	1,300
日本の麦 拡大する市場の徹底分析	吉田行郷著	A5	204	2,400
ごみを資源にまちづくり	中村修著	四六	144	1800
新　農家の税金(第15版)	鈴木武・林田雅夫・高久悟著	B6	264	1,600
農文協ブックレット18　種子法廃止でどうなる？	農文協編	A5	96	900
むらの困りごと解決隊	農文協編	A5	204	2,000

【生活書】				
農家が教える　梅づくし	農文協編	B5	128	1,800
インパクトドライバー木工	大内正伸著	B5	148	2,500
新 だしの本	千葉道子著	A5	152	1,400
農家が教える　ドリンク・ジュース・スムージー	農文協編	B5	128	1,800
【健康書】				
アーユルヴェーダで我慢しないアトピー生活	西川眞知子著	A5	116	1,400
心の健康を育むブレインジム	五十嵐郁代・五十嵐善雄著	A5	224	1,700
インプラントの最新治療	辻本仁志著	B6	256	1,600
図解　食卓の薬効事典	池上文雄著	A5	204	2,200
【専門書】				
むらと家を守った江戸時代の人びと	戸石七生著	A5	272	4,500
【ルーラルブックス】				
ミュージカルへのまわり道	石塚克彦著／ふるきゃら出版する会編	四六	576	3500

《2018年度》

ジャンル・書名	著者・編者	判型	頁数	定価
【経営・技術書】				
マルハナバチを使いこなす	光畑雅宏著	A5	136	1,800
新・種苗読本	日本種苗協会編	B5	240	3,800
よくわかる　イネの生理と栽培	農文協編	A5	128	1,500
新版　病気・害虫の出方と農薬選び	米山伸吾・草刈眞一・柴尾学著	B5	192	2,400
地域で取り組もう！　獣害防止対策マニュアル	農文協編	A4	24	600
ハモグリバエ　防除ハンドブック	徳丸晋著	A5	140	2,000
新版　要素障害診断事典	清水武・JA全農肥料農薬部著	B5	256	5,700
農家が教える　軽トラ＆バックホー	農文協編	B5	144	1,800
すぐわかる　病害虫ポケット図鑑	大阪府植物防疫協会編	B6変	272	2,200
農家日記　2019年版	農文協編	A5	452	1,500
農家の手書きPOP＆ラベルづくり	石川伊津著	B5	80	1,800
小池芳子の　こうして稼ぐ農産加工	小池芳子著	A5	148	2,100
ハダニ防除ハンドブック	國本佳範編著	A5	140	2,200
農家が教える　鳥獣害対策あの手この手	農文協編	B5	144	1,800
新特産シリーズ　ヒツジ	河野博英著	B6	188	2,500
アスパラガス　採りっきり栽培	元木悟著	A5	96	1,800
日本農法の心土	徳永光俊著	四六	296	2,800
【園芸書】				
おいしい彩り野菜のつくりかた	農文協編／藤目幸擴監修	B5変	128	1,700
カラー図解　群境介のミニ盆栽　サツキ	群境介著	B5変	96	1,800
はじめてのスプレーマム	上村遙著	B5変	80	1,600
農家が教える　野菜づくりのコツと裏ワザ	農文協編	B5	128	1,500
小さい農業で稼ぐ　フェンネル	川合貴雄・藤原稔司著	B6	104	1,700

【農政・一般教養書】				
〈食といのち〉をひらく女性たち	佐藤一子・千葉悦子・宮城道子編著	A5	256	2,500
河川工学者三代は川をどう見てきたのか	篠原修著	四六	448	3,500
日本の農と食を学ぶ　初級編	日本農業検定事務局編	B5	56	1,400
日本の農と食を学ぶ　中級編	日本農業検定事務局編	B5	124	1,900
ともに豊かになる有機農業の村―中国江南・戴庄村の実践	農文協編／楠本雅弘・中島紀一著	四六	228	2,400
奇跡の集落	多田朋孔・NPO法人地域おこし著	四六	280	2,400
塗り壁が生まれた風景	小林澄夫文／村尾かずこ絵	A5	136	2,600
大地と共に心を耕せ	愛媛大学社会共創学部研究チーム著	A5	144	1,600
新　農家の税金（第16版）	鈴木武・林田雅夫・高久悟著	B6	288	1,700
農文協ブックレット19　TAGの正体	JAcom農業協同組合新聞／農文協編	A5	128	1,200
中山間地域等直接支払　活動の手引き	農文協編	A4	84	1,400
地域おこし協力隊　10年の挑戦	椎川忍・小田切徳美・佐藤啓太郎ほか著	四六	352	1,800
食べるとはどういうことか	藤原辰史著	四六	176	1,500
農家の年金・保険・退職金	林田雅夫著／比良さやか監修	A5	224	2,800
農文協ブックレット20　国連「家族農業の10年」と「小農の権利宣言」	小規模・家族農業ネットワーク・ジャパン（SFFNJ）編	A5	116	1,100
【生活書】				
改訂版　パッシブデザインの住まいと暮らし	野池政宏・小林伸吾・清水康弘著	B5変	240	1,800
つくって楽しむ　わら工芸2	瀧本広子・大浦佳代著	B5	128	2,000
図解　誰でもできる石積み入門	真田純子著	B5	128	2,700
白崎裕子の料理とおやつ	白崎裕子著	B5変	130	1,500
【健康書】				
新版　ここがポイント！　学校救急処置	草川功監修／全養サ書籍編集委員会著	B5	196	2,500
グランマ小児科医の育児百科	相澤扶美子著	A5	264	2,100
【専門書】				
農学基礎シリーズ　新版　土壌学の基礎	松中照夫著	B5	248	4,200
検証　有機農業	西尾道徳著	A5	388	6,000
【ルーラルブックス】				
Q&A　はじめよう！シカの資源利用	丹治藤治著宮崎昭・畜産技術協会監	A5	80	1,100
現代に生きる　大蔵永常	三好信浩著	四六	160	1,600
おきりこみと焼き饅頭	横田雅博著	A5	356	2,500
日本ムラサキ草栽培の探求	大河内ただし著	A5	144	2,200

《2019年度》

ジャンル・書名	著者・編者	判型	頁数	定価
【経営・技術書】				
小さい農業で稼ぐ　チコリー類	山村真弓・澤里昭寿著	B6	136	1,800
農家が教える　野菜の発芽・育苗　コツと裏ワザ	農文協編	B5	144	1,800
基礎からわかる　おいしいブドウ栽培	小林和司著	B5	112	2,000
基礎からわかる　おいしいカキ栽培	倉橋孝夫・大畑和也著	B5	136	2,300
農家日記　2020年版	農文協編	A5	416	1,500
痛快イネつくり（復刊）	井原豊著	A5	236	1,800

痛快コシヒカリつくり（復刊）	井原豊著	A5	220	1,800
写真集　井原豊のへの字型イネつくり（復刊）	井原豊著	A5	104	1,800
ニラの安定多収栽培	藤澤秀明著	A5	200	2,300
イラストでわかる　新版　安心イネつくり	山口正篤著	A5	112	1,500
野菜の病気と害虫　図解　伝染環・生活環と防除のポイント	米山伸吾著	A4	112	2,000
今さら聞けない　農薬の話　きほんのき	農文協編	A5	144	1,500
蜜量倍増　ミツバチの飼い方	干場英弘著	A5	128	1,800
イネつくりの基礎（復刊）	農文協編	A5	242	1,900
稲作診断と増収技術（復刊）	松島省三著	A5	340	2,300
トマト　100トンどりの新技術と理論	エペ・フゥーヴェリンク編著／中野明正・東出忠桐・松田怜監訳	A5	376	4,500
新版　ブドウの作業便利帳	高橋国昭・安田雄治著	B5	128	2,000
日本水稲在来品種小事典	西尾敏彦・藤巻宏著	A5	144	2,000
だれでも起業できる　農産加工実践ガイド	尾崎正利著	A5	184	2,000
改訂新版　法人化塾	森剛一著	B5	216	2,400
【園芸書】				
だれでもできる　小さい田んぼでイネつくり	笹村出著	A5	116	1,600
キヨミさんのシニアの庭あそびアイデア	長澤淨美著	B5	112	1,800
【農政・一般教養書】				
聞き書き　伝統建築の家	原田紀子著	B6	276	2,400
日本茅葺き紀行　茅文協編	安藤邦廣・上野弥智代著	B5	184	2,700
就農への道	堀口健治・堀部篤編著	A5	196	2,400
消えた山人　昭和の伝統マタギ	千葉克介著／塩野米松解題	B5	160	2,500
まるごとわかる　タマゴ読本	渡邊乾二著	A5	208	1,800
内山節と読む　世界と日本の古典50冊	内山節著	四六	392	2,500
これで守れる　都市農業・農地	北沢俊春・本木賢太郎・松澤龍人編著	A5	120	1,600
新　農家の税金（第17版）	鈴木武・林田雅夫・高久悟著	B6	304	1,800
アメリカ農業と農村の苦悩	薄井寛著	四六	312	2,200
らくらく自動作成　新　家族経営の農業簿記ソフト（第2版）	林田雅夫著	B5	260	3,600
農家・農村との協働とは何か	日本農業普及学会編／農文協プロダクション発行	A5	188	2,000
写真と言葉で刻む　生老病死　そして生	國森康弘著	B5変	162	2,500
信州東御　食の風土記	とうみ食の風土記編纂委員会編・発行	B5	136	1,800
うおつか流　食べつくす！	魚柄仁之助著	四六	176	1,500
人新世（アントロポセン）の地球環境と農業	石坂匡身・大串和紀・中道宏著	四六	232	1,800
食・農・環境とSDGs	古沢広祐著	A5	248	2,300
【生活書】				
ドブロクをつくろう（復刊）	前田俊彦編	A5	234	2,000
趣味の酒つくり（復刊）	笹野好太郎著	A5	266	2,000
諸国ドブロク宝典（復刊）	貝原浩・新屋楽山・笹野好太郎編	A5	184	2,000
ひとり料理　超入門	千葉道子著	A5	188	1,700
麹本	なかじ著	A5	64	1,300
【健康書】				
図解　山の幸・海の幸　薬効・薬膳事典	池上文雄著	A5	204	2,200
ホリスティック医学入門	降矢英成著	A5	196	1,700

【児童書】				
百年後を生きる子どもたちへ	豊田直巳著	AB	32	2,000
生ごみからエネルギーをつくろう！	多田千佳文／米林宏昌絵	B5変	32	1,400
【専門書】				
応用昆虫学の基礎	後藤哲雄・上遠野冨士夫編著	B5	208	4,500
平成農業技術史	大日本農会編／八木宏典・西尾敏彦・岸康彦監修	A5	576	8,000
続　農家に学び、地域とともに	農文協編	B5変	264	2,700
【ルーラルブックス】				
腐植物質分析ハンドブック　第2版	日本腐植物質学会監修／渡邉彰ほか編	A5	196	3,000
事例で学ぶ　ビオトープづくりの心と技	日本ビオトープ協会編／鈴木邦雄監修	A4	144	3,000

Ⅳ）逐次刊行物

＊2010年4月～2020年3月

【年報】村落社会研究（日本村落研究学会企画、年1回）

発行年月・号	特集	判型	頁数	定価
2010年11月（46号）	鳥獣被害―〈むらの文化〉からのアプローチ	A5	276	5,000
2011年10月（47号）	都市資源の〈むら〉的利用と共同管理	A5	276	5,000
2012年10月（48号）	農村社会を組みかえる女性たち―ジェンダー関係の変革に向けて	A5	304	5,000
2013年10月（49号）	検証・平成の大合併と農山村	A5	316	5,000
2014年10月（50号）	市町村合併と村の再編―その歴史的変化と連続性	A5	324	5,000
2015年10月（51号）	災害と村落	A5	368	6,000
2016年11月（52号）	現代社会は「山」との関係を取り戻せるか	A5	308	6,000
2017年11月（53号）	協働型集落活動の現状と展望	A5	304	6,000
2018年10月（54号）	イエの継承・ムラの存続―歴史的変化と連続性・創造	A5	324	6,000
2019年11月（55号）	小農の復権	A5	260	5,400

村落社会研究ジャーナル（日本村落研究学会編・発行、農文協発売、年2回、B5判）

No.32～51

農業法研究（日本農業法学会編・発行、農文協発売、年1回）

発行年月・号	特集	判型	頁数	定価
2010年 6月（45号）	改正農地法の地域的運用	A5	196	4,000
2011年 6月（46号）	日本の「直接支払い」のあり方を問う	A5	176	4,000
2012年 6月（47号）	被災現場から問う農地と農業・農村の復興	A5	240	4,000
2013年 6月（48号）	都市農業と土地制度―社会の転換期における意義と位置づけ	A5	192	4,000
2014年 6月（49号）	農漁村地域の復興―大震災・大津波後二年半を経た現状と課題	A5	184	4,000
2015年 6月（50号）	農地・農業委員会制度の改変と地域からの検証	A5	236	4,000
2016年 6月（51号）	戦後農政の転換と農協・農業委員会制度改革等の検証	A5	194	4,000
2017年 6月（52号）	農山漁村再生への道筋―国の政策・制度と市町村の現実	A5	176	4,000
2018年 6月（53号）	人口減少社会における土地所有	A5	180	4,000
2019年 6月（54号）	地域における自然・社会資源の維持管理主体	A5	186	4,000

農業経済学会論文集（日本農業経済学会編・発行、農文協発売、年1回）

2010～2014年度

JA総研研究叢書（不定期）

発行年月（号）	テーマ	判型	頁数	定価
2010年 2月（ 1号）	2つの「油」が世界を変える	A5	216	2,600
2010年 2月（ 2号）	エコフィードの活用促進	A5	184	2,500
2010年 9月（ 3号）	食料消費の変動分析	A5	192	2,600
2011年 3月（ 4号）	農山村再生の実践	A5	296	2,800
2011年 3月（ 5号）	〈脱〉安売り競争 食品企業の戦略転換	A5	176	2,500
2012年 9月（ 6号）	農業の新人革命	A5	228	2,600
2012年12月（ 7号）	農業構造変動の地域分析	A5	312	2,800
2013年 3月（ 8号）	大規模経営の成立条件	A5	328	2,800
2013年 3月（ 9号）	日中韓農協の脱グローバリゼーション戦略	A5	248	2,600
2014年 3月（10号）	魅力ある地域を興す女性たち	A5	216	2,600

日本農業の動き（農政ジャーナリストの会編、農文協発売、年4回）

発行年月（号）	テーマ	判型	頁数	定価
（200号まで他社より発売）				
2019年 5月（201号）	安倍農政改革を検証する	B6	132	1,200
2019年 8月（202号）	動物たちの命と向き合う―獣医師の現在	B6	136	1,200
2019年11月（203号）	外国人労働力で救われるか、日本農業	B6	144	1,200
2020年 2月（204号）	東京2020大会　食のレガシーをどうつくるか	B6	164	1,200

V）映像（DVD）

＊2010年4月～2020年3月

タイトル	時間（分）	定価	発行年度
赤木さんの菜の花　緑肥稲作	85	7,500	2010
■イナ作作業名人になる！全4巻			
第3巻　現場の悩み解決編	115	10,000	2010
第4巻　乾燥・調製・精米　解決編	105	10,000	2019
■農機で得するメンテ術　全2巻			
第1巻　儲かる経営・田植え機・トラクタ編	87	7,500	2011
第2巻　コンバイン・管理機・刈り払い機	73	7,500	2011
■イネの基本技術と生育診断　全4巻			
第1巻　イネの生育と土壌・肥料	121	10,000	2011
第2巻　健苗づくりと田植え	142	10,000	2011
第3巻　太茎を育てる施肥と水管理	116	10,000	2011
第4巻　穂づくり期の診断と穂肥	168	10,000	2011
知ってますか？TPPの大まちがい	35	8,000	2011
語ろう！つくろう！農業の未来を（JA全中企画／全農映制作）	22	8,000	2012
はじめよう堆肥稲作	95	7,500	2011
■土つくり・肥料の基礎と基本技術　全4巻			
第1巻　基礎編	151	10,000	2012
第2巻　堆肥編	132	10,000	2012
第3巻　土つくり編	110	10,000	2012
第4巻　手づくり肥料編	116	10,000	2012
■直売所名人が教える　野菜づくりのコツと裏ワザ　全4巻			
第1巻　直売所農法コツのコツ編	78	7,500	2012
第2巻　人気野菜裏ワザ編	106	7,500	2012
第3巻　挿し芽・わき芽でまる儲け編	80	7,500	2017
第4巻　ねらいめ品目　得する栽培編	123	7,500	2017
■直売所名人が教える　畑の作業　コツと裏ワザ　全3巻			
第1巻　ウネ立て・畑の耕耘編	49	7,500	2013
第2巻　マルチ・トンネル・パイプ利用編	56	7,500	2013
第3巻　草刈り・草取り編	48	7,500	2013
■病害虫防除の基本技術と実際　全4巻			
第1巻　農薬利用と各種の防除法〈基本編〉	190	10,000	2013
第2巻　病気別・伝染環と防除のポイント〈病気編〉	170	10,000	2013
第3巻　害虫別・発生生態と防除のポイント〈害虫編〉	157	10,000	2013
第4巻　天敵・自然農薬・身近な防除資材〈農家の工夫編〉	150	10,000	2013

V）映像（DVD）

■雑草管理の基本技術と実際　全4巻			
第1巻　雑草管理の基本と除草の実際	210	10,000	2014
第2巻　田んぼ・あぜの雑草	180	10,000	2014
第3巻　畑の雑草	155	10,000	2014
第4巻　土・作物・景観もよくなる農家の工夫	145	10,000	2014
■つくるぞ　使うぞ　飼料米・飼料イネ　全2巻			
第1巻　飼料米編	100	10,000	2014
第2巻　飼料イネ編	80	10,000	2014
■多面的機能支払支援シリーズ　全5巻			
第1巻　みんなで草刈り編	83	10,000	2015
第2巻　機能診断と補修編	145	10,000	2016
第3巻　多面的機能の増進編	95	10,000	2016
第4巻　景観形成と環境保全編	85	10,000	2016
第5巻　地域のつながり強化編	115	10,000	2017
■イネの育苗名人になる！　全2巻			
第1巻　キラキラ反射シートで安心平置き出芽編	57	10,000	2016
第2巻　プール育苗でラクラク健苗編	86	10,000	2016
■地域で止める獣害対策シリーズ			
第1巻　獣害を止める基本	96	10,000	2018
第2巻　エサとすみかをなくす環境整備	80	10,000	2019
第3巻　侵入防止柵の張り方と管理	130	10,000	2019
第4巻　被害を減らすための捕獲	100	10,000	2019

◉ 農文協文化活動年表

2010年4月～2020年3月

＊2019年度の講習会開催件数は、9月までの値。2019年10月以降の活動は、一部のみ掲載
＊敬称略。所属・役職等は当時のもの

Ⅰ）JA－IT研究会（JA総合営農研究会）

単協を主体にJA役職員で構成する自主的な研究会「JA－IT研究会」（2019年6月からは「JA総合営農研究会」）の活動を、JA全中およびJA全農（19年6月～）との共同事務局体制にて支援した。

年度・月	活動内容
《2010年度》	
4月	第27回公開研究会【テーマ】営農事業を本物にするためにどうすべきか（於都内、82名参加）【報告】【報告】木村伸男（岩手大学農学部特任教授）／JAいわて花巻／パルシステム生活協同組合連合会／（合）西友／JAおうみ冨士／JA中野市／黒澤賢治副代表委員／JA邑楽館林／JA横浜／農文協 第1回営農支援システム研究会（於都内、73名参加）【趣旨説明】黒澤賢治副代表委員【報告】JA邑楽館林／JA横浜／農文協
8月	営農支援システム研究会関東甲信越ブロック研修会（於さいたま市、15JA34名参加）
9月	2010年度人材養成セミナー（第2回マーケティング研究会）（於JA甘楽富岡甘楽支所、35名参加）【基調講演】今村奈良臣代表委員【講義】黒澤賢治副代表委員／古越三千男JA全農営農販売企画部次長／仲野隆三副代表委員／高橋宏通パルシステム食料農業政策室室長【ワークショップ】課題分析のためのマトリックス作成、分析と今後の課題（指導：仲野副代表委員）【模擬プレゼンテーション】
12月	商談会（5名参加：JAみなみ信州／パルシステム） 営農支援システム研究会中国四国ブロック研修会（於福山市、13JA25名参加）【趣旨説明】黒澤副代表委員【報告】農文協／JA横浜／JA邑楽館林【全体討議】【実践講習】 第28回公開研究会【テーマ】女性の力で営農活動と地域づくりに新たな風を（於都内、61名参加）【基調講演】小池芳子小池手造り農産加工所㈲社長【報告】JA兵庫六甲／JAあづみ／ふれあいパーク八日市場㈲／㈲職彩工房たくみ 尾崎正利
11年　2月	営農支援システム研究会九州ブロック研修会（於福岡市、13JA34名参加）【趣旨説明】黒澤副代表委員【報告】JA島原雲仙／JA菊池／JAにじ【全体討議】【実践講習】
《2011年度》	
6月	第29回公開研究会【テーマ】東日本大震災復興に向けたJAの使命と課題（於花巻市、65名参加）【趣旨説明】今村代表委員【基調講演】関谷直也東洋大学社会学部准教授【報告】JA仙台／JAいわて花巻／JA新ふくしま【視察研修】JAいわて花巻直売所「母ちゃんハウスだぁすこ」
8月	営農支援システム研究会第2回関東甲信越ブロック研修会（於横浜市、11JA47名参加）【趣旨説明】黒澤副代表委員【報告】JA横浜／JAにじ【全体討議】【実践講習】
9月	2011年度人材養成セミナー（第3回マーケティング研究会）（於JA甘楽富岡甘楽支所、37名参加）【基調講演】今村代表委員【講義】黒澤・吉田俊幸・仲野副代表委員／古越三千男JA全農青果センター代表取締役／矢吹寧男㈲アローズ代表取締役【実習】プレゼンテーション資料の作成（指導：黒澤・矢吹）
10月	営農支援システム研究会東海北陸近畿ブロック研修会（於大津市、9JA19名参加）【趣旨説明】黒澤副代表委員【報告】JAひまわり／JAあおば／JAおうみ冨士【全体討議】【実践講習】
12月	第30回公開研究会【テーマ】JA農産物販売戦略の基本方向と課題 ―JA－IT研究会の10年間の活動をふり返る（於都内、80名参加）【基調講演】今村代表委員【報告】仲野副代表委員／吉田副代表委員／JA鶴岡／㈱田切農産／黒澤副代表委員／JA中野市／JA糸島【併催商談会】12名参加（JAえちご上越／JA遠州中央／JAおうみ冨士／JAグリーン近江／JA甘楽富岡／JAいわて花巻／パルシステム）

12年　2月	営農支援システム研究会第2回九州ブロック研修会（於福岡市、17JA38名参加）【報告】JA福岡中央会／JAおうみ冨士／JAあしきた【全体討議】【実践講習】 営農支援システム研究会第2回中国四国ブロック研修会（於広島市、10JA26名参加）【報告】JA四万十／JA広島北部／JA長門大津【全体討議】【実践講習】 JAいわて花巻電子図書館研修（於花巻市、25名参加）
《2012年度》	
4月	第31回公開研究会【テーマ】農山村再生にむけた営農経済事業の今後の路線を探る 一農協運動のダイナミズムを求めて（於都内、74名参加）【報告】大山町農協／馬路村農協／JAふくおか八女／JA会津みどり／JA三次／JAえちご上越【コメント】小林元JC総研基礎研究部主任研究員
6月	営農支援システム研究会第1回北海道ブロック研修会（於札幌市、11JA14名参加）【報告】JAたいせつ／JA東旭川／JAきたみらい／農文協
9月	2012年度人材養成セミナー（第4回マーケティング研究会）（於JA全国教育センター、35名参加）
11月	第32回公開研究会【テーマ】転換期における農産物の販売戦略（於都内、69名参加）【特別報告】JA全中【報告】仲野副代表委員／JAふかや／丸西産業㈱／吉田副代表委員／JA邑楽館林／JA越後さんとう／砺波市商工農林部
13年　2月	第33回公開研究会【テーマ】地域づくりとJA―現場の最前線にみる（於都内、71名参加）【基調報告】黒澤副代表委員【報告】㈱十和おかみさん市／JAおちいまばり／JA加美よつば／JAあしきた／JA氷見市【総括コメント】今村代表委員
《2013年度》	
5月	JAおちいまばり直売所「さいさいきて屋」現地研修会「直売所を起点にしたローカルフードシステム」（於今治市、33名参加）
6月	第34回公開研究会【テーマ】JAの地域農業戦略と地域農業マネジメント体制のあり方を探る（於都内、81名参加）【解題】黒澤副代表委員【報告】JAふくおか八女／JAちばみどり／JA中野市／JA上伊那／JAグリーン近江【コメント】石田正昭三重大学招聘教授／吉田副代表委員【特別コメント】今村代表委員
9月	2013年度人材養成セミナー（第5回マーケティング研究会）（於JA全国教育センター、31名参加）
11月	第35回公開研究会【テーマ】地域農業システムの構築とJAの役割―JAの現場からの実態報告「悩みを共有しチャレンジする」（於都内、57名参加）【基調報告】仲野副代表委員／前澤企画委員／吉田副代表委員【報告】JA横浜／JAこばやし／JAえちご上越／JA糸島
14年　3月	第36回公開研究会【テーマ】新農政改革をいかに地域で生かし実践するか 一JAの果たす役割と課題（於都内、51名参加）【基調報告】JA全中【報告】JA上伊那／新潟ゆうき㈱／（農）となん【コメント】吉田副代表委員
《2014年度》	
7月	第37回公開研究会【テーマ】いまJAに求められる真の改革路線は何か―現場から考える強い農業・強い農協（於都内、75名参加）【基調報告】仲野副代表委員【報告】JA邑楽館林／JAグリーン近江／JA島原雲仙／（農）ファーム・おだ
9月	2014年度人材養成セミナー（第6回マーケティング研究会）於 群馬県甘楽町・甘楽ふるさと館、29名参加【基調講演】今村代表委員【講義】黒澤・吉田・仲野副代表委員／工藤友明㈱ジーピーエス事業本部長【視察】JA甘楽富岡インショップ出荷場・直売所、富岡製糸場【課題報告】セミナー受講生
11月	第38回公開研究会【テーマ】JAの基本である営農経済事業改革をいかに進めるか（於都内、61名参加）【報告】JA全中／黒澤副代表委員／JA越後さんとう／JAさが【併催商談会】2実需・3JA参加
15年　2月	第39回公開研究会【テーマ】地方創生に向けてJAの戦略を磨く（於都内、59名参加）【報告】松岡公明企画委員／坂本誠全国町村会総務部調査室室長／JA愛知東／十勝農協連／JAなんすん

《2015年度》	
6月	第40回公開研究会【テーマ】JA営農経済事業の収支構造改革（於都内、102名参加）【基調講演】今村代表委員【総合解題】松岡企画委員【報告】JA中野市／黒澤副代表委員／JAあしきた／JA上伊那／㈲ジェイエイファームみやざき中央
9月	2015年度人材養成セミナー（第7回マーケティング研究会）於 群馬県甘楽町・甘楽ふるさと館、29名参加【講師】今村代表委員／黒澤・吉田・仲野副代表委員／工藤友明㈱ジーピーエス事業本部長／吉川和美（合）西友青果部バイヤー【修了生実践報告】岩崎健二JAえちご上越営農生活部次長／川端均JAおうみ冨士食育園芸部長
11月	第41回公開研究会【テーマ】JAの創造的自己改革と地域農業のデザイン力（於都内、92名参加）【特別報告】鈴木宣弘（JC総研所長）【問題提起】仲野隆三副代表委員【報告】JA松本ハイランド／JA遠州中央／黒澤副代表委員／JAそお鹿児島／牧秀宣㈲ジェイ・ウィングファーム代表
16年　2月	第42回公開研究会【テーマ】農業・農協の「連携」の意義を考える（於都内、63名参加）
《2016年度》	
6月	第43回公開研究会【テーマ】地域リーダーおよび営農指導員育成の課題と取り組み（於都内、100名参加）【基調講演】今村代表委員【報告】JA全中／JA秋田おばこ／JA中野市／【総括・問題提起】黒澤副代表委員
9月	2016年度人材養成セミナー（第8回マーケティング研究会）於 群馬県甘楽町・甘楽ふるさと館、47名参加【講師】今村代表委員／黒澤・吉田・仲野副代表委員／工藤友明㈱ジーピーエス事業本部長／吉川和美（合）西友青果部バイヤー【修了生実践報告】岩崎健二JAえちご上越営農生活部次長／鈴木信吾JA遠州中央営農事業部直販課課長
10月	第44回公開研究会【テーマ】今こそJA営農経済事業改革の正念場、どこから改革に着手するか（於都内、86名参加））【特別報告】JA全農営農販売企画部【総合解題】松岡企画委員【報告】黒澤・仲野副代表委員／JAおうみ冨士／JAこばやし【併催商談会】2実需、6JA11名参加
17年　2月	第45回公開研究会【テーマ】平成30年以降に向けた水田農業改革と地域再生の仕組みづくり（於都内、70名参加）【解題】松岡企画委員【報告】JAぎふ／JAあきた白神／JA糸島／㈱ジーピーエス／JAふくしま未来／㈱田切農産【コメント】今村代表委員／吉田副代表委員
《2017年度》	
6月	第46回公開研究会【テーマ】JA営農経済事業改革はどこまで進捗したか、そして見えてきた課題は何か？（於都内、58名参加）【課題提起】黒澤・仲野副代表委員／小林元広島大学大学院助教【実践報告】JAいわて花巻
9月	2017年度人材養成セミナー（第9回マーケティング研究会）於 水戸市・茨城県農村研修館、22名受講【講師・講義名】【基調講演】今村代表委員【講義】JA全農いばらき園芸部／㈱旭物産／吉田・仲野副代表委員／JAなめがた／久留原昌彦㈱イトーヨーカ堂青果部チーフマーチャンダイザー／入江三弥子鯉渕学園副学園長
11月	第47回公開研究会【テーマ】協同活動をベースにしたJA改革の実践（於都内、45名参加）【実践報告】JAぎふ／JA上伊那／JAみやぎ登米【コメント】吉田副代表委員
18年　2月	第48回公開研究会【テーマ】野菜の販売戦略とその展望（於都内、50名参加）【報告】木村幸雄野菜流通カット協議会会長／㈲ナガタフーズ／戸井和久JA全農チーフオフィサー／JA遠州中央
《2018年度》	
6月	第49回公開研究会【テーマ】新 米政策の下での米消費・流通の変化と産地戦略（於都内、56名参加）【基調講演】吉田副代表委員【報告】中村信次商経アドバイス編集長／㈱クボタ／ホクレン農業協同組合連合会／JA邑楽館林／JA全農長野県本部
9月	2018年度人材養成セミナー（第10回マーケティング研究会）於 群馬県甘楽町・甘楽ふるさと館、22名受講【テーマ】創る～地域・産地・産物・人材づくりからの新たな挑戦【講義】今村代表委員／黒澤・吉田・仲野副代表委員／鷺谷敦司㈱ジーピーエス事業本部第2事業部産直推進課課長／岩崎健二JAえちご上越営農部次長【他プログラム】JA甘楽富岡インショップ集出荷場・パッケージセンター視察／ワークショップ／模擬プレゼン

10月	第50回公開研究会【テーマ】農協の使命と可能性（於都内、56名参加）【報告】小田切徳美明治大学農学部教授／新井ちとせ日生協副会長／松岡企画委員／安藤光義東京大学大学院教授／浦野光人元㈱ニチレイ代表取締役社長／奥村一則（農）サカタニ農産代表理事
19年　2月	第51回公開研究会【テーマ】集落営農再編の課題と農協／外国人労働者問題と農協（於都内、43名参加）【報告】JA全中／JA上伊那／㈱田切農産／堀口健治日本農業経営大学校校長／協同組合エコ・リード
《2019年度》	
6月	第52回公開研究会【テーマ】地域コミュニティの再生とJA（於都内、56名参加）【報告】小田切徳美明治大学教授／畦地履正㈱四万十ドラマ代表取締役／JA福岡市／保坂一八㈲グリーンファーム清里代表／JAいわて花巻【2019年度総会】《JA総合営農研究会に改称》
9月	2019年度人材養成セミナー（第11回マーケティング研究会）於 群馬県甘楽町・甘楽ふるさと館、17名受講【講義】今村代表委員／黒澤・吉田・仲野副代表委員／工藤友明㈱ジーピーエス取締役事業本部長／岩崎健二JAえちご上越営農部長【他プログラム】JA甘楽富岡インショップ集出荷場・パッケージセンター視察／ワークショップ／模擬プレゼン
11月	第53回公開研究会【テーマ】JA営農経済事業改革の新戦略をさぐる―営農経済事業の収支均衡を核としたJAの新しい事業戦略はいかにあるべきか（於都内、70名参加）【問題提起】黒澤副代表委員【報告】JA中野市／JA岩井／JAいわて花巻／JAふくおか八女
20年　2月	第54回公開研究会【テーマ】JA営農経済事業改革の新戦略をさぐるPart2（於都内）【問題提起】黒澤・仲野副代表委員【報告】JAみなみ信州／尾高恵美農林中金総合研究所主席研究員

Ⅱ）農文協読者のつどい

哲学講座　講師：内山節（哲学者）

開催年月	開催地、テーマ
2009年 8月	第1回（於秩父郡、34名参加）【テーマ】共同体の基礎理論
2010年 8月	第2回（於農文協栂池センター、23名参加）【テーマ】個人の社会から関係の社会へ
2011年 7月	第3回（於農文協栂池センター、27名参加）【テーマ】近代文明の限界と未来の創造――「復興」の意味を問いかける
2012年 8月	第4回（於農文協栂池センター、23名参加）【テーマ】新しい共同体をデザインしよう
2013年 8月	第5回（於農文協栂池センター、22名参加）【テーマ】生きる世界の再建のために
2014年 8月	第6回（於農文協栂池センター、22名参加）【テーマ】ローカリズム主権を考える――生きる世界の再建と「むら」の原点回帰
2015年 8月	第7回（於都内、33名参加）【テーマ】生きる場の創造――資本主義の終わりが意識される時代のなかで
2016年 7月	第8回（於上野村、33名参加）【テーマ】時代の転換期を、ともに生き抜く
2017年 7月	第9回（於上野村、25名参加）【テーマ】根の張った経済・社会をめざして
2018年 7月	第10回（於上野村、34名参加）【テーマ】転換期の世界と農業・農村の役割
2019年 7月	第11回（於上野村、21名参加）【テーマ】いま、何を見直さなければいけないのか

加工講座　会場：農文協栂池センター（長野県小谷村）

開催年月	テーマ
2010年 9月	第10回（33名参加）【テーマ】「小さな加工」で地域を豊かに！【講師】安積保（有安積）／尾崎正利（有職彩工房たくみ）／千葉美恵子（岩手）／野口忠司（千葉）／毛賀澤明宏（産直新聞社）
2011年 9月	第11回（29名参加）【テーマ】直売所を元気にする農産加工の力【講師】小池芳子（小池手造り農産加工所有）代表／犬飼浩一（生産者直売所アルプス市場代表）
2012年 9月	第12回（28名参加）【テーマ】6次産業化を追い風にすすめる地域の農産加工【講師】小池芳子（小池手造り農産加工所有）／熊谷修（小池手造り農産加工所有部長）
2013年 9月	第13回（29名参加）【テーマ】まだまだ伸びる農産加工の力【講師】小池芳子（小池手造り農産加工所有会長）／尾崎正利
2014年10月	第14回（40名参加）【テーマ】素材が生きる商品化の手だて【講師】小池芳子／尾崎正利
2015年10月	第15回（37名参加）【テーマ】改めて押さえておきたい農産加工の基本【講師】小池芳子／尾崎正利
2016年10月	第16回（32名参加）【テーマ】素材を見極める力、引き出す力【講師】小池芳子／尾崎正利／石川伊津（株ビーアップ）
2017年10月	第17回（34名参加）【テーマ】解決しましょう　加工のお悩み【講師】小池芳子／尾崎正利
2018年10月	第18回（31名参加）【テーマ】「信頼される加工所」とは ～失敗の事例から学ぶ【講師】小池芳子／尾崎正利
2019年10月	第19回（29名参加）【テーマ】広げてみたい！私の加工のバリエーション【講師】小池芳子／尾崎正利

他に、薬草講座、みそ講座、郷土食講座、自然体験塾、小麦講座、漬物講座、有機栽培講座、養蜂講座などを実施（2013年まで）

Ⅲ）地域学習会、農家グループ交流会への協力

農家が自主的に開催する以下の交流会・セミナー・学習会の開催を支援した。

全国農家の会

第21回（2010年12月、於都内、14名参加）～第30回（2019年12月、於都内、18名参加）まで毎年開催

東北農家の会

2011年2月（於五泉市、15名参加）ほか

九州農家の会

2011年2月（於日田市、17名参加）ほか

東北農家の二月セミナー

第14回（2011年2月、於仙台市）～第24回（2020年2月、於仙台市）まで毎年開催【講師】内山節（哲学者）

Ⅳ）加工ねっと

農農文協読者のつどい「加工講座」参加者による自主的な組織「加工ねっと」の活動を事務局として支援した。

年月	活動内容
2010年 4月	加工ねっと地方研修in和歌山（23名参加）【研修地】和の杜、けいじん舎、ラテール、めっけもん広場、ふうの丘、よってってほか
2012年 4月	春の研修会in丹後（21名参加）【研修地】リフレかやの里ほか
2013年 4月	春の研修会in群馬（29名参加）上野村十石みそ工場・農産加工センター／吉岡町NPO法人山脈・みやま工房キッチンハウスみやま／川場村農産加工㈱ほか
2014年 4月	春の研修会in南信州（40名参加）【テーマ】少量多品目の加工【研修地】小池手造り農産加工所、あちの里
2015年 4月	春の研修会in近江（30名参加）【テーマ】人も育てる農産加工【研修地】JAおうみ冨士ファーマーズマーケットおうみんちほか
2016年 4月	春の研修会inちばらき（30名参加）【テーマ】6次産業化をすすめる農家の加工所【研修地】JA土浦「はすの実工房」、千葉・茨城県の3農家の加工所ほか
2017年 4月	春の研修会in宮城（27名参加）【テーマ】宮城の元気な加工所を見に行こう【研修地】社会福祉法人みんなの輪（美里町）、宮城県内6農家・法人の加工所、田所食品㈱ほか
2018年 4月	春の研修会in福岡（29名参加）【テーマ】被災地域の復興に向けた加工所・直売所の取り組みを見てみよう【研修地】筑前町ファーマーズマーケットみなみの里、幾竹かおりさん加工所、職彩工房たくみほか
2019年 4月	春の研修会in京都（於与謝野町、29名参加））【テーマ】最新設備の加工所で、段取りや無駄のない流れを体験しよう【研修地】リフレかやの里および周辺

V）支部文化活動

1. 北海道支部

年度・月	活動内容
《2010年度》	
6月	北海道農村文化協会総会・記念講演会開催支援（於札幌市、14名参加）【講演】「品目を多様化し多数の新規農業者を育成して、地域の農家群を分厚くする」余湖智（恵庭市・㈲余湖農園代表）
《2011年度》	
6月	北海道農村文化協会総会・セミナー開催支援（於札幌市、23名参加）【講演】「もち米生産日本一の農家グループの挑戦」堀江英一㈱もち米の里ふうれん特産館代表取締役 ほか
《2012年度》	
4月	「えひめAIを作ろうin中標津農協」（20名参加）
5月	支部通信2号発行：「現代農業4〜6月号のご案内」「北海道支部注目の記事」ほか
7月	北海道農村文化協会講演会・総会開催支援（於札幌市、22名参加）【講演】TPP問題と北海道農業（中原准一酪農学園大学教授）、農文協からビデオ報告
9月	支部通信3号発行：「現代農業8月〜10号のラインナップ」「根から現代農業を読む」ほか
13年　1月	JA版活用座談会in きたみらい農協（於北見市、10名参加）
3月	支部通信4号発行：「現代農業2012年度北海道関連記事一覧」「ヤマカワプログラムとは？」
《2013年度》	
6月	支部通信5号発行：「イネの直播」「ムギ」「ダイズ」「アスパラ」「土つくり」 北海道農村文化協会運営委員会・総会開催支援（於札幌市）【講演】小麦がつなぐ農商工連携〜北海道産小麦の魅力と可能性（佐久間良博江別製粉㈱常務取締役）
9月	支部通信6号発行：「農機の使い方、畑の起こしかた」「土壌診断の数値の見方、肥料袋からわかること」
《2014年度》	
4月	支部通信7号発行：「『現代農業』で『土』を考える」 『作物にとってよい土とは何か』出版記念講演会（松中照夫）於 紀伊國屋書店札幌本店（約60名参加）
6月	北海道農村文化協会運営委員会・総会開催支援（於江別市、約15名参加）【記念講演】「『いいね！』と言われる農の共感力！〜ブランド化と6次産業化」萬谷利久子（シニア野菜ソムリエ・6次産業化プランナー）
9月	支部通信8号発行：「緑肥大活用」「雑草対策」
11月	全道農山漁村地域力ネットワーク大会にて講演会
15年　2月	JAおとふけ青年部・JA木野青年部合同ルーラル電子図書館グループ会員学習会「ヤマカワプログラムをきっかけに土づくりを学ぶ」（於音更町、約9名参加）
《2015年度》	

○「『現代農業』ヤマカワプログラム記事セレクト集」作成
○喜茂別町より「まち・ひと・仕事創生総合戦略検討委員」委嘱を支部長が受け、3回会議に参加

10月	帯広畜産大学にて「ルーラル電子図書館」キャンパス版学習会

《2016年度》	
○図書館講習会……幕別町立図書館他2カ所で実施	
4月	低人口密度社会のあり方研究会 内山先生を囲む会協力（於枝幸町、約20名参加） 網走農業改良普及センター管内の若手職員の自主的勉強会に参加（於北見市、約15名参加）
17年 3月	札幌市農政課と連携し、基本技術DVDを中心とした新規就農者研修を実施（於札幌市、12名参加）
《2017年度》	
4月	幕別町立図書館で2回目の「野菜つくり講習会」を実施（40名参加）
6月	北海道農村文化協会総会・講演会開催支援（於札幌市）
11月	せたな町農業塾にてDVD『土つくり・肥料の基礎と基本技術』上映講習会（6名参加） はなポッケ上当別店出荷者講習会（19名参加）
18年 2月	洞爺湖町多面的機能活動組織講習会にてDVD上映講習会（15名参加）
3月	はなポッケ上当別店出荷者講習会（50名）
《2018年度》	
4月	JAきょうわJA版農業電子図書館導入説明会（20名参加） 北見市立中央図書館で野菜つくり講習会（約150名参加）他1館で実施
8月	札幌市図書・情報館（新設）でライブラリプラン導入に向けた職員講習会を全職員に実施
11月	「妹背牛町2区地区活動組織」でDVD『多面的機能支払支援シリーズ』講習会（10名参加）
19年 2月	JAあさひかわ直売所「あさがお」講習会（50名参加）
3月	千歳市立図書館で野菜つくり講習会 札幌市女性農業者DVD講習会 JAさっぽろ青年部DVD講習会
《2019年度》	
○図書館講習会　北見市中央図書館で野菜つくり講習会を実施　他1館で実施　延べ150人	

2. 東北支部

年度・月	活動内容
《2010年度》	
6月	東北農村文化協会総会・記念講演会開催支援（於仙台市、17名参加）【講演】「古くて新しい稲作－有機栽培と水田生態系－」伊藤豊彰（東北大学大学院農学研究科）
《2011年度》	
6月	岩手食文化研究会総会・特別講演会協力（於盛岡市、20名余参加）　【テーマ】東日本大震災 私たちが今受け止めていること
7月	JA新ふくしまアグリカレッジ第2回『現代農業』講座協力（於福島市、33名参加）　【講師】山形・今田みち子
10月	第1回『現代農業』読者のつどい（於仙台市、約80名参加）【テーマ】地域と向き合う　小さな取組みが大きな力に【基調講演】地域で支え合う食と農・漁（宮城・結城登美雄）【報告】名取市で農業を続けるために～今、取り組んでいること（宮城・三浦隆弘）／ムリせずニコニコ農産加工（岩手・千葉美恵子）
《2012年度》	
6月	JA新ふくしまアグリカレッジ農家カフェ経営講座協力（於福島市、約40名参加）【講師】宮城・萱場市子

12月	岩手食文化研究会例会「食・農塾」参加【演題】岩手の風土がもたらす食材、未来への思いを語ろう！～「岩手に残したい食材30選」続編の出版に向けて
13年　1月	支部通信「晴耕雨読」1号発行：えひめAIの農家実践事例ほか
2月	第2回『現代農業』読者のつどい（於山県市、41名参加）【テーマ】つくる、うる、たべる、こだわりへの挑戦【パネルディスカッション】福島・佐藤次幸／山形・今田みち子／山形・樋渡洋子／コーディネーター 山形・伊澤良治
3月	JA新ふくしまアグリカレッジ野菜コース平成25年度開講式協力（於JA新ふくしま北信支店、42名参加）
《2013年度》	

○東北農政局より東北地域食育推進協議会食育活動表彰審査部会委員を支部長が委嘱され、一次審査に協力

6月	岩手食文化研究会総会・特別講演会協力（於盛岡市、約30名参加）【講演】山根成人ひょうごの在来種保存会代表
12月	第3回『現代農業』読者のつどい（於紫波町、64名参加）【テーマ】つくる、うる、たべる、こだわりへの挑戦【講演】野菜の品種力で直売所を元気に！（福島・鈴木光一）【分科会】早出し・遅出し、直売野菜栽培コツのコツ（秋田・草薙洋子）／次代に引き継ぐ稲作ノート（岩手・佐藤染治）／一品持ち寄り、みんなで加工品談義（岩手・千葉美恵子）
《2014年度》	
6月	岩手食文化研究会総会・特別講演会協力（於盛岡市、約50名参加）【講演】「山形における在来作物をめぐる活動と今後の課題」江頭宏昌（山形大学農学部准教授）
11月	エコ川西学習会にてえひめAI講習会（於川西町、15名参加）
	㈱池月道の駅直売所野菜部会で講演会「えひめAIと冬場の直売対策」（於大崎市、約60名参加）
15年　2月	JAてんどう野菜研究会総会にて講演会「連作に強い畑づくり」および「ルーラル電子図書館」グループ会員説明会
	第4回『現代農業』読者のつどい（於郡山市、30名参加）【パネルディスカッション】農家力で生きる！ ――しっかりコストダウン、ちょっぴり儲ける経営（パネリスト 福島・東山広幸／福島・藤田忠内／福島・有馬克子）
	JA郡山市直売所「旬の庭」生産者大会にて講演会「身の回りの微生物を味方に土づくりと農家のびっくり野菜づくりの裏ワザ教えます」（約130名参加）
《2015年度》	
6月	岩手食文化研究会総会・特別講演会協力（於盛岡市、約30名参加）【特別講演】「郷土食、伝えたい　本物の美味しさ・技・思い」米田カヨ（農家レストラン米田工房そばえ庵）
9月	福島県高等学校図書館研究会の内山節講演会開催に協力
12月	第5回『現代農業』読者のつどい（於八戸市、32名参加）【講演】○○！？で得する百科（宮城・佐藤民夫）
《2016年度》	

○データベース講習会……JAいわてグループ農業担い手サポートセンターにて実施
○直売所講習会……JA秋田ふるさと直売の会「ふるさと安心畑」にて実施
○図書館講習会……青森県つがる市立図書館他2カ所で実施
○直売所講習会……新生JAふくしま未来の直売所12カ所で開催。約200名参加

6月	岩手食文化研究会2016年度総会・特別講演会協力（於盛岡市、20名参加）【特別講演会・映画上映】「在来作物で味覚のレッスン～地域の食文化を、未来を担う子供たちに伝えたい」渡辺智史（映画監督）
10月	岩手食文化研究会例会「食・農塾」協力（於盛岡市）【講演】森を食べる－木の実利用の食文化（岡恵介東北文化学園大学教授）
17年　2月	第6回『現代農業』読者のつどい（於大仙市、39名参加）【基調講演】コメづくりをあきらめない！（福島・藤田忠内）

《2017年度》	
○直売所講習会……JA東西しらかわ、岩手県北上市「あぐり夢くちない」の2カ所で開催 ○図書館講習会……一ノ関市立大東図書館で開催（40名参加）	
12月	第7回『現代農業』読者のつどい【テーマ】冬だから稼ぐ！【分科会】ワラ加工（山形・高橋伸一）／食品加工（岩手・千葉美恵子）／ポン菓子（岩手・奥寺晴夫）
《2018年度》	
○図書館講習会……亘理町立図書館はじめ11カ所で実施 ○直売所講習会……道の駅尾花沢はじめ2カ所で実施 ○地域営農団体……JAみどりの園芸課で実施 ○JA女性部……JA山形おきたま女性部はじめ3カ所で実施	
11月	第8回『現代農業』読者のつどい（於盛岡市）直売市「現代農業にこにこ市場」【講演】直売所農法のコツ（秋田・草薙洋子）
19年　2月	東北農家の二月セミナー参加
《2019年度》	
○直売講習会……JA全農福島「愛情館」にて実施 ○図書館講習会……加美町小野田図書館はじめ4カ所で実施 ○JA女性部講習会……JAかづの女性部で実施 ○営農団体……JA全農みやぎTAC支援課はじめ2カ所で実施 ○地域団体……せんだい農業園芸センターにて2回実施	
9月	第9回『現代農業』読者のつどい（於鹿角市）直売市「現代農業にこにこ市場」【講演】明日からできる直売所農法（秋田・草薙洋子）

3. 関東甲信越支部

年度・月	活動内容
《2011年度》	
12年　2月	第1回『現代農業』読者のつどい（於松本市、100名参加）【講演】直売所を活用して所得アップ（三重・青木恒男）【分科会】えひめAI／干し野菜／新発想農法／米粉
《2012年度》	
7月	JAさがみ直売部会総会「あなたも直売名人になれる」にて講演（於藤沢市他3会場、約1000名参加）
9月	JA湘南地域農業振興大会「売り方提案で後継者をそだてる」にて講演（於平塚市、約100名参加）
11月	「辰野町読者のつどい」開催（於辰野町、20名参加）
13年　2月	第2回『現代農業』読者のつどいin古賀【テーマ】みんなで直売所名人になろう！【基調講演】直売所名人になる（埼玉・飯野芳彦）【分科会】売り方名人になる！／加工名人＆加工ビギナー集まれ！／語ろう！つくろう！手づくり資材（えひめAI）／来たれ！トラクタ野郎&トラクタ母ちゃん 茨城県北浦みつば連合出荷組合青年部との『現代農業』学習会（16名参加）
《2013年度》	
4月	JAグリーン長野A・コープファーマーズ南長野店直売会総会で直売所出前講座実施（於長野市、約160名参加）
10月	JA全農いばらきポケットファームどきどきつくば牛久店生産者総会で直売講座（於牛久市、30名参加）

14年　1月	JAみなみ信州直売所連絡協議会の冬季講習会で直売講座を実施（於飯田市、約130名参加）
2月	第3回『現代農業』読者のつどい（於長岡市、55名参加）【基調講演】小さい農業で稼ぐには（石川・西田栄喜）【分科会】直売で稼ぐ／加工で稼ぐ／山は稼げる
3月	JA水戸第14回上中妻農産物直売所「つちっこ河和田」生産者部会総会で講習会（於水戸市、約40名参加）
	JA北信州みゆき花卉共選部会総会で講演会（於飯山市、約20名参加）
《2014年度》	
4月	JAみなみ魚沼青年部総会でDVD上映、『現代農業』お勧め記事紹介、「ルーラル電子図書館」紹介（於南魚沼市）
	支部通信2014年春号発行：「報告　現代農業読者のつどいin長岡」
9月	第4回『現代農業』読者のつどいin燕三条（於三条市、35名参加）【テーマ】地域で儲かる仕事をつくる～まずはみんなで話し合おう【分科会】直売・加工で稼ぐ／山は稼げる!／稲作名人になる!
	支部通信2014年冬号発行：「報告　現代農業読者のつどいin土浦」
12月	JAはが野　道の駅「サシバの里いちかい」直売部会にて講習会（2会場）
	JAあゆみ野直売部会にて講習会
15年　1月	JAさがみ直売所「わいわい市」直売部会加工講習会（3会場）
	JA柏崎直売所「愛菜館」講習会
2月	第5回『現代農業』読者のつどいin土浦（於土浦市、59名参加）【テーマ】農家の手取りアップ大作戦【基調講演】聞かなきゃ損する 野菜農家の稼ぎ方 ～儲けるための3カ条（埼玉・飯野芳彦）【分科会】そうだったのか 環境制御／直売所名人になる／限界突破の水田活用術／ここまでできる雑草対策
	＊上記の他、JA北越後、JA柏崎、JA鴻巣市、JA水戸大洗支店の各直売所で講習会を実施（13カ所22日間）

《2015年度》

○JA直売所を中心とした栽培・加工講習会を、年間8回実施

16年　2月	第6回『現代農業』読者のつどい（於さいたま市、50名参加）【基調講演】東山さん直伝！有機野菜ビックリ教室（福島・東山広幸）【分科会】集まれ！機械好き～アイデア農機具／えひめAIの作り方・使い方／直売でトクする百科／どうだった？今年の米作り

《2016年度》

○直売所講習会……JA常陸直売所講習会をはじめ、JAおよび道の駅等の22カ所で実施
○図書館講習会……長野県小海町図書館等2カ所で実施
○営農組合講習会……長野県上田市下小島営農組合で営農講座実施

17年　2月	第7回『現代農業』読者のつどい（於長野市、71名参加）【基調講演】「小さい農業」で稼ぐには（石川・西田栄喜）【分科会】栽培技術／土づくり／経営／加工

《2017年度》

○直売所講習会……JA常陸はじめ35JAおよび道の駅で開催
○図書館講習会……長野県山形村図書館はじめ10館で開催
○営農組合講習会……上田市中野地区水・みどり活動集団はじめ3カ所で開催

18年　2月	第8回『現代農業』読者のつどい（於古河市）【講演】魚住さんと見る家族農業と技術（茨城・魚住道郎）

《2018年度》

○直売所講習会……JA新ひたち野産地直売所はじめ29カ所で実施
○図書館講習会……駒ヶ根市立図書館はじめ13カ所で実施
○地域営農団体講習会……JA埼玉中央会直売所協議会はじめ7カ所で実施
○JA女性部……JAながの千曲女性部で実施

《2019年度》	
○直売所講習会……ファミリーマートJA利根沼田月夜野店産直部会をはじめ8カ所で実施	
○図書館講習会……駒ヶ根市立図書館はじめ8カ所で実施	
○女性部・営農団体講習会……JA佐久浅間佐久穂女性部をはじめ8カ所で実施	
20年 2月	第9回『現代農業』読者のつどい（於長野市）【講演】損しなけりゃいい！ ずっと楽しく農家をやるために サトちゃんが考えたこと（福島・佐藤次幸）

4．東海北陸近畿支部

東海北陸支部（～2018年5月）

年度・月	活動内容
《2011年度》	
12年 3月	『うかたま』『のらのら』読者のつどい（於豊田市、55名参加）【テーマ】うかたまがーる、のらぼーず、うかたまおじさん、のらおばさん 自然・農が好きな人大集合！（畑で収穫体験と食事づくり）
《2012年度》	
6月	とうかい食農健サポートクラブフォーラム「食と農・漁業のすこやかな結び方」協力（於名古屋市、85名参加）
8月	とうかい食農健サポートクラブ「聞き書き 愛知 食とくらしの物語」聞き書き塾 協力（於名古屋市、8名参加）
9月	とうかい食農健サポートクラブ「大人の社会見学」協力：「げんきの郷」見学会（於大府市、約10名参加）
13年 2月	第1回『現代農業』読者のつどいIN愛知（於名古屋市、83名参加）【講演会】野菜づくりのコツと裏技（三重・青木恒男）【展示】直売所売り方のコツ／ヒモ＆ロープの使い方／えひめAI（製作実演も）
《2013年度》	
6月	とうかい食農健サポートクラブ総会・総会記念シンポジウム協力（於名古屋市、約60名参加）「聞き書き『奥三河の食とくらし』に取り組んで～見えてきた大切にしたい私たちの食とくらし」
11月	豊川堂セントファーレ田原店ワークショップ「ドングリ笛のネックレスつくり」講師（於田原市、約20名参加）
14年 2月	第2回『現代農業』読者のつどい（於金沢市、63名参加）【基調講演】百姓ライフをとことん楽しむ～育苗ハウスの活用法（福島・佐藤次幸）【分科会】イナ作～燃料代を安くする！／野菜～育苗ハウスの野菜づくり名人になる！／加工～持ち寄り！自慢の加工品検討会議 とうかい食農健サポートクラブ主催シンポジウム「大学生の食はいま」協力（於名古屋市、約65名参加）
《2014年度》	
5月	JA西三河「憩いの農園」産直部会研修会にて講習会（於西尾市、80名参加）
6月	とうかい食農健サポートクラブ総会・記念講演会協力（於名古屋市、約50名参加）【記念講演】五感を重視した食育ワークショップ（サカイ優佳子食の探偵団団長／田平恵美同副団長）
8月	JA遠州中央「磐田南部どっさり市」研修会にて講習会（栽培法、売れるポップの作り方など）（於磐田市、50名参加）
11月	児童書展示会で体験教室「どんぐりで笛・ネックレスを作ろう」、ワークショップ「どんぐりコマをつくろう」開催（於豊川市、約100名参加）
15年 1月	JAあいち知多青年部大府支部で学習会 テーマ「土づくり」（於大府市、13名参加）

2月	第3回『現代農業』読者のつどい（於浜松市、78名参加）【講演】したたかに生き残る百姓～3反で売上1200万!?（石川・西田栄喜）【分科会】施設野菜～今日から始める環境制御／露地野菜～持ち寄り自慢の肥料・資材／加工のコツ！情報交換会／直売～売り方で変わる売上／茶で経営戦略作戦会議 とうかい食農健サポートクラブ他主催シンポ「くらしと生産をつなぐ『もの』づくり」協力（於名古屋市、約30名参加）【基調講演】大泉賢吾（広島大学大学院生物圏科学研究科教授）【講演】西村訓弘（三重大学教授・副学長）
《2015年度》	
7月	とうかい食農健サポートクラブ総会・総会記念講演協力（於名古屋市、50名参加）「道の駅もっくる新城が発信する地域の魅力」（田原直もっくる駅長）
10月	第4回『現代農業』読者のつどい「青木さんちの圃場見学会」（三重・青木恒男）36名参加
11月	豊川堂主催「本っていいじゃん」にワークショップ講師として参加（干し芋づくり）20余名参加 とうかい食農健サポートクラブ「大人の社会見学」協力（於名古屋市）：㈲節辰商店「工場見学とダシのあれこれを学ぶ！」
16年　3月	第5回『現代農業』読者のつどい〈『イチゴ大事典』出版記念〉よそんちのハウスどんななの？ イチゴ学習会・情報交換会 【ハウス見学】静岡・佐々木敦史氏圃場 【講演】渥美忠行（JA静岡経済連）33名参加
《2016年度》	

○直売所講習会……JAぎふ羽島地域委託者協議会研修会等4カ所で実施
○JA青年部学習会……JA三島函南農業維新塾で実施

4月	とうかい食農健サポートクラブ和食を考えるシリーズ・私達の地域の伝統野菜と食文化連続企画第1弾（於名古屋市）「伝統野菜ってなあに？」高木幹夫（あいちの在来種保存会）
6月	岐阜―「食」を考えるみんなの会第82回研究会協力（於岐阜市）【テーマ】たばこと食生活―受動喫煙ってなあに？ とうかい食農健サポートクラブ大人の社会見学協力（於碧南市）：伝統野菜「早生かりもり」のことを学ぼう！～早生かりもりの圃場の見学と漬物講習
7月	とうかい食農研サポートクラブ2016年度総会協力（於名古屋市）「伝統野菜をつくってみよう！」高木幹夫（あいちの在来種保存会）／山口茂樹（伝統野菜生産者）
10月	第6回『現代農業』読者のつどい（於中津川市、36名参加）【講演】山里の発見～新たな価値観を求めて（内山節）【地域実践報告】岐阜・清藤奈津子／岐阜・宮澤杉郎
11月	とうかい食農研サポートクラブ和食を考えるシリーズ（於名古屋市）「伝統野菜を食べてみよう！その1～おいしさの正体」高木幹夫（あいちの在来種保存会）
17年　1月	とうかい食農研サポートクラブ和食を考えるシリーズ（於名古屋市）パネルディスカッション「伝統野菜を食べてみよう！その2」長田勇久（日本料理一灯）／高木幹夫（あいちの在来種保存会）／蜷川洋一（日東醸造㈱）
3月	第7回『現代農業』読者のつどい（於金沢市、28名参加）【講演】小さい農業の稼ぎ方のコツ（石川・西田栄喜）【分科会】直売／稲作／鳥獣害
《2017年度》	

○直売所講習会……JAなんすん（静岡県）はじめ4カ所で開催
○図書館講習会……岡崎市立図書館はじめ4館で開催

7月	とうかい食農健サポートクラブ講演会：高木幹夫（シニア野菜ソムリエ）―愛知の伝統野菜について
12月	とうかい食農健サポートクラブ 野菜収穫・試食体験
18年　1月	とうかい食農健サポートクラブ 映画『武蔵野』上映会
2月	第8回『現代農業』読者のつどい（於豊橋市）【講演】今、一人の農家として（埼玉・飯野芳彦）【分科会】直売所農法／後継者

近畿支部（～2018年5月）

年度・月	活動内容
《2011年度》	
12年　3月	第1回『現代農業』読者のつどい（於大阪市、70名参加）【講演】永続的農業の土づくり（㈱ジャパンバイオファーム代表 小祝政明）
《2012年度》	
12月	わかやま食料・農業・健康ネットワーク幹事会（於和歌山市、6名参加）
13年　3月	第2回『現代農業』読者のつどいIN神戸（於神戸市、52名参加）【講演】直売所名人の技とコツ（三重・青木恒男）【事例紹介とパネルディスカッション】直売所ジャガイモづくり講座（大阪・岡田正）／穴あきホーの使いこなし術（兵庫・山下正範）／加工の仕事と『現代農業』との出会い（京都・藤原さゆり）
	第21回ひょうごの食シンポジウム協力（於神戸市、141名参加）『よみがえりのレシピ』上映、奥村彪生氏講演ほか
《2013年度》	
6月	ひょうごの食研究会総会・第1回研究会協力（於神戸市、135名参加）『モンサントの不自然な食べもの』上映会
7月	支部通信「まいどおおきに」1号発行：第2回つどい開催報告
12月	滋賀の食事文化研究会2014カレンダー頒布協力
14年　3月	第3回『現代農業』読者のつどい【講演】自分でつくって、自分で売る！ えひめAI活用の技（大阪・浦野雅人）／発酵食の技（兵庫・岡村康平）／農業経営の技（兵庫・衣笠愛之）
《2014年度》	
6月	ひょうごの食研究会総会・第1回研究会協力（於神戸市、約60名参加）【講演】「メディアや宣伝広告に惑わされない食生活～フードファディズムに要注意」高橋久仁子（群馬大学名誉教授）
9月	ひょうごの食研究会第2回研究会協力（於神戸市、30名参加）【講演】「南スーダン紛争下における水・食糧、衛生管理への支援」山田真弓（前国連南スーダン共和国ミッションRRPオフィサー）
11月	滋賀の食事文化研究会第142回研究会・現地研修会協力（於JAグリーン近江）「日野菜の栽培・加工」ほか
	JA大阪泉州青壮年部ルーラル電子図書館利用講習会（於直売所こーたり～な、9名参加）
15年　2月	第4回『現代農業』読者のつどいin大阪（於大阪市、66名参加）【基調講演】小さい農業のすすめ（石川・西田栄喜）
《2015年度》	
6月	ひょうごの食研究会2015年度総会及び第1回研究会協力（於神戸市、30名参加）【テーマ】食と健康の最前線　【講演】「県民の食生活の現状と健康な食生活の課題」脇重裕子（兵庫県健康福祉部健康局健康増進課）ほか
9月	ひょうごの食研究会第2回研究会（於神戸市、20名参加）【テーマ】兵庫県の野菜産地の育成について【講師】磯崎博隆（兵庫県農政環境部農林水産局農産園芸課産地育成担当主幹）
11月	JA紀州青年部創立1周年研修会 斎藤章（㈱誠和）講演会協力
16年　2月	第5回『現代農業』読者のつどいin大阪（於大阪市、57名参加）【講演】今、農ある暮らしを考える（内山節）
3月	ひょうごの食シンポジウム協力（於神戸市）【テーマ】人は誰もが元気に健康で長生きをしたい【報告】「健康寿命の決め手は腸内環境コントロール」辨野義己（理化学研究所イノベーション推進センター特別招聘研究員）ほか

《2016年度》	
○直売所講習会……JA北河内直売所講習会等5カ所で実施	
○図書館講習会……和歌山県橋本市図書館家庭菜園講習会等8カ所で実施	
6月	ひょうごの食研究会総会・第1回研究会協力（於神戸市）【講演】「沈黙の春から沈黙の夏、秋」講師：牛尾武博（兵庫県有機農業研究会HOAS理事長）
9月	ひょうごの食研究会第2回研究会協力（於神戸市）【講演】「今後の食品開発の方向」奥平武則（フジッコ㈱専務取締役）
11月	ひょうごの食研究会2016年度現地研究会協力（於淡路市・南あわじ市）㈱五斗長営農・山田屋・武田食品冷凍㈱・福良漁業協同組合
17年 2月	第6回『現代農業』読者のつどい（於大阪市、49名参加）【講演】百姓学宣言のねらい～農本主義は生きもののまなざしなんだ（宇根豊）
3月	ひょうごの食シンポジウム協力（於神戸市）【テーマ】都市農業の現状と今後の可能性【講演】「神戸市西区の農業と今後の都市農業」小池潤（㈱小池農園こめハウス）ほか
《2017年度》	
○直売所講習会…JA大阪市はじめ12カ所で開催	
○公共図書館での野菜作り講習会…・長浜市立長浜図書館はじめ14カ所で開催	
6月	ひょうごの食研究会総会・第1回研究会協力（於神戸市、30名参加）【講演】「兵庫県における生活研究グループの活動と成果」山本真弓（兵庫県農政環境部農林水産局農業改良課）／「光都生活研究グループ連絡協議会の活動と成果」松田靜（同協議会代表） 滋賀の食事文化研究会第1回研究会協力（現地研修、21名参加）
9月	ひょうごの食研究会第2回研究会協力（於神戸市、30名参加）【講演】「海の恵みを宝に変える」武田康平武田食品冷凍㈱代表取締役
10月	滋賀の食事文化研究会第2研究会協力（現地研修、25名参加）：草津市「野路いも復活プロジェクト」木村幸太郎代表講話および野菜畑視察
11月	ひょうごの食研究会第3回研究会協力【現地研修】篠山市・㈲グリーンファームささやま（脇田幸重代表）／丹波市・婦木農場（婦木克則氏）
12月	滋賀の食事文化研究会第3回研究会（於大津市、40名参加）
18年 2月	第7回『現代農業』読者のつどい（於大阪市、50名参加）サトちゃんと大いに語ろう！ 農業・農村の未来（福島・佐藤次幸） 滋賀の食事文化研究会第4回研究会協力（現地研修、15名参加）
3月	ひょうごの食研究会第4回研究会2018年ひょうごの食シンポジウム協力（於神戸市、参加120名）【テーマ】健全な農産物とミネラル不足の農産物＆加工品【講演】兵庫県の園芸産地の変遷（武正興ひょうごの食研究会幹事）ほか

東海北陸近畿支部（2018年6月～）

年度・月	活動内容
《2018年度》	
○直売所講習会……JAあいち三河・JAグリーン大阪・JA兵庫西旬彩蔵山崎など48カ所で実施	
○公共図書館での野菜作り講習会……海南市下津図書館、岩出市立岩出図書館（和歌山県）、泉南市立図書館（大阪府）など17カ所で実施	
○JA女性部講習会……JA掛川市女性部で実施	
4月	滋賀の食事文化研究会平成30年度総会協力（30名参加）

6月	ひょうごの食研究会総会・第1回研究会協力（於神戸市、30名参加）【テーマ】みりんともち米【講師】大西壯司キング醸造㈱最高顧問 滋賀の食事文化研究会・第1回研究会協力（於野洲市、27名参加）（農）せせらぎの郷「魚のゆりかご水田」視察
7月	とうかい食農健サポートクラブ第18回総会・記念シンポジウム協力（於名古屋市、20名参加）【テーマ】食と農と健康の持続可能性！【問題提起】「伊勢湾台風から総合的に学び、地域の減災力復興力を高めましょう！」（佐藤仁志とうかい食農健サポートクラブ幹事）ほか
9月	ひょうごの食研究会第2回研究会協力（於神戸市、40名参加）【講演】はりまのため池―その歴史と役割（池本廣希兵庫大学名誉教授）
11月	滋賀の食事文化研究会第2回研究会協力（於甲賀市、16名参加）酒蔵見学等 とうかい食農健サポートクラブ公開講座協力（於名古屋市、27名参加）「たまごを通して伝えたいこと」市田真新㈲デイリーファーム代表取締役 ほか
12月	滋賀の食事文化研究会第3回研究会協力（於大津市、30名参加）
19年　2月	滋賀の食事文化研究会第4回研究会協力（於草津市、22名参加）ホンモロコの南蛮漬けなど滋賀の伝統料理6品の調理実習
3月	第1回『現代農業』読者のつどい（於大阪市、40名）【講演】教えて、井上さん！地域で取り組む鳥獣被害対策よろず相談室（元農研機構近畿中国四国農業研究センター 井上雅央） ひょうごの食シンポジウム協力（於神戸市、80名参加）【講演】「農業の現状と未来―私の農業経営」大西雅彦㈱キャルファーム神戸）ほか とうかい食農健サポートクラブ学習交流会協力（於名古屋市、35名参加）「災害に備えた食を考える～ローリングストックのすすめ」大久保里香管理栄養士
《2019年度》	

○直売所講習会……JA西三河西尾市憩の農園など東海北陸管内2カ所、産直びわみずべの里など近畿管内5カ所で実施

○公共図書館での野菜作り講習会……海南市下津図書館（和歌山県）など4カ所で実施

20年　2月	第2回『現代農業』読者のつどい【講演】知らなきゃ損する！「への字」の極意～井原豊を語る（岡山・赤木歳通／三重・青木恒男）

5. 中国四国支部

年度・月	活動内容
《2010年度》	
11年　2月	第1回『現代農業』読者のつどい（於岡山市、150名参加）【報告】農家に学んで70年～時代の課題と農家の技術（農文協・豊島至）／子どもからお年寄りまで地域で取り組む、住民主役の獣害対策（農研機構近畿中国四国農業研究センター・井上雅央）／井原への字稲作から菜の花緑肥稲作へ（岡山・赤木歳通）
《2011年度》	
9月	第2回『現代農業』読者のつどい「よろず相談室」（於高知市、85名参加）【講演】四国から全国へ～えひめAI&マイエンザの農業での有効利用（マイエンザ協会・曽我部義明）／桐島流　野菜作りコツのコツ（高知・桐島正一）【分科会】えひめAI&マイエンザ実践講座（香川・古川ケイ子、曽我部）／おいしい野菜のカンドコロ講座（桐島）／ルーラル電子図書館実践講座（農文協・小林誠）
10月	『現代農業』読者のつどいin智頭町「大いに語ろう！智頭の元気」（於智頭町、20名参加）

《2012年度》	
6月	香川の食を考える会平成24年度総会・第1回研修会参加（於高松市、36名参加）【講演】食糧自給率と日本型食生活について（中国四国農政局高松地域センター統括管理官 阿部肇）
9月	第3回『現代農業』読者のつどいin山口（於下関市、76名参加）【講演】未来にひろがる菜の花緑肥稲作（岡山・赤木歳通）　菊川町レインボー稲作研究会との共催 支部通信発行：読者のつどい開催報告 香川の食を考える会第2回研修会（於高松市、40名参加）高松市中央卸売市場の魚市場・青果市場の見学と講義、魚料理の試食（香川県魚市場㈱山本啓之社長ほか）
11月	香川の食を考える会第3回研修会（於高松市、40名参加）さぬき市特産の自然薯、むかご、桑粉等を活用した料理研修（さぬき市食生活改善推進協議会・高嶋タカ子／諸富百合子）
《2013年度》	
6月	吉備中央町図書館主催文化講座にて講演ならびに「えひめAI」製作実技講習（55名参加） 福山市北部市民大学園芸講座研究科講習会にて講演「えひめAI講座と作り方」「炊飯器で即席梅ジュース」「炊飯器で黒ニンニク」（25名参加） 香川の食を考える会総会・第1回研修会協力（於高松市、40名参加）【講演】「三位一体（地産地消・和食・自給率）運動で豊かな食生活を！」（中讃農業改良普及センター・黒川幸重）【報告】「水産食育教室実施委託事業について」（香川県農政水産部水産課・大西洋子）
8月	中国四国支部通信発行：「高知県西部地域普及班のご報告」 香川の食を考える会第2回研究会協力（於高松市、40名参加）【実習】魚の構造（さばき方）と栄養・調理実習（海鮮料理「百とら」店主・友沢敏雄）【報告】「伝道師育成事業」説明
9月	香川の食を考える会第3回研究会協力（於高松市、40名参加）【講演】「香川県のさかなについて」（香川県魚市場㈱社長・山本啓之）【報告】「おさかな一匹食べよう伝道師」養成講座について（香川県水産課・大西洋子）
11月	香川の食を考える会第4回研究会協力（於高松市、30名参加）【講演・実習】「魚の特徴を生かした料理実習」（講師：ジュヌヴィエーヴ・キュイジーヌ料理教室　山中仁・山中美妃子）【報告】「おさかな一匹食べよう伝道師」養成講座について（香川県水産課・大西洋子）
14年　1月	JAグループ広島新規就農者育成・支援事業研修会にて講師：「中国四国地域における新規就農者の事例」
2月	第4回『現代農業』読者のつどい【テーマ】ワイワイ作ろう！食品加工講座【講演】元神奈川農業総合研究所・小清水正美【調理実習】ピクルス作成漬物カフェ（持ち寄り交流会） JAまにわ直売所「きらめきの里」講習会講師（於真庭市、約30名参加）
3月	食彩館しょうばらゆめさくら朝どり市研修会講師（於庄原市、約80名参加） 広島県農業機械士協議会研修会講師（於庄原市、約80名参加）
《2014年度》	
8月	JA山口中央「ルーラル電子図書館」グループ会員学習会（10名参加）
6月	香川の食を考える会第1回研究会協力（於高松市、40名参加）【講義】「お魚一匹食べよう伝道師の活動について」竹森弘征（香川県水産課課長補佐）【講演】「よくわかる食品安全」宮内敬介（中国四国農政局総括農畜産安全管理官）
9月	香川の食を考える会第2回研究会協力（於高松市、40名参加）【調理実習】行事食としての一汁三菜の献立（香川県魚市場㈱・香川の食を考える会事務局・樋口美佐子）
15年　2月	第5回『現代農業』読者のつどい（於岡山市、86名参加）【講演】いま、農山漁村で暮らすということ（内山節）
《2015年度》	
6月	香川の食を考える会第1回研究会協力（於高松市、40名参加）【講義】「お魚一匹食べよう伝道師の活動について」竹森弘征（県農政水産部水産課課長補佐）【講演】「よくわかる食品と環境安全」國米恒宏（中国四国農政局高松地域センター総括農政業務管理官）

7月　平成27年度庄原市指導農業士会等合同研修会にて講師参加：ルーラル電子図書館を使った農業技術情報の活用について（於庄原市、20名参加）
8月　香川の食を考える会第2回研究会協力（於高松市、35名参加）【講義・調理実習】うどん懐石（講師：さぬき麺業㈱スタッフ）
10月　香川の食を考える会第3回研究会（於高松市、36名参加）【実技講習】香川の食材を活かした献立（講師：ジュヌヴィエーヴ・キュイジーヌ料理教室 山中仁・山中美妃子）
16年　3月　第6回『現代農業』読者のつどい（於福山市、74名参加）【テーマ】ワカモノたちの田園回帰【展示企画】ワカモノたちの夢【基調講演】田園回帰1％戦略～地元に人・仕事・暮らしを取り戻す（島根県中山間地域研究センター・藤山浩）【パネルディスカッション】ワカモノたちの田園回帰～実践編（パネリスト：岡山・高谷裕治／岡山・清友健二／広島・宮迫恒也／コメンテーター：藤山）
JA尾道農業塾OB会勉強会　野菜栽培講演会に講師参加（29名参加）
祇園町農事研究会（広島市）通常総会にて記念講演会「直売所　小面積でもがっぽり?」（45名参加）

《2016年度》

○直売所講習会……JA南すおう 直売所「遊気百采館」等10カ所で実施
○図書館講習会……岡山県矢掛町立図書館で実施
○その他の講習会……福山市担い手講習会等2カ所で実施

6月　香川の食を語る会平成28年度総会・第1回研究会協力（於高松市、40名参加）【講義】「お魚一匹まるごと食育事業」植田豊（県農政水産部水産課課長補佐）　【講演】「香川県の魚食について」松本茂（香川県水産振興協会専務理事）
8月　香川の食を考える会第2回研究会協力（赤磐市・鏡野町）：赤磐酒造㈱・㈱山田養蜂場見学
10月　香川の食を考える会第3回研究会協力（於高松市）：調理実習「瀬戸内の旬の魚を一匹まるごと使う」

《2017年度》

○直売所講習会……新庄村源流農産物の会はじめ7カ所で開催
○公共図書館……綾川町立図書館（香川県）はじめ2カ所で開催

《2018年度》

○直売所講習会……JA岡山西金光直売所「みわの里」はじめ22カ所で実施
○図書館講習会……まんのう町立図書館はじめ19カ所で実施
○JA女性部　JAまにわ女性部総会をはじめ12カ所で実施

6月　香川の食を考える会総会・第1回研究会協力「香川のおいしい野菜について」
11月　香川の食を考える会第3研究会協力「かんかん寿司とアジのムニエル」

《2019年度》

○直売所講習会……井原直売所「いばら愛菜館」はじめ14カ所で開催
○図書館講習会……玉野市立図書館はじめ11カ所で実施
○JA女性部……JA徳島市勝占支所女性部総会をはじめ15カ所で実施

4月　滋賀の食事文化研究会総会・食文化リレー発表会協力（30名参加）
6月　滋賀の食事文化研究会第1回研究会協力（20名参加）長浜市木之本町郷土料理おもてなし隊との交流会
7月　とうかい食農健サポートクラブ第19回総会・記念シンポジウム協力（於名古屋市、17名参加）【テーマ】野菜しっかり食べていますか～知れば広がる「やさい生活」【報告】あいち健康チャレンジ事業─野菜摂取に関する調査の結果（今枝奈保美至学館大学教授）ほか
10月　ひょうごの食研究会第2回研究会協力（於神戸市、43名参加）【講演】兵庫県の森林・林業の現状と課題について（高橋徹兵庫県農政環境部豊かな森づくり課副課長）ほか

6. 九州沖縄支部

年度・月	活動内容
《2011年度》	
8月	九州農村文化協会第1回シンポジウム「TPPと日本の農産物貿易の現状」開催を支援（於福岡市、15名参加）【報告】岩元泉（鹿児島大学）・梅村幸平（むすび庵事務局）
12年 1月	九州農村文化協会第2回シンポジウム「原発と日本の食」開催支援（於福岡市、30名参加）【報告】「福島の農の現場から」亀田俊英福島県農民連会長／「原発とTPPに共通するもの」徳野貞雄熊本大学教授
2月	第1回『現代農業』読者のつどい（於鳥栖市、121名参加）【テーマ】直売所名人になる【報告】食べる！売る！学ぶ！身近な薬草活用術（崇城大学・村上光太郎）／Dr. コトー直伝！菌太くん（えひめAI）で野菜づくり（JA糸島・古藤俊二）【分科会】薬草座談会（村上）／Dr. コトーの野菜づくり相談室（古藤）
3月	JA糸島・農文協「現代農業を駆使した栽培講習会」（85名参加）【チューター】JA糸島・古藤俊二
《2012年度》	
5月	九州農村文化協会総会・第1回シンポジウム開催支援（於水俣市、15名参加）【テーマ】久木野丸ごと研究～山間地の暮らしと農【報告】寺床幸雄（九州大学大学院）／吉井和久・恵璃子（林家）／沢畑亨（久木野ふるさと支援センター愛林館館長）
9月	九州農村文化協会第2回シンポジウム開催支援（於福岡市、20名参加）【テーマ】消費者による農業参加の可能性と課題【報告】成清禎亮（ふくおか農業体験農園園主会）／能美俊夫（産直農家）／梅村幸平（消費者）／門田信一（農業体験塾運営農家）／萬田正治（竹子農塾塾長）
11月	支部通信「きゅうたま」1号発行：「宮崎県で、えひめAI発酵中」 第2回『現代農業』読者のつどい（於鳥栖市、137名参加）【テーマ】1日2万売れんとイヤ！まだまだ売れるぞ直売所【講師】熊本・村上カツ子／大分・江藤国子【トークセッション】2人が直売所名人になったワケ【分科会】荷姿レッスン（江藤）／ずらし栽培（村上）
13年 1月	九州農村文化協会第3回シンポジウム開催支援（於福岡市、15名参加）【テーマ】若手研究者の挑戦【報告】西和盛佐賀大学特任助教／細野賢治広島大学准教授／山浦陽一大分大学准教授／松本貴文尚絅大学講師
2月	「九州地区JA指導員体験交流集会」に参加（於福岡市）
3月	支部通信「きゅうたま」2号発行：第2回読者のつどい報告 直売所「かのこの里」栽培講習会（於宗像市、30名参加） 直売所「吉田まんぞく館」栽培講習会（於嬉野市、約20名参加）
《2013年度》	
5月	道の駅たちばな総会にてDVD『直売所名人が教える野菜づくりのコツと裏ワザ』上映会実施（於八女市、約150名参加） 直売所「かのこの里」総会で研修実施：同上DVD上映ほか（於宗像市、約130名参加）
9月	支部通信「きゅうたま」3号発行：熊本県北部普及の話題 九州農村文化協会シンポジウム開催支援（9月29日・於福岡市、約20名参加）【テーマ】TPPで変わる、変わらない？【報告】岩元泉（鹿児島大学農学部）/尾崎正利㈲職彩工房たくみ代表取締役）/田中一平（一平農園）
10月	宇佐市民図書館でルーラル電子図書館講習会「Made In USAを知って学ぼう」（10名参加） 第3回『現代農業』読者のつどい（於鳥栖市、71名参加）【トークセッション】もっと地域で売る・もっと地域で食べる【ゲスト】菅純一郎鮎の瀬交流館帯山店店長／松藤富士子㈱Bistroくるるん代表取締役／吉村岩男鳴神の庄店長
11月	第6回全国海水（塩）農業セミナーで講習：同上DVD上映ほか（於白石町、50名参加）

14年　3月	支部通信「きゅうたま」4号発行：第3回「現代農業読者のつどい」報告ほか 直売所「福ふくの里」栽培講習会で同上DVD上映会（於糸島市、約60名参加） JAふくおか嘉穂の直売所「ふれあい市」栽培講習会で同上DVD上映会（於飯塚市、約50名参加）
《2014年度》	
4月	九州農村文化協会第1回セミナー「里山資本主義を深読みする」開催支援（於福岡市、約20名参加）【講師】和田芳治広島県逆手塾会長
6月	道の駅あさじ生産者総会でDVD上映会（於豊後大野市、約50名参加）
7月	清川産直友の会秋まき野菜研究会でDVD上映会（於豊後大野市、約25名参加）
9月	九州農村文化協会第2回セミナー「コミュニティー・エネルギーと鳥獣害～竹子からの報告」開催支援（於溝辺町）【講師】萬田正治（元鹿児島大学）/門田信一（姶良市農家）
10月	支部通信「きゅうたま」5号発行 JA宮崎中央営農部ファーマーズマーケット課「マックスバリューのインショップ生産者研修会」でDVD上映会（於宮崎市、約60名参加）
11月	第7回全国海水（塩）農業セミナー研修会で『現代農業』記事学習会（於武雄市、約50名参加） 大分県宇佐市民図書館で「ルーラル電子図書館」を使った講座を実施：「Made In USAを知って学ぼう」（於宇佐市、約10名参加）
12月	JA柳川青年部両開生産組合の勉強会に参加、「九州のルーラル電子図書館通信Vol.1」発行（於柳川市、4名参加）
15年　1月	JAたまな青年部岱明支部で「ルーラル電子図書館」を使った学習会を実施、「九州のルーラル電子図書館通信Vol.2」発行（於玉名市、19名参加）
2月	（一社）農村商社わかばの座談会で『現代農業』栽培講習会（計5日、於竹田市、約200名参加） 第4回『現代農業』読者のつどい（於豊後大野市、50名参加）【テーマ】もっと使えるえひめAI【事例発表】川に畑に台所に～もっと使えるえひめAI（大分・是永庸子／倉橋弘三／里見恵美子） （農）ドリームホープ若宮の栽培講習会で『現代農業』記事学習とDVD上映会（於宮若市、約50名参加） カッホー馬古屏の研修会で現代農業記事学習とDVD上映会を実施（於嘉麻市、24名参加）
3月	支部通信「きゅうたま」6号発行
《2015年度》	
7月	くまもと食・農・健康を創る会2015年度総会・第1回研究会協力（於熊本市）【報告】「県南地域におけるフードバレーの取組みについて」下田安幸（熊本県農林水産政策課審議員）／「地下水と土を育む農業の推進について」溝口健一（熊本県農業技術課審議員） JA佐賀市中央米麦研究会学習会でルーラル電子図書館の使用法説明、DVD上映会
11月	第5回『現代農業』読者のつどい【講演】私は、ここで暮らす。（内山節）
16年　1月	支部通信「きゅうたま」7号発行：「トマト農家の工夫」
2月	くまもと食・農・健康を創る会2015年度第2回研修会協力（於熊本市）【講演と実技指導】ゆがみをとって元気になろう「医食同源」について（久光正太郎）
《2016年度》	

○直売所講習会……「道の駅吉野ヶ里さざんか千坊館」等25カ所で実施
○図書館講習会……福岡県篠栗町立図書館 野菜づくり講習会等30カ所で実施
○大学農学部……鹿児島大学農学部教授会でルーラル電子図書館の使い方説明実施（90名）
○JA女性部……JA筑紫女性部大会で実施
○その他講習会……長崎県北地域生活研究会等4カ所で実施

10月	支部通信「きゅうたま」8号発行：宮崎県普及話題
17年　2月	第6回『現代農業』読者のつどい（於鳥栖市、47名参加）『ドクター古藤の家庭菜園診療所』出版記念【講演】春夏野菜栽培と土つくり（JA糸島・古藤俊二）

文化活動年表

《2017年度》	
○直売所講習会……JAくるめ食JAN市場直売所はじめ25カ所で開催 ○図書館講習会……広川町立図書館(福岡県)はじめ24カ所で開催 ○地域・営農団体……天草市地域活性化グループはじめ5カ所で開催 ○JA女性部講習会……JA伊万里女性部中央支所総会(佐賀県)はじめ8カ所で開催	
18年　3月	第7回『現代農業』読者のつどい(於霧島市、29名参加)【講演】和牛の飼い方 コツと裏ワザ(壱岐家畜診療所・阿部紀次)
《2018年度》	
○直売所講習会……JAくるめ食JAN市場直売所はじめ22カ所で開催 ○図書館講習会広川町立図書館(福岡県)はじめ13カ所で開催 ○JA女性部講習会……JA伊万里女性部(佐賀県)はじめ8カ所で開催	
19年　3月	第8回『現代農業』読者のつどい(於鳥栖市、23名参加)【講演】つくって稼ごう！ 農産加工のお悩み相談室(福岡・尾崎正利)
《2019年度》	
○直売所講習会……JA筑紫ゆめ畑の生産者大会はじめ7カ所で開催 ○図書館講習会……九重町図書館ほか7カ所で開催 ○JA女性部講習会……JAながさき西海女性部平戸地区通常総会はじめ6カ所で開催	
20年　2月	第9回『現代農業』読者のつどい(於鳥栖市)【講演】常識を疑うと農業はまだまだ儲かる――本当に○○は必要なのか？(三重・青木恒男)

Ⅵ）日中農業交流

年度・月	活動内容
《2010年度》	
6月	農文協創立70周年・亜農交創立50周年記念シンポジウム「中国農業の現在を知る、学ぶ―東アジア型農業・農村の根幹　家族経営とその組織化」（於都内）【報告】張暁山（中国社会科学院農村発展研究所所長）中国の農民組織＝農民専門合作社の多様な展開／趙陽（中国共産党中央農村工作指導小組弁公室局長）30年にわたる中国農村改革の到達点と課題／趙亜夫（江蘇省鎮江農業科学研究所研究員）句容市戴荘村農民合作社の成功／万建民（中国農業科学院作物科学研究所所長）中国における稲作の現段階とこれからの方向性
7月	鎮江農業科学研究所視察団来日、長野県果樹試験場・JAみなみ信州・JAフルーツ山梨等視察
8月	第17回北京国際図書展示会にブース出展
11月	JA-中国農民専門合作社交流訪中団を江蘇省に派遣。訪中団メンバー：今村奈良臣（財）亜細亜農業技術交流協会理事長以下13名
11年　1月	中国江蘇省句容市果樹農家訪日視察研修団（趙亜夫元江蘇省鎮江農業科学研究所所長他8名）受入
《2011年度》	
12月	「そだててあそぼう」シリーズ翻訳出版契約締結（中国農業出版社）
《2012年度》	
8月	北京国際図書博覧会（BIBF）出展
9月	「五感をみがくあそびシリーズ」（全5巻）の翻訳本発行（中国農業科技出版社）
	鎮江市科技協会（主席：趙振祥氏）企画「鎮江現代農業工作基地事業」（農文協との連携を前提にした、栽培技術交流と農業書発行による農業交流促進）が、中国科技協会の支援事業として認定
10月	同上、当当網（中国最大の通販ネット）での通販開始
12月	江蘇省句容市訪日農業視察団（6人、団長：趙亜夫氏）受け入れ。千葉・埼玉・神奈川のナシ等果樹、三重・愛知のイチゴ等の技術視察を支援
《2013年度》	
8月	趙亜夫氏来日、国内集落営農組織の視察調査（㈱田切農産、（農）酒人ふぁ～む、（農）サンファーム法養寺）
	中国農科院付属小学校に「そだててあそぼう」シリーズ等贈呈式
	北京国際図書博覧会（BIBF）出展
《2014年度》	
5月	鎮江市科技協会『機械植え水稲疎植栽培新技術』翻訳出版発刊（発行：江蘇大学出版社）
6月	同上出版記念会
8月	北京国際図書博覧会（BIBF）出展
11月	山東省供銷合作社連合社農業訪日視察団（候成君書記ら4名）受け入れ【視察・交流先】JA全中／JA全農／JA愛知みなみ／JAみっかび／JA全農営農・技術センター・青果センター
12月	趙亜夫氏ら、第3回「生物の多様性を育む農業国際会議2014」（於大崎市）参加
	句容市天王鎮農業訪日視察団（王勇鎮長ら4名）受け入れ【視察・交流先】JA富里市、JA甘楽富岡、JA上伊那、㈱田切農産、安城市農業関係者

《2015年度》	
4月	『戴庄村企画本』現地調査（予備調査）
6月	同 本調査（楠本雅弘元山形大学教授、中島紀一元茨城大学農学部教授ら5名）
8月	北京国際図書博覧会（BIBF）出展
10月	句容市茅山鎮ブドウ農家訪日団11名受け入れ【視察先】JAフルーツ山梨
12月	江蘇省張家港市善港村訪日農業視察団7名受け入れ【視察先】JAフルーツ山梨、JA甘楽富岡管内イチゴ農家、埼玉県内トマト農家・有機野菜農家・園芸種苗店
16年　1月	山東省供銷合作社連合社訪日農業視察団5名受け入れ【実施先】JA全中、JA全農、JA神奈川県中央会、JAよこすか葉山長井支店ほか
3月	中鉄東方農業株式有限会社江蘇支社訪日農業視察団4名受け入れ【視察先】稲葉光圀氏（民間稲作研究所）、松沼農園、JAさがみわいわい市寒川店
《2016年度》	
8月	江蘇省張家港市善港村訪日農業視察団（趙亜夫氏ら6名）受け入れ【視察先】JAフルーツ山梨、民間稲作研究所、松沼農園、JAあいち中央・管内園芸農家、JA愛知中央会、奈良・木戸農場
11月	江蘇省現地農業技術指導交流【訪中者】松沼憲治（茨城・自然循環農法実際家）
12月	日本農協専門家江蘇省現地交流指導【訪中者】黒澤賢治（JA甘楽富岡理事）、仲野隆三（元JA富里市常務理事）
12月	江蘇省句容市・張家港市農家野菜栽培技術訪日視察団（趙亜夫氏ら7名）受け入れ【視察先】茨城サツマイモ農家、㈲ユニオンファーム、小川町霜里農場、JA東京みどりの農産物直売所、松沼農園
17年　1月	江蘇省句容市茅山鎮ブドウ農家訪日研修団（芮東明氏ら9名）受け入れ【研修先】JAフルーツ山梨ほか
2月	江蘇省鎮江市現地農業技術指導交流【訪中者】永渕晴彦（佐賀・果樹農家）
《2017年度》	
4月	善港村農場担当者2名、松沼農園でキュウリ促成栽培実習 趙亜夫氏ら戴庄村・善港村稲作関係者6名、民間稲作研究所（稲葉光國理事長）主催の定期ポイント研修および種子温湯消毒の特別研修
5月	鎮江市政府人材交流訪日団10名来会、農業人材養成交流について意見交換、農業人材育成交流協力意向書を交わした
6月	江蘇省句容市茅山鎮ブドウ農家訪日研修団（10名）【研修先】JAフルーツ山梨
8月	第24回北京国際図書博覧会（BIBF）出展
9月	江蘇省句容市茅山鎮ブドウ農家訪日研修団（11名）【研修先】JAフルーツ山梨 鎮江市にて佐賀・永渕晴彦氏による果樹栽培技術指導
11月	蘇州大学空間計画研究院戴庄村計画作成チーム視察団10名受け入れ【視察先】㈱田切農産、JAあいち中央
12月	鎮江市農業実用人材養成視察団受け入れ【訪問先】鯉淵学園農業栄養専門学校ほか
18年　3月	鎮江農科所指導者および句容市茅山鎮ブドウ農家3名【視察先】JAフルーツ山梨 上記農家および趙亜夫氏ら句容市茅山鎮ブドウ合作連合社営農指導員8名、JA長野中央会営農センターおよびJA中野市でJA営農指導員育成方法を研修 句容市茅山鎮にて山梨県ブドウ関係者2名との訪中視察を実施 鎮江市にて佐賀・永渕晴彦氏による果樹栽培技術指導

《2018年度》	
6月	茅山鎮ブドウ2代目およびブドウ合作連合社営農指導員7名【訪問先】JAフルーツ山梨
9月	茅山鎮ブドウ2代目およびブドウ合作連合社営農指導員2名【訪問先】JAフルーツ山梨
11月	亜夫チーム事務室句容市天王鎮分室関係者・農家10名訪日視察 日本の農協運営と農家実用技術について研修
	『ともに豊かになる有機農業の村――中国江南・戴庄村の実践』刊行
8月	第25回北京国際図書博覧会（BIBF）出展
19年　1月	江心鎮・戴庄村にて佐賀・永渕晴彦氏による栽培技術指導（カンキツ・キウイフルーツ・カキ）
《2019年度》	
4月	句容市白兎鎮幹部、鎮江農科所指導者およびイチゴ農家（12名）訪日受け入れ【研修先】JAはだの、JAあいち中央、イチゴ農家および観光イチゴ農園
6月	句容市党委員会潘群書記および茅山鎮徐飛書記ら幹部（8名）訪日農業視察団受け入れ【研修先】JAフルーツ山梨、JAはだの、JAあいち中央ほか
7月	鎮江市にて佐賀・永渕晴彦氏による現地果樹栽培指導
20年　1月	鎮江市にて佐賀・永渕晴彦氏による現地果樹栽培指導